십자가에서 살아난 가정

십자가에서 살아난 가정

지은이 | 유기성
초판 발행 | 2020. 4. 27
12쇄 발행 | 2024. 2. 21
등록번호 | 제1988-000080호
등록된 곳 | 서울특별시 용산구 서빙고로 65길 38
발행처 | 사단법인 두란노서원
영업부 | 2078-3352   FAX | 080-749-3705
출판부 | 2078-3331

책값은 뒤표지에 있습니다.
ISBN 978-89-531-3727-1 03230

독자의 의견을 기다립니다.
tpress@duranno.com   www.duranno.com

두란노서원은 바울 사도가 3차 전도여행 때 에베소에서 성령 받은 제자들을 따로 세워 하나님의
말씀으로 양육하던 장소입니다. 사도행전 19장 8-20절의 정신에 따라 첫째 목회자를 돕는 사역과
평신도를 훈련시키는 사역, 둘째 세계선교(TIM)와 문서선교 (단행본·잡지) 사역, 셋째 예수문화 및 경배
와 찬양 사역, 그리고 가정·상담 사역 등을 감당하고 있습니다. 1980년 12월 22일에 창립된 두란
노서원은 주님 오실 때까지 이 사역들을 계속할 것입니다.

십자가에서
살아난 가정

유기성 지음

예수님이 왕이신 가정의 비밀

두란노

CONTENTS

십자가 복음으로
가정을 세우십시오

◆

제가 가정에 관한 책을 쓴다는 것 자체가 충격적인 사실이고 거의 간증 같은 일입니다. 저는 스물여섯 살에 결혼했습니다. 아내에게 어떻게 그런 좋은 남편을 택했느냐고 부럽다며 이야기하는 분들이 있는 모양입니다. 남편감을 찾는 자매들 중에 그 기준을 유기성 목사로 두는 자매들이 있다는 말을 들었습니다. 여러분, 제 아내가 남편을 잘 택한 것 같습니까?

저는 이제야 깨닫습니다. 아내는 무모한 선택을 했습니다. 결혼하기 전 저를 생각하면 아찔합니다. 그때의 제가 지금까지 변하지 않았다면 부부생활이나 가정은 끔찍할 것입니다.

저는 결혼하면 남편 역할, 아버지 역할을 저절로 잘할 수 있을 줄 알았습니다. '남편 노릇, 그 정도야!', '아버지 노릇, 그 정도야!' 하고 생각했습니다. 그러나 아니었습니다. 남편이 되고, 아버지가 되고서야 제가 얼마나 준비 없이 남편이 되고, 아버지가 되었는지를 알았습니다. 저는 참 문제가 많은 남편과 아버지였습니다. 하지만 그것을 몰랐고 인정하기 싫었습니다. 아내에게 가장 필요하고 생존 이유이기도 한 사랑을 주지 못했습니다. 그런 것은 작은 문제라고 생각하는 전형적인 동굴형 남자였습니다. 작은 줄 알았던 그 문제가 부부 행복을 무너뜨리고 있음을 알았습니다.

결혼하고 겨우 철이 조금 들었습니다. 이기심을 꺾는 법을 배우고 인내를 배우고 섬기는 법을 배우고 사랑을 배워가게 된 것입니다. 결혼한 후 정말 많은 변화를 겪었습니다. 결혼하고 변하지 않은 사람이 있습니까? 결혼하고 나서 책임감이 생기고 인내심이 생기고 품어 주는 마음이 생기고 희생심이 생기는 것 아닙니까?

목회하면서 저는 교인들의 가정이 심각함을 깨달았습니다. 교인들이 겪는 문제의 뿌리에는 언제나 부부 문제가 있었습니다. 목회하면서 교인들에게 아마 가장 많이 속은 것이 부부 싸움을 그렇게 많이 하는지 몰랐다는 사실일 것입니다. 행복한 가정을 이루고 싶은데 왜 그렇게 싸우는 것일까요?

부부생활에 대하여 제대로 배우지 못한 것도 큰 이유입니다. 부부생활은 운전보다, 군생활보다 더 어려운 것인데도 교육과 훈련 한 번 받지 않고 막연하게 기대만 하니 행복할 수 없습니다. '부부 관계에 대하여 배울 게 뭐 있어?' 생각하지만 사실 각자 어렸을 때 보고 들은 것이 전부입니다. 문제는 그것이 너무 달라서 자꾸 싸운다는 것입니다. 남녀가 기준이 다르고 자라 온 환경이 다르기에 부부 공동의 기준이 없습니다. 서로 자기가 옳다고 여기기 때문에 문제를 해결할 길도 없습니다.

교인들을 위하여 가정 세미나를 시작했습니다. 하지만 세미나를 인도해야 할 제가 아내와 나눔의 시간을 갖는 것이 너무 힘들었습니다. 문제의식이 없었고, 정서적인 표현에 약하다 보니 무엇을 나눠야 할지 몰라 잘할 자신이 없었습니다. 인도를 해야 하기에 억지로 나눈 고백과 어설픈 나눔으로도 아내가 행복해하는 것을 보면서 충격을 받았습니다. '그렇다면 하자!' 하는 생각이 들었습니다.

어떻게 해서든지 배우자에게 마음을 열면 그다음은 주님이 하십니다. 말문이 열리는 것만으로도 놀라운 일이고, 부부생활과 가정생활에 대한 같은 기준을 부부가 함께 배운다는 것도 정말 중요합니다. 저도 교인들과 훈련하면서 많은 것을 배웠습니다. 우리 부부가 지금 이 모습으로 성숙하게 된 것도 가정 사역을 하면서 같이 배운 덕분입니다.

많은 사람이 좋은 사람을 만나 결혼하고 싶어 합니다. 그러나 좋은 사람을 만나는 것보다 더 큰 복은 자신이 좋은 사람이 되는 것입니다. 싫은 사람을 만나는 것보다 더 끔찍하고 무서운 것이 자신이 남에게 싫은 사람이 되는 것입니다. 이것을 깨달으면 행복하지 않을 부부가 없습니다.

우리는 지금까지 배운 모든 이해를 내려놓고 하나님께 다시 배워야 합니다. 결혼과 가정이라는 공동체를 계획하신 분은 하나님이십니다. 그러므로 가정을 향한 하나님의 설계도를 알아야 합니다. 문제가 생긴 가정을 치유하고 회복하실 분도 하나님이십니다.

'나는 죽고 예수로 사는 십자가 복음'이 가장 필요한 곳이 가정이고 부부 사이입니다. '예수님이 내 안에 계시다!'라고 어설프게 믿지 말아야 합니다. 부부 사이에서도 영향이 없다면 그것은 믿는 것이 아닙니다. 배우자에게 행복을 요구하지 말아야 합니다. 먼저 자기 스스로가 주님과 철저히 하나 되어야 합니다. 우리 안에 오신 주 예수님만이 가정을 회복하고 치유하실 수 있습니다.

그동안 "십자가 복음으로 가정을 세우라"라는 주제로 설교를 많이 했습니다. 설교할 당시 깨어진 가정, 위기의 가정을 생각하며 주님의 마음으로 밤을 새우며 기도하고 또 묵상하며 설교를 준비해 전했습니다. 전하면서 마음이 뜨거웠습니다. 이 책을 쓰기 위해 당시 설교 원고를 다시 읽으니 제게서 나온 설교가 아니었습니다. 이 책을 내면서 아내에게 교정을 부탁했습니다. 교정을 본 아내의 소감을 간단히 에필로그에 담았습니다.

여러분의 가정도 십자가에서 살아날 수 있습니다. 오직 주님만을 바라보며 주님께 순종해 보시기 바랍니다.

유기성 목사

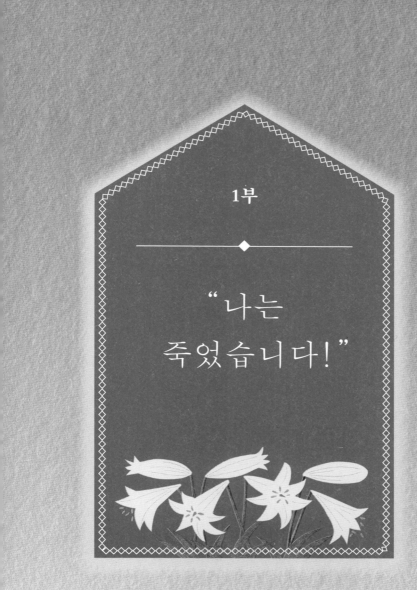

1부

"나는
죽었습니다!"

1장

나는 죽었다고
가정에서 고백하라

• 갈 2:20

◆

진짜 그리스도인인지는
가족이 압니다

예수님을 믿고 하나님이 약속하신 놀라운 변화가 일어나는 기적이 각 가정에 있기를 축복합니다. 이 책을 통해 가정에 영적인 지진이 일어나기를, 치유와 회복이 일어나고, 하나 되는 역사와 부흥이 일어나기를 바랍니다.

사실 가정을 주제로 설교하는 일이 참 어렵습니다. 어느 젊은 목사님이 결혼하기 전에 자녀 교육 문제에 대한 설교를 했는데, "자녀 교육의 법칙"이라는 제목을 달았다고 합니다. 결혼하고 자녀를 낳은 후에는 "자녀 교육의 권면"이라고 설교 제목이 바뀌었습니다.

그러다가 자녀가 사춘기가 되자 더 이상 "자녀 교육"이라는 주제로 설교를 하지 않게 되었다고 합니다. 실제로 아이를 낳아서 길러 보면 "자녀 교육은 이렇게 해야 합니다" 하고 설교할 힘이 확 떨어집니다.

그러나 저는 주의 십자가 복음과 성령의 역사에 의지해 하나님은 우리를 정말 변화시키시고, 우리 가정을 향한 놀라운 계획을 가지고 계신다는 사실을 알려 드리려고 합니다.

예수님을 믿는다는 것이 무엇입니까? 간단하게 설명하면, 자신이 죄인임을 진정으로 회개하고, 예수님이 내 죄를 짊어지고 십자가에서 죽으셨다는 것을 믿으면 누구나 모든 죄가 사함을 받고 하나님의 자녀가 된다는 사실을 믿는 것입니다. 이것이 십자가 복음입니다.

그런데 이 십자가 복음에는 죄 사함만 아니라 더 놀라운 비밀이 담겨 있습니다. 그것은 우리를 끊임없이 죄짓게 만드는 악한 본성(성경이 '옛사람'이라고 말하고, 우리가 흔히 '자아'라고 부르는 것)이 예수님이 십자가에서 죽으실 때 함께 죽음으로써 처리되었고, 이제 우리는 우리 마음에 오셔서 우리의 생명이시요, 주님이 되신 예수님으로 인해 변화된 삶을 살아가게 되었다는 것입니다. 이것이 바로 예수님을 믿는 믿음에 담겨 있는 비밀입니다. 따라서 누구든지 예수님을 믿으면 삶이 변하게 되어 있습니다.

이 비밀을 가장 분명하고도 간단하게, 압축해서 증거하고 있는 성경 구절이 갈라디아서 2장 20절입니다. 여기서 사도 바울은 예수님을 믿는 것이 무엇인가를 고백하기를, "내가 그리스도와 함께 십자가에 못 박혔나니 그런즉 이제는 내가 사는 것이 아니요 오직 내 안에 그리스도께서 사시는 것이라 이제 내가 육체 가운데 사는 것은 나를 사랑하사 나를 위하여 자기 자신을 버리신 하나님의 아들을 믿는 믿음 안에서 사는 것이라"라고 했습니다.

이것이 바로 십자가 복음의 핵심입니다. 이제는 내가 사는 것이 아니고 내 안에 그리스도가 사시는 것! 예수님을 믿고 산다는 것은 "예수님과 함께 나는 죽고 예수님으로 살게 되었다", 이 사실을 말하는 것입니다. 옛사람이 죽고 예수님으로 사니 그 인생이 바뀌지 않을 수가 없습니다.

이처럼 예수님을 믿고 변화된 삶을 가장 먼저 놀랍게 경험하는 곳이 가정입니다. 사람이 변화된 것을 가정에서 어떻게 숨길 수가 있을까요? 그래서 예수님을 믿는 가장 놀라운 증거는 가정에서 나타나게 되어 있고, 가정에서 나타나야 진짜 예수님을 믿는다고 할 수 있습니다.

대부분의 사람들은 가정 바깥으로 나오면 가정에서보다 사람들과의 관계를 잘 맺습니다. 왜냐하면 자신이 맺는 인간관계가 생존이나 이익과 직결된 문제이기 때문입니다. 우리는 윗사람에게도 잘하고, 아랫사람에게서도 신뢰를 얻고, 동료들이나 친구들과도 좋은 관계를 유지하려고 무던히 애를 씁니다. 그래서 누구에게나 다 좋은 사람이라는 평가를 들으려고 합니다. 그런데 그만큼 가정에서 배우자에게, 부모와 자녀에게 잘하십니까? 가정 바깥에 있는 사람들에게 하듯이 가족들에게도 신경을 쓰고 좋은 평가를 받으시나요?

안타깝게도, 성도들의 삶 중에 정반대의 현상이 나타나는 경우가 종종 있습니다. 교회에서는 예수님을 굉장히 잘 믿는 사람처럼 보이는데 가정에 들어가면 전혀 신뢰를 받지 못하는 분들이 있습니다. 이런 일이 있다 보니 '예수님을 믿어도 사람이 변하는 것은 아닌가 보다' 생각하시는 분들이 있습니다. 절대 그렇지가 않습니다. 예수님을 믿어도 사람이 변하지 않는 것이 아니라, 예수님을 바로 믿지 못하니까 진정한 변화가 일어나지 않는 것입니다.

겉으로는 예수님을 잘 믿고 하나님의 뜻대로 사는 것처럼 보여도 가족에게는 숨길 수가 없습니다. 그래서 가족들 가운데서 인정을 받고 가정 안에서 변화가 일어나야 비로소 예수님을 제대로 믿는다고 볼 수 있는 것입니다. 내가 정말 예수님을 믿는지, 예수님을 진짜 믿는데도 주님이 우리 가정에 역사하시지 않는 것인지 스스로를 점검해 보시기 바랍니다.

대부분의 그리스도인들이 "나는 어떤 사람인가?"라는 질문에, '나는 교회 다니는 사람이지'라고 생각합니다. 그러나 자신이 십자가에서 죽었다는 사실에 대해서는 "그건 잘 모르겠어"라고 애매한 답을 하는 사람들이 많습니다.

예수님을 믿는다는 것이 무엇입니까? 갈라디아서 2장 20절 말씀처럼 내가 그리스도와 함께 십자가에 못 박혔고, 이제는 내가 사는 것이 아니고 예수님이 내 안에 사시는 것임을 인정하는 것입니다. 그런데 안타깝게도 사람들은 내가 죽었는지 잘 모르겠다고 말합니다. 심지어 나는 죽지 않았다고 합니다. 그러면서도 어떻게 예수님을 믿는다고 할 수 있나요? 예수님을 믿어도 안 변하는 것이 아니라 예수님을 믿는 데 문제가 있는 것입니다.

우리 가정에 예수 그리스도로 인한 진정한 변화가 일어나기를 바란다면 배우자를, 부모를, 자녀를 변화시켜 달라고 기도하기 전에 먼저 자신이 분명하게 믿어야 합니다. "나는 죽었습니다. 이제는 예수님이 내 생명이십니다." 이 사실을 가정 안에서 분명하게 고백해야 합니다. 이것이 하나님이 원하시는 바입니다.

때로 자신이 죽었다는 사실을 인정하는 데 어려움을 겪는 분들이 있습니다. 많은 성도가 자기가 죽었다는 사실을 듣기는 했지만 마음으로 받아들이지는 못합니다. 어느 남자 권사님이 "나는 죽는데 내 본성이 안 죽지 않습니까!" 이런 말을 하셨습니다. 죽는 것이 억울하다는 뜻입니다. '내가 죽어야 되나? 그러면 내 꿈도 사라지고 내 계획도 사라질 텐데? 나는 어떡해?' 그래서 "나는 죽었습니다"라는 고백을 입으로, 기쁨으로 하지 못합니다. 다른 사람들 앞에서 내가 죽었다는 말을 하고 싶지가 않은 것입니다. 그 이유는 왜 사도 바울이 "나는 죽었다"고 고백했는지를 정확하게 모르기 때문입니다.

나 자신의 죽음을 가정 안에서 고백해야 합니다. 가나 혼인 잔치에서 물이 포도주가 되는 기적은 예수님이 주인의 위치에 서시자 일어났습니다. 예수님이 손님이실 때는 아무 일도 하실 수가 없었습니다. 내가 죽었다고 고백하지 못하면 예수님은 손님이실 수밖에 없습니다. "나는 죽었습니다"라고 고백할 때 비로소 예수님이 우리를 통해 역사하십니다. 우리는 너무나도 자기중심적이라서 지독하게, 철저하게 자기 생각만 합니다. 예수님이 역사하시지 못하는 가장 큰 걸림돌이 무엇인지 아십니까? 우리 자신이 죽지 않고 살아 있는 것입니다.

영어 시간에 영어 선생님이 아이들에게 영어 단어를 외우는 비결을 알려 주셨습니다. "영어 단어를 20회만 큰 소리로 읽어 보세요. 여러분 정도면 그 단어가 다 여러분의 것이 될 수 있습니다." 그러자 그 말을 들은 순이가 즉시 "철수, 철수, 철수…" 하고 20회를 불렀다고 합니다. 순이가 철수를 짝사랑하고 있었던 모양입니다. 이처럼 우리는 무슨 말을 들어도 다 자기중심대로, 자기가 원하는 대로 해석하려는 경향이 있습니다.

부부 사이의 행복의 비밀은 "남편은 아내를 사랑하고, 아내는 남편에게 순종하라"라는 말씀에 있습니다. 어떤 부부도 이 말씀 안에 있으면 행복하지 않을 수가 없습니다. 그런데 이 놀라운 말씀조차도 부부 싸움의 원인이 됩니다. "당신, 순종하라고 그랬잖아?", "이것이 사랑이에요?" 하면서 모두 자기중심으로 해석하기 때문입니다. 이처럼 가정의 행복을 위해 주신 하나님의 말씀조차도 내가 죽지 않으면 싸움거리밖에 안 됩니다. 왜 죽어야 합니까? 우리 자신이 문제 덩어리, 죄악 덩어리이기 때문입니다.

◆

죽음을 짊어질 때
나도 살고 내 가정도 삽니다

사실 우리 자신이 어떤 존재인지를 정확하게 알 수 있는 곳은 가정입니다. 이것이 바로 하나님이 우리에게 가정을 주신 이유 중 하나입니다. 우리는 가족들과 같이 지내면서 배우자나 부모, 자녀를 보기 전에 자기 자신을 먼저 볼 줄 알아야 합니다. 가족들은 나 자신을 보는 거울일 뿐입니다. 저는 결혼해서 가정을 이루지 않았다면 저 자신에 대해서 계속 착각하며 살았을 것입니다.

제 어머니는 제가 신학교 다닐 때 돌아가셨습니다. 너무 일찍 돌아가신 어머니를 생각하면 마음이 슬픕니다. 한 번도 진지하게 "어머님, 사랑합니다. 감사합니다"라는 말 한마디를 못해 드렸기 때문입니다. 저는 너무 쑥스러워서 아내에게도 사랑한다는 고백을 못했습니다. 사랑은 마음 깊이 하는 것이지, 꼭 말해야 되냐고 생각하고 넘겨 버렸습니다. 알고 보니까 제가 겉으로만 온순하지 굉장히 고집이 강한 사람이었습니다. 마음이 딱딱하게 굳어 있어서 "사랑합니다", "감사합니다", 이런 고백을 못한 것입니다.

가정이라는 거울을 통해 제가 어떤 사람인가를 알게 되었을 때 정말 고통스러웠고 받아들이기가 싫었습니다. 그러나 그것이 제 현실이었습니다. 가족이 있기 때문에 비로소 저를 알게 된 것입니다.

우리는 가족이 우리 자신이 어떤 사람인지를 보여 준다는 것을 명심해야 합니다. 만약에 자녀가 말을 안 들어서 크게 화를 내고 야단을 쳤다면 한 번쯤 자기 자신을 돌아보아야 합니다. 자신이 이 정도쯤으로 화를 낼 수밖에 없는 존재라는 것과 이 정도도 받아 주지 못하고 큰소리를 내는 사람이라는 것을 알게 됩니다. 물론 자녀에게 잘못이 있었을 것입니다. 그러나 내가 아버지라고 혹은 어머니라고 권위적으로 작은 일에도 화를 내며 자녀를 야단치는 모습을 스스로 돌아보면 자신이 어느 정도 수준의 사람임을 알 수 있을 것입니다.

혹시 배우자에게 불만이 있습니까? 그렇다면 자신이 이 정도쯤으로 불평하고 원망하는 수준의 사람이라는 사실을 깨달을 수 있어야 합니다. 이것이 하나님의 계획입니다. 하나님은 우리가 가정에서 겪는 모든 일에서 자신이 어떤 사람인가를 먼저 보게 하십니다. 나를 보지 않고 부모가 어떻고, 배우자가 어떻고, 자녀가 어떻고 하면 영원히 문제가 풀리지 않습니다. 만약 내가 어떤 사람인가를 먼저 본다면 왜 성경이 십자가 복음을 말하면서 "나는 죽었습니다"라고 고백하게 하는지를 알게 됩니다.

사도 바울은 "이제는 내가 사는 것이 아니요"라고 고백했습니다. 이것이 바울에게 있어서는 하나님의 역사의 시작이었습니다. 자기 자신을 알면 자기의 죽음은 기쁜 소식, '복음'입니다. 나 자신을 생각해 보십시오. 얼마나 문제가 많은 사람이고, 속까지 죄로 물들어 있는 존재입니까? 얼마나 이기적이고, 자기중심적이고,

치사하고, 욕심이 많고, 거짓된지는 가정에서 살아 보면 다 경험하게 되지 않나요? 스스로가 잘 알 것입니다. 그러므로 예수님이 십자가에서 내 옛사람과 함께 죽으셨다는 사실이 복음인 것입니다.

우리를 힘들게 하는 대상은 부모나 배우자나 자녀가 아닙니다. 나 자신입니다. 내가 나 자신을 끊임없이 괴롭힙니다. '나를 만족시켜 줘', '나를 행복하게 해 줘', '나를 이해해 줘', '나를 인정해 줘', 우리 안에 있는 이런 욕구가 가족을 힘들게 하고 스스로를 괴롭힙니다. 그러므로 우리가 할 일은 "나는 죽었습니다" 고백하는 것입니다. 내가 정말 죽었다는 사실을 받아들이고 나면 문제 될 것이 없습니다. 자존심 상할 일도 없고, 좌절할 것도 없고, 힘들 이유도 없습니다.

어떤 사람은 죽는 것이 힘들다고 합니다. 자기 노력으로 죽으려고 하니까 그렇습니다. 노력으로는 결코 죽어지지 않습니다. 하나님은 하나님이 다 이루어 놓으신 것을 우리더러 믿기만 하라고 하셨습니다. 예수님이 십자가에 죽으실 때 우리도 함께 죽었다고 하나님이 정해 놓으셨습니다. 우리는 그 사실을 "아멘"으로 받기만 하면 됩니다.

로마서 6장 11절은 "이와 같이 너희도 너희 자신을 죄에 대하여는 죽은 자요 그리스도 예수 안에서 하나님께 대하여는 살아 있는 자로 여길지어다"라고 말합니다. 이것이 바로 우리가 할 일입니다. '나는 죄에 대해서는 죽은 자다. 옛사람은 죽었다'라고 여기면 그때부터 주님이 역사하십니다. 왜 주님이 우리 가정에는 역사하시지 않는지 궁금하십니까? 주님이 우리에게 원하시는 일이 있기 때문입니다. 우리의 죽음을 보여 달라는 것입니다. 죽음은 모든 것을 바꿔 놓습니다.

한 여성이 암 수술을 받았는데, 수술받을 때 죽음을 각오해야 했습니다. 그런데 감사하게도 수술 후에 회복되었습니다. 그 후 모든 것이 달라졌습니다. 아이들의 도시락 반찬을 싸면서 '내 손으로 아이들 도시락을 싸 줄 수 있게 된 것이 얼마나 감사한지 몰라' 하며 여러 번 울었습니다. 남편이 출근할 때 와이셔츠를 다려 주면서 계속 눈물이 났습니다. 사실 수술받기 전에는 집안일이 너무 고통스럽게 느껴졌습니다. '내가 언제까지 이렇게만 살다가 내 인생을 끝내야 되나?' 한탄하면서 말입니다. 하지만 죽음의 문을 건너갔다 오니까 수고하는 것도 감사하다고 고백했습니다.

우리는 왜 십자가 복음이 예수님과 함께 죽고 다시 사는 것인지 알아야 합니다. 모든 것이 달라집니다. 물론 우리가 죽을 때 다겪게 될 일이기는 합니다. 진짜 죽을 때가 되면 인생에서 가장 힘들었던 일들조차 아름다운 추억이 된다고 합니다. 그런데 그 사실을 꼭 죽을 때 가서야 깨달아야 하나요? 아닙니다. 예수님을 구주로 영접할 때 그 눈이 뜨일 수 있습니다. 그래서 예수님이 우리 가정 안에 기적을 일으키시기 전에 먼저 죽음을 보여 달라고 하시는 것입니다.

고린도후서 4장 10절은 "우리가 항상 예수의 죽음을 몸에 짊어짐은 예수의 생명이 또한 우리 몸에 나타나게 하려 함이라"라고 말합니다. 예수님의 생명이 나타나기 위해서는 우리의 죽음을 짊어져야 한다는 의미입니다.

◆

십자가 복음을 분명히 믿을 때
내 가정에도 기적이 일어납니다

성경은 자녀들을 기를 때 "오직 주의 교훈과 훈계로 양육하라"(엡 6:4)고 말합니다. 이 말씀의 의미는 곧 자녀들을 부모 자신의 교훈과 훈계로 양육하지 말라는 뜻입니다. 부모들은 자기 나름대로 자녀를 양육하려는 생각이 있습니다. 그런데 부모가 가진 그 생각 때문에 자녀들이 너무나 힘들어합니다. 부모는 잘 길러 보려고 애를 쓰는데 자녀에게 문제가 생기는 일이 얼마나 많습니까?

'나는 하나님이 내게 주신 아이를 잘 기를 수 있는 지혜도 없고 재주도 없다. 내 생각으로는 아이를 바로 양육할 수 없다'는 사실을 깨닫고 인정해야 합니다. 그런데 대부분의 부모들은 깨닫지를 못합니다. 예수님 안에서 나는 죽었다는 결론이 나지 않았기 때문입니다. 따라서 예수님을 믿고도 여전히 자기 생각으로 자녀를 기릅니다. 이제 "저는 죽었습니다. 주님이 저를 통해서 이 아이를 길러 주세요"라고 기도해야 합니다.

한국 초대 교회의 유명한 목사님이신 길선주 목사님에 관한 이야기입니다. 목사님의 아들이 술주정뱅이에다 망나니였습니다.

목사 안수를 받기 전 장로였을 때 아들 때문에 얼마나 힘들었는지 모릅니다. 그 아들 한번 바로잡아 보려고 야단도 치고, 하나님 말씀대로 살지 않으면 저주를 받는다고 책망도 해 봤지만 해결될 기미가 전혀 보이지 않았습니다. 아들이 술주정뱅이, 망나니인 모습을 보고 괜찮을 아버지가 어디 있을까요? 사랑하는 마음이 간절하니 좀 더 야단을 치게 되었습니다. 그런데 목사님은 그 일이 아들을 더 힘들게 하는 줄 몰랐습니다.

어느 날 미국 선교사님이 보다 보다 안타까워서 말했답니다. "길선주 장로님, 아들을 저주하지 마세요. 아들을 축복하세요. 이제부터는." 이 말이 길선주 목사님의 마음에 주의 음성으로 들렸습니다. 그제야 정신이 들었습니다. 자신이 그동안 "아버지 사랑이다. 자식이 잘되기를 원한다" 했지만 사실은 스스로가 아들을 자꾸 저주했던 것입니다. 이후 목사님은 '100일 동안 새벽기도회를 하면서 아들을 위해서 축복하며 기도하리라' 작정했습니다. 그동안은 아버지의 눈으로 아들을 보았습니다. 그러나 이제는 예수님의 눈으로 아들을 보게 된 것입니다.

그런데 입을 열어서 아들을 축복하려고 하니까 아버지인 자신이 죽지 않으면 안 되는 일이었습니다. 아버지의 눈으로 볼 때는 아들이 절망적이고, 소망이 없고, 문제 덩어리였는데, 예수님의 눈으로 보니까 아들에게 하나님의 놀라운 계획이 있으며 장래에 그를 통해 기적이 일어날 것임이 깨달아졌습니다. 하나님은 못하실 일이 없고 반드시 아들을 변화시켜 주실 것이라고 믿어지면서 입술에서 축복이 터져 나왔습니다.

새벽기도를 작정한 100일이 끝나고 그다음 날이 되었습니다. 새벽기도 시간에 예배당 문이 벌컥 열리면서 아들이 만취한 상태로 예배당에 난입했습니다. 그러더니 예배드리는 회중들 한복판에 털썩 주저앉아 대성통곡을 하고 울었습니다. 이후 아들은 완전히 변화되었습니다.

"하나님, 우리 가정 변화시켜 주세요." 이렇게 기도하지 말고 "주님, 저는 죽었습니다. 이제는 예수님이 저를 통해서 역사하세요. 배우자를 저를 통해 만나 주시고, 아이들을 저를 통해 만나 주세요. 저는 그저 죽었습니다. 저를 쓰세요" 하고 주님께 내어 드리는 것이 정답입니다.

열심히만 산다고 잘되는 것이 아닙니다. 십자가 복음에 대한 분명한 믿음이 가정에서부터 적용되어야 합니다. 정말 예수님이 기도하는데도 응답을 안 해 주시는 것인지, 아니면 아무런 역사를 못하시는 것인지 잠시 자기 자신을 돌아보시기 바랍니다.

배우자가 마음에 안 들고 불편하신 분에게 묻겠습니다. 예수님이 배우자라면 좋겠습니까? 좋다고 말하는 분도 계실지 모르겠습니다. 그런데 "나는 죽었습니다"라는 고백이 분명하지 않은 사람이라면 아무리 예수님이 배우자라도 조금만 시간이 지나면 예수님하고는 못 살겠다고 불평불만하고 다닐 것입니다. "내가 죽었습니다", 이 고백이 이루어져야 예수님과 함께 사는 삶이 행복할 수 있습니다.

만약 예수님이 부모님이면 좋을까요? 십자가에서 우리 옛사람이 처리되지 않으면 아무리 예수님이 부모라도 불만입니다. 이스라엘 백성은 그 좋으신 하나님을 향해 불평불만만 하다가 광야에서 다 죽지 않았습니까?

예수님과 같은 집에 살면 좋겠습니까? 예수님을 모시고 살면 정말 행복할 것 같지요? 그런데 예수님을 그냥 손님으로 여기고 모시고 살면 그처럼 불편한 일이 없습니다. 나는 죽고 예수님으로 사는 자가 될 때 예수님을 모시고 사는 것이 기가 막히게 좋습니다. 우리가 "나는 죽었습니다"라는 고백을 분명히 하지 않으면 예수님이 역사하시지 못한다는 사실을 기억하십시오. 예수님이 역사를 안 해 주시는 것이 아닙니다. 우리가 먼저 십자가의 복음을 분명히 해야 하는 것입니다.

제가 처음 십자가 복음에 대해서 눈이 열렸을 때 주님은 저에게 죽으라고 하셨습니다. 그때가 지금도 생생합니다. 그 순간은 제게 굉장한 충격이었습니다. '내가 죽어야 하는 것인가? 그렇게까지 해야 하는 것인가?' 그때까지만 해도 저는 저 자신에 대해서 '나름대로 괜찮은 사람인데, 그래도 부족한 것이 조금 있으니 그것 좀 고치면 쓸 만한 목사가 되겠다'고 생각했습니다. 그런데 저를 향한 주님의 판결은 전혀 달랐습니다. 죽어야 한다고 하셨습니다. 주님 눈에 저는 건질 것이 하나도 없었던 것입니다. 생각해 보세요. 어지간하면 죽으라고는 안 하지 않습니까? 그런데 죽으라고 하시니, 그것은 저에게 모든 것을 다 내려놓으라는 뜻이었습니다.

딸이 고등학교 다닐 때 일입니다. 하루는 딸을 학교에 데려다 주려고 운전을 하고 가는데, 딸이 이야기했습니다. "아빠, 저는 우리 집에서 태어나지 않았으면 아마 예수님을 안 믿었을지 몰라요." 그래서 왜 그러냐고 물었더니 이유를 말해 주었습니다. 중학교, 고등학교를 올라가면서 "하나님은 안 계시다", "예수 믿는 사람들은 문제가 많다" 등 이런저런 이야기를 많이 들었답니다. 목사의 딸이지만 어떤 때는 그 말이 더 설득력 있게 느껴져서 그 의견에 여러 번 동조할 뻔했다고 했습니다. 그럼에도 자기가 믿음을 지킨 것은 아빠 때문이라며 이렇게 덧붙였습니다.

"아빠는 나보다 훨씬 더 똑똑하고 믿을 만한 분이신데 아빠가 예수님이 함께 계신다는 것을 분명히 믿는 것을 보니 아직은 결론을 내리지 말고 기다려 보자고 생각했어요. 그리고 지금은 하나님이 살아 계시고 예수님이 우리 가운데 계신다는 확신이 생겼어요."

아이를 학교에 내려 주고 돌아오면서 눈물이 핑 돌았습니다. 당시 저는 딸을 위해서 대단하게 해 준 일이 없어서 늘 미안한 마음이었습니다. 시간을 잘 내 주지도 못했고 자상하게 살펴 주지도 못했는데 믿음을 지켜 주었다니까 얼마나 감사했는지 모릅니다.

그런데 어떻게 제가 제 딸의 믿음을 지켜 줄 수 있었을까요? 저는 저 자신을 아는데, 정말 엉터리 중의 엉터리입니다. 제 육신적인 본성은 말할 수 없이 악하고 죄 덩어리입니다. 제가 성도들에게 꽤 괜찮은 목사처럼 보이는 것이야 할 수 있을 것입니다. 그런데 제가 어떻게 딸의 눈을 피할 수 있겠습니까? 딸은 아버지의 실상을 다 알 수밖에 없습니다. 그런데 어떻게 제 딸이 그런 저를 보고 믿음을 지켰을까요? 그 순간 저는 깨달았습니다. '아, 죽으라고 하신 주님의 말씀 때문이었구나.'

한때 저는 제 인생의 모든 것이 끝났다고 생각했습니다. 그때 주님은 지금이 바로 십자가 복음이 필요한 때라고 하셨고 십자가만이 내가 사는 길이라고 하셨습니다. 처음에는 받아들이기가 쉽지 않았고 많이 울었습니다. 하지만 결국은 "나는 죽었습니다"가 제 노래가 되었고 설교의 주제가 되어서 지금까지 살아왔습니다. 그렇게 날마다 살아온 제 삶이 딸을 온갖 신앙적인 시험과 갈등에서 지켜 준 것입니다. 제가 한 것은 아니지만 제 믿음을 주님이 쓰셔서 하신 일입니다.

나는 죽고 예수님으로 사는 복음을 주님이 주신 것은, 우리의 힘으로는 할 수 없는 가정의 변화를 주님이 친히 이루어 주겠다고 약속하신 놀라운 복입니다. 이제 십자가 복음이 우리 가정 안에서 어떤 역사를 일으키는지 경험할 수 있게 되기를 바랍니다. "저의 죽음을 분명히 믿고 고백하며 살겠습니다. 가정 안에서, 가족들 앞에서 저의 죽음을 선포하고 살겠습니다." 이렇게 기도하고, 결단하고, 삶으로 살아 내는 우리가 되기를 기도합니다.

2장

나를 내려놓고
십자가 아래 거하라

• 고후 5:17

◆

행복한 가정을 만들기 위해
너무 애쓰지 마세요

언젠가 선한목자 젊은이교회에서 "기도로 꽃피운 카네이션"이라
는 주제로 한 주간 부모님을 위한 새벽기도회를 연 적이 있습니
다. 자녀들이 기도로 꽃피운 카네이션을 달아 줄 때 부모가 느끼
는 기쁨은 말로 다할 수가 없을 것입니다. 여러분의 가정에도 자
녀들이 기도로 꽃피운 카네이션을 달아 주는 놀라운 역사가 있기
를 바랍니다. 다음은 새벽기도회 때 한 남자 청년이 눈물로 간증
한 내용입니다.

하루는 엄마에게 물었다. "엄마, 제가 어떤 아들이에요? 저랑 있으면 행복하지 않아요?" 그때 엄마가 대답하셨다. "얘기하지 않아서 그렇지, 엄마는 네가 취직하면 아빠랑 시골로 따로 가서 살려고 했다. 너를 보고 있으면 엄마도, 아빠도 지칠 때가 많이 있다." 나는 어머니 앞에서 통곡하며 눈물을 흘렸다. 내가 가장 사랑하는 사람들이 나를 보고 행복하지 않다고 하는 사실이 너무나 슬펐다. 나는 나 자신이 두려워졌다. 나 자신에게 절망했다.

내가 어릴 때 집이 고물상을 하고 슈퍼마켓을 할 때도 부모님에게 나는 자랑거리였다. 내가 학교에서 시험 점수를 잘 받아 오면 엄마, 아빠가 행복해하시는 것을 알고 부모님께 힘이 되고 싶어서 열심히 공부했다. 그리고 내가 원하는 대학교에 입학을 했다. 그런데 대학교 합격 발표 며칠 후 아버지와 함께 간 낚시터에서 아버지는 내게 이렇게 말씀하셨다. "아빠는 네게 실망했다. 더 좋은 학교에 갈 수 있었는데 너는 도전을 포기했다." 그때 내 마음에 큰 상처가 생겼다. 나는 나름 열심히 했고 들어간 대학교에 만족을 했는데 아버지의 기대가 너무 힘들었다.

고시 합격을 해서 아버지로부터 인정받아야지, 결심하고 20대를 그 꿈 하나를 품고 지내 왔다. 그런데 생각처럼 고시에 합격되지 않았고 아버지는 나에게 실망을 감추시지 않았다. 아버지는 내가 변했다고 하셨다. 그렇지만 나는 한 번도 변한 적이 없다. 그냥 예전처럼 아버지의 인정을 받고 싶었을 뿐이다. 그런데 어느 순간 나는 아버지에게 실망만 안겨 드리는 아들이 되었고, 그런 아버지의 실망에 원망하고 반항하는 아들이 되어 있었다. 이제는 내가 없어지면 아버지가 행복해지실 것이라는 생각이 들 정도로 비참해졌다. 아버지는 나에게 아픔이었고 두렵고 힘든 존재였다.

참 마음이 아팠습니다. 그런데 정말 감사한 것은 이 청년이 예수님의 십자가 복음을 알게 되었고 구원을 받은 후 아버지를 이해하게 되었다는 사실입니다. 아버지도 할머니로부터 마음에 많은 상처를 입은 아들이었다는 사실을 알게 된 것입니다. 그래서 이제는 아버지의 영혼을 구원하기 위해서 자신이 기도한다고 고백했습니다. 우리 가정에도 정말 하나님의 기적 같은 변화가 일어나기를 원합니다.

'왜 우리 가정은 이렇게 힘들까?' 하며 가정 문제 때문에 지친 분들이 있을 것입니다. 우리 가족은 왜 그렇게 힘들게 사는 것일까요? 내가 진정으로 거듭나지 않았는데 행복하게 살고는 싶고, 그래서 애를 쓰고 노력하지만, 노력을 할수록 문제가 더욱 어려워지기 때문입니다. 우리의 노력이 부족해서 가정이 행복하지 않은 것이 아닙니다. 오히려 너무 노력해서 가정에 문제가 생기는 경우가 많습니다. 이 사실을 정확하게 알아야 합니다.

가정에서 배우자에게도, 부모에게도, 자녀들에게도 화가 많이 나지 않나요? 왜 화가 날까요? 자신이 원하는 대로 되지 않으니까 화가 나는 것입니다. 화를 내면 의도하지 않게 상대방에게 상처를 주게 됩니다.

만약 그동안 정말 행복한 가정에서 행복하게 살고 싶었는데 좌절했다든지, 지쳤다든지, 가족들로부터 상처를 너무 많이 받아 힘든 분이 있다면 고린도후서 5장 17절 말씀을 잘 기억하시기 바랍니다. "그런즉 누구든지 그리스도 안에 있으면 새로운 피조물이라 이전 것은 지나갔으니 보라 새것이 되었도다"(고후 5:17).

이 말씀은 '누구든지'라고 말합니다. 어느 누구도 포기하지 말라는 의미입니다. 한 사람도 예외가 없고, 못할 사람도 없고, 하나님이 버리신 사람도 없습니다. 우리 모두가 예수 그리스도 안에서 새 삶을 살 소망을 하나님이 주셨습니다. 그런데 '그리스도 안에 있으면'이 중요합니다. 싸우기까지 할 정도로 무던히 노력했지만 행복한 가정을 이루지 못한 이유는 '그리스도 안에 있으면'이라는 비밀을 몰랐기 때문입니다.

행복한 가정을 이루기 위해 우리가 한 번도 시도해 보지 않은 방법이 있는데, 바로 '그리스도 안에 있는 것'입니다. "그리스도 안에 있으면 새로운 피조물이라 이전 것은 지나갔으니 보라 새것이 되었도다"라는 말씀은 개인의 구원에 대한 메시지이기도 하지만, 우리 가정을 향한 메시지이기도 합니다. 우리가 구원받으면 당연히 가정이 구원을 받기 때문입니다.

밀라노 한마음교회 이현주 성도님이 쓴 묵상 글 중에 "잠시 쉼표가 주는 여유"라는 글을 소개하고 싶습니다.

아름다운 음악을 들으면서도 소리만 들릴 뿐 마음에 감동이 흐르지 않는다면 지금은 쉴 때입니다. 식구들 얼굴을 마주 보고도 살짝 웃어 주지 못한다면 지금은 쉴 때입니다. 아침에 눈을 떴을 때 창문을 비추는 아침 햇살이 눈부시게 느껴지지 않는다면 지금은 쉴 때입니다. 오랜만에 걸려온 친구의 전화를 받고 바쁘다는 말밖에 하지 못하고 끊었다면 지금은 쉴 때입니다. 아름다운 자연을 보고서도 마음에 아무런 감동이 흐르지 않는다면 지금은 쉴 때입니다. 사랑하는 사람과 헤어진 뒤 멀어지는 뒷모습을 보기 위해 한 번 더 뒤돌아보지 않는다면 지금은 쉴 때입니다.

'지금은 쉬었으면 좋겠다' 생각되는 때가 있습니다. 특히 가정생활을 하다 보면 어디론가 훌쩍 떠나거나 혼자 있고 싶은 때가 있지 않나요? 그런데 어떻게 쉬어야, 어디에 가야 진짜 쉴 수 있는 것일까요? 고린도후서 5장 17절은 이렇게 말합니다. "그리스도 안에 있으면."

우리는 예수님을 믿고도 예수님 안에 거하는 법을 배우지 못했습니다. 따라서 예수님이 우리 가정에 역사하실 수가 없는 것입니다. 예수님을 믿는데도 왜 안 될까요? 기도하는데도 왜 안 될까요? 우리가 예수님 안에 거하지 않으니까 주님이 우리 가정 안에 새로워지는 역사를 이루시지 못하는 것입니다.

저는 그리스도인들만이라도 정말 예수님 안에 거하는 법을 배우고, 진짜 예수님을 믿게 되면 우리나라의 교육 문제도 해결된다고 믿습니다. 한국의 교육 문제가 왜 이렇게 힘이 듭니까? 부모님들이 불안하기 때문입니다. 그러다 보니 이런저런 과외를 시키고, 학원을 여럿 보내고, 극성이라는 말을 들어 가면서까지 자녀 교육에 매달립니다. 그런데 그 간절함의 바탕이 자녀를 향한 염려라는 사실을 우리는 기억해야 합니다.

예수님은 우리를 부르실 때 "수고하고 무거운 짐 진 자들아 다 내게로 오라 내가 너희를 쉬게 하리라"(마 11:28) 약속하셨습니다. 우리가 가진 무거운 짐 중에 하나가 자녀입니다. 어떻게 해서든지 자녀만큼은 잘 살게 해 주고 싶은 것이 이 세상 모든 부모의 마음이잖아요? 그런데 이제 예수님을 믿으니, 주님이 약속하셨으니 자녀 문제도 다 해결되었다고 진짜 믿어야 합니다. 예수님을 믿는 부모의 마음에 있어야 하는 것은 자녀들을 향한 염려가 아니고 '믿음'이 되어야 합니다.

우리는 예수님을 믿지만 동시에 예수님을 안 믿습니다. 자녀는 여전히 부모 마음에 걱정거리입니다. '좋은 대학이나 갈까? 앞으로 밥벌이는 할까? 성공하는 삶을 살 수 있을까?' 예수님께 염려를 맡기지 않는 것입니다. '예수님 안에 있으니까 내 아이는 잘될 것이다. 예수님이 우리 문제를 다 책임져 주시니까 반드시 하나님이 내 아이도 지켜 주실 것이다', 이 사실이 부모 마음에 믿어지면 자녀가 실패해 좌절하고, 열등감 때문에 괴로워해도 부모가 얼마든지 도울 수 있고 세워 줄 수 있습니다. 그리고 부모의 그 믿음이 자녀에게 흘러갑니다.

부모에게 믿음이 없으면 자녀는 일어날 방법이 없습니다. 부모의 염려가 자녀에게 흘러가기 때문입니다. 예수님은 예수님을 진짜 믿으라고 하시면서 "네 믿은 대로 될지어다"(마 8:13), "네 믿음이 너를 구원하였느니라"(눅 17:19)라고 말씀하셨습니다. 우리가 자녀 교육에 대해서 믿음으로 나가기 시작하면 한국의 교육은 바뀔 수 있습니다.

부부 관계도 마찬가지입니다. 주님이 남편을 반드시 붙드시고 세워 주신다는 사실이 믿어지면 아내의 말이 달라집니다. 아내가 달라졌다는 것을 깨달은 남편은 행동이 바뀝니다. 믿음은 그대로 행동으로 표현됩니다.

◆

아무것도 염려하지 말고
그저 예수님의 마음을 품으세요

마태복음 6장 26절에서 예수님은 "공중의 새를 보라 심지도 않고 거두지도 않고 창고에 모아들이지도 아니하되 너희 하늘 아버지께서 기르시나니 너희는 이것들보다 귀하지 아니하냐"라고 말씀하셨습니다. 이 사실을 믿으시나요? 주님은 우리가 믿기를 간곡하게 원하십니다. 우리 가족에 대해서 걱정하지 말라는 것입니다. 예수님을 믿으면 내 문제를 주님이 다 짊어지셨다는 사실을 믿으라는 것입니다. 또한 이어지는 31-32절에서는 "그러므로 염려하여 이르기를 무엇을 먹을까 무엇을 마실까 무엇을 입을까 하지 말라 이는 다 이방인들이 구하는 것이라 너희 하늘 아버지께서 이 모든 것이 너희에게 있어야 할 줄을 아시느니라"라고 말씀하셨습니다.

정말 우리 가정에 하나님의 기적과 같은 변화가 일어나기를 원하시나요? 그러면 이제 진짜 예수님을 믿으셔야 합니다. '예수님이 책임져 주셨어', '예수님이 역사하실 거야' 하고 믿으세요. 믿는다는 것은 걱정하거나 염려하지 않는다는 뜻입니다.

그러면 또 '진짜 걱정 안 해도 될까? 걱정해도 안 되는데 걱정도 안 하면 더 나빠지는 것 아닐까?' 하며 오히려 걱정이 될 수 있을 것입니다. 걱정하지 말라는 말은 아무것도 하지 말라는 의미가 아닙니다. 예수님 안에 거하면서 말하기도 하고 행동하기도 하라는 뜻입니다. 예수님 안에 거하는 것이 먼저라는 의미입니다. 예수님 안에 거하면 예수님이 우리에게 무슨 말을 해야 할지, 어떻게 판단해야 할지, 어떻게 행동해야 할지를 다 가르쳐 주십니다. 예수님 안에 거한다는 말은 예수님과 온전히 하나 된다는 뜻이기 때문입니다. 그러면 예수님의 생각이 내 생각이 되고, 예수님의 마음이 내 마음이 됩니다.

갈라디아서 5장 24절은 예수님을 믿는 것을 이렇게 정의합니다. "그리스도 예수의 사람들은 육체와 함께 그 정욕과 탐심을 십자가에 못 박았느니라." 예수님을 믿는 것은 육체와 함께 나의 정욕과 탐심을 십자가에 못 박는 것입니다. 다시 말하면, 예수님과 온전히 하나 되었기에 이제는 내가 어떤 일도 내 욕심이나 정욕으로 하지 않습니다. 예수님 안에서 온전히 나는 죽었고, 이제는 예수님으로 사는 사람이 된 것입니다.

예수님이 내 안에 계신 것을 어떻게 알 수 있나요? 자신이 정말 예수님과 함께 십자가에 못 박혔다는 사실을 믿으면 예수님의 마음이 느껴집니다. 우리가 할 일은 그 예수님의 마음을 품는 것입니다. "너희 안에 이 마음을 품으라 곧 그리스도 예수의 마음이니"(빌 2:5). 그러면 그때부터 주님이 우리를 통해 놀라운 일들을 이루시기 시작합니다.

예수님 안에 있으면 환경이 어떠하든지, 가족들의 상황이 어떠하든지 상관없이 내가 행복해집니다. 예수님 안에 거하면, 예수님과 하나 되면 비로소 만족이 무엇인지, 평안과 기쁨이 무엇인지, 사랑이 무엇인지가 내 속에서 느껴집니다. 예수님은 우리가 겪고 있는 마음의 고통과 갈등, 슬픔, 낙심, 두려움, 염려에서 우리를 능히 구원해 내실 분입니다. 나 자신이 행복해지는 것이 가족들에게 최고의 선물입니다. 그것이야말로 가족들을 위한 최고의 봉사 아닌가요?

배우자에게 잘해 주려고 애쓸 필요가 없습니다. 내가 먼저 예수님 안에서 행복하면 됩니다. 예수님 안에서 내가 새로운 피조물이 되면 됩니다. 자녀가 행복해지기를 원하시나요? 자녀가 행복해지도록 만들어 주고 싶습니까? 많은 돈을 유산으로 물려준다고 자녀가 행복해지는 것이 아닙니다. 부모가 행복하면 됩니다. 예수님을 믿고 사는 부모가 정말 행복하면 자녀가 이 세상을 살아가는 동안 좌절하거나 실패해 낙심하게 되었을 때, '예수님 안에 답이 있어. 우리 부모님도 행복할 수 없는 여건인데도 예수님 때문에 행복해하셨어' 하면서 반드시 구원받을 길이 생깁니다. 예수님을 찾아가고, 예수님 안에 거하게 됩니다.

그런데 반대로 자녀가 '우리 엄마는 예수님을 잘 믿고, 우리 아빠는 교회에서 유명한데 행복하지 않더라', '우리 부모님을 보니까 예수님을 믿어도 돈 없으면 소용없더라'라고 생각하게 되어서는 곤란합니다. 그러면 자녀에게는 살길이 없습니다. 세상에서 실패했을지라도 예수님은 능히 그를 구원해 주실 수 있지만, 이미 자녀의 믿음이 무너져 버렸기 때문입니다.

행복하게 사는 사람은 주변 사람을 다 행복하게 합니다. 불행한 사람 옆에 있으면 불행해집니다. 혹시 나 자신이 불행하다면 주변 사람들을 불행하게 만들고 있는 것임을 알아야 합니다. 행복을 원하는 우리에게 하나님은 이미 완전한 답을 주셨습니다. '예수님 안에서'입니다. 고린도후서 5장 17절, "그런즉 누구든지 그리스도 안에 있으면 새로운 피조물이라"라는 말씀에는 '좋은 남편 만나면'이라는 조건이 없습니다. '말 잘 듣는 아내가 있으면'이나 '아이들이 공부를 열심히 잘하면'이라고 말하지도 않습니다. 그런 조건은 다 필요 없습니다. 오직 '그리스도 안에 있으면' 새로운 피조물이라고 했습니다.

얼마나 간단합니까. 우리는 이 비밀을 누리기만 하면 됩니다. 진짜 예수님을 믿으면 예수님이 우리를 통해서 가정을 온전히 바꾸십니다.

로마서 15장 18-19절을 보면, 사도 바울이 그동안 이방인들에게 복음을 전하면서 어떻게 그처럼 놀라운 일들을 이루었는지를 간증한 내용이 나옵니다. "그리스도께서 이방인들을 순종하게 하기 위하여 나를 통하여 역사하신 것 외에는 내가 감히 말하지 아니하노라 그 일은 말과 행위로 표적과 기사의 능력으로 성령의 능력으로 이루어졌으며 그리하여 내가 예루살렘으로부터 두루 행하여 일루리곤까지 그리스도의 복음을 편만하게 전하였노라." 사도 바울은 내가 했다고, 열심히 했다고 말하지 않았습니다. 오직 예수님이 나를 통하여 역사하셨다고 고백했을 뿐입니다. 내가 무슨 말을 했어도 예수님이 나를 통해 하신 것이고, 내가 무슨 일을 했어도 예수님이 나를 통해 하신 것이라고 말했습니다.

이것은 우리가 가정에서 어떻게 살아야 하는지를 그대로 보여 줍니다. 가정에서 무슨 말을 하든, 무슨 일을 하든 모든 것이 오직 예수님이 나를 통해 하시는 것이 되도록 해야 합니다. 그러면 우리 가정의 문제를 주님이 다 해결해 내십니다. 스스로 애쓰지 마십시오. 너무 노력해서 오히려 문제가 생긴 것이라는 사실을 기억하십시오. 오직 예수님 안에 거하기를 힘쓰다가 예수님이 예수님의 마음을 주시면 그 마음을 가지고 말하고 행하면 됩니다.

젊은 후배 목사님 중에 최근 목사 안수를 받으신 분이 있습니다. 목사님은 매우 성실하고 치밀한 성격이고, 계획성 있는 분입니다. 사역을 할 때도 깜짝 놀랄 정도로 매사에 꼼꼼하고 반듯합니다. 그 목사님이 담임 목회를 나갔습니다.

담임 목회를 나가 보니까 한 주에 한 번 설교하는 것도 어려운데 12회나 설교해야 했습니다. 성실한 사람이기에 설교 준비에 모든 시간과 정열을 다 쏟았습니다. 그러다 보니 설교 준비에 장애가 되는 시간이 너무 아깝게 느껴졌습니다. 멀리서 손님이 찾아오면 식사 대접도 해야 되고 이야기도 나누어야 하는데 끔찍하고 귀찮게 느껴졌습니다. 아내가 이야기 좀 하자고 해도 "설교 준비해야 되는데…" 했습니다. 곧 부부 사이에 문제가 생겼습니다. 심각한 위기가 왔습니다. 목회 잘해 보자고, 설교 잘해 보자고 한 것인데 삶 전체가 뒤틀어졌습니다.

어느 날 목사님이 잠잠히 주님을 묵상하는데 문득 예수님에게서는 분주함을 찾아볼 수 없고 정말 평안하시다는 것을 느끼고 깜짝 놀랐습니다. 지금 자신이 뭔가 잘못된 길을 가고 있음을 직감했습니다. 주님을 위해서 열심히 일하는데 주님의 마음과 자기 마음이 달라도 너무 달랐습니다. "주님, 어떻게 하면 좋습니까?" 그러자 예수님이 "나만 바라보고 내가 주는 마음으로만 말씀을 전해라"라는 말씀을 주셨습니다. 그 순간 목사님은 설교 잘하고 싶은 것이 주님의 마음이 아니라 자기 욕심이었음을 깨닫게 되었습니다. 목사님은 오직 예수님이 주시는 마음으로만 설교하는 자가 되기를 원한다고 기도했고, 이후 마음이 평안해졌습니다.

우리 가정생활이 꼭 이와 같습니다. 지금 왜 힘듭니까? 마음을 가만히 살펴보십시오. 예수님의 마음으로 하지 않기 때문입니다.

내가 먼저 예수님의 마음을 품어야 합니다. 마음에 평안이 왔습니까? 그러고 나면 이야기하십시오. 마음에 감사와 사랑이 왔습니까? 마음에 기쁨이 솟아나나요? 그러면 무슨 일이든지 하세요. 그전에는 주님 안에 거하는 시간을 더 가지십시오.

마음이 요동칩니까? 미워 죽겠습니까? 너무 낙심됩니까? 너무 두렵습니까? 그러면 주님 안에 거하는 시간을 더 가지십시오. 주님을 더 바라보십시오. 주님과 온전히 하나 되는 십자가 복음을 붙잡으십시오. 그러면 하나님이 반드시 예수님의 마음을 부어 주십니다. 평안을 주시고, 기쁨을 주시고, 감사를 주십니다. 예수님의 마음을 품으면 느껴지는 것도 달라지고, 생각도 달라지고, 보는 것도 달라집니다.

◆

우리 가정에도 기적이 일어날까요?
물론입니다

한번은 비행기를 타고 가다가 좌석 앞에 꽂혀 있는 항공사에서 발행한 여행 잡지를 펼쳐서 보았습니다. 남태평양의 아름다운 산호초 섬 사진이 정말 아름다운 광경으로 실려 있었습니다. 관광지 홍보 페이지였습니다. 보기만 해도 천국 같았습니다. '이런 곳에 가서 마음껏 쉬면 얼마나 좋을까? 그래야 진짜 사람 사는 거지. 도대체 여기가 어디야? 어떻게 하면 여기 갈 수 있을까?' 이런 생각이 들었습니다.

그러다가 문득 머릿속을 스친 생각이 있었습니다. '여기서 지내면 진짜 행복할까? 과연 부대끼는 사람 없이, 골치 아픈 일 없이 며칠이나 행복하게 지낼까?' 참 놀라운 일이었습니다. 부대끼는 사람, 골치 아픈 일이라고 생각했던 그것이 실상은 나의 행복의 조건이었던 것입니다. 그 섬에 간다고 행복하지는 않겠다는 생각이 들었습니다. 사람들이 있고, 문제도 있고, 내가 섬길 교회도 있는 이곳이야말로 내가 진짜 행복을 누릴 곳, 하나님의 계획이 있는 곳이었습니다. 그 결론에 이르자 더 볼 것도 없어 잡지를 덮어 버렸습니다. 예수님의 마음을 품으면 전혀 보이지 않던 것이 보이고, 깨달아지지 않던 것이 깨달아집니다. 짐 같은 가족이 전혀 다르게 느껴집니다.

경인여자대학교 이애란 교수님은 탈북자 중에서 첫 번째로 박사학위를 취득하신 분입니다. 그분은 북한에서 출신 성분이 좋지 않아 너무 힘들게 살았습니다. 자기는 북한에서 살면 소망이 없다는 사실을 깨닫고 남한으로 탈북을 결심했습니다. 이후 말할 수 없는 고생을 하면서 남한에 왔습니다.

그런데 남한에 와 보니 자기를 반겨 주고 사랑해 줄 줄 알았는데 착각이었습니다. 누구도 알아주는 사람이 없고, 기다려 주는 사람도 없고, 품어 주는 사람도 없어 밤마다 울었습니다. 그런데 밤마다 울어도 아무도 돌아보지 않았습니다. 북한에는 인민 반장이라고 다섯, 여섯 가정씩 감시하는 사람이 있었습니다. 사상이 이상한 사람이 없나, 문제 되는 사람이 없나 조사하고 문제가 있으면 상부에 보고해 처벌하는 사람이었습니다. 교수님은 오죽 외로웠으면 북한에 있는 인민 반장이 기다려지더라고 고백했습니다. 아무도 찾아와 주는 사람이 없으니까 자기가 사람 있는 곳을 찾아갔는데, 교회 새벽기도회였습니다. 그 후에 교수님은 예수님을 믿게 되었습니다.

교수님의 간증을 들으면서 인민 반장이라도 기다려졌다는 말에 마음이 아팠습니다. 혼자 살아 보십시오. 정말 나를 괴롭게 하는 그 사람조차도 찾아와 주는 것이 감사합니다. 하나님은 우리에게 짐으로 가족을 주신 것이 아닙니다. 예수님의 마음을 품고 보면 하나님이 나를 위해서 주신 축복의 선물들입니다. 자녀가 부모의 은혜도, 사랑도 모르고 감사할 줄도 모르는 짐처럼 느껴질 수 있습니다. 그런데 성령이 우리 마음을 주관하시면 전혀 생각이 달라집니다.

댄 알렌더(Dan B. Allender)는 《타고나는 부모는 없다》(예수전도단, 2007)라는 책에 부모가 자녀에게 감사해야 한다고 말했습니다. 혹자는 "자녀가 부모에게 감사해야지, 부모가 자녀에게 감사할 것이 뭐가 있어요?"라고 말할 수 있습니다. 몰라서 하는 이야기입니다. 부모가 자기중심적이니까 자녀가 부모에게 감사해야 한다는 것밖에 안 보이는 것입니다.

사실 우리가 아이를 낳는 순간부터 부모가 그 아이로 인해서 받는 영향이 얼마나 큰지 모릅니다. 아이 때문에 우리가 이만큼 살고 이만큼 변화된 것입니다. 우리만 자녀에게 사랑을 베풀고 관심을 준 것이 아닙니다. 우리가 자녀에게 빚을 진 것도 많습니다. 주님이 눈을 열어 주시면 부모도 자녀에게 감사할 것이 많습니다. 젊은이교회 한 청년이 부모님을 위한 기도 간증을 했는데, 그 내용을 소개하고 싶습니다.

9년 전 제가 고등학생 무렵부터 부모님의 재정을 위한 기도를 시작했습니다. 당시 아빠는 다니시던 회사를 그만두고 아는 분과 동업을 시작하실 때였습니다. 아빠가 좋아하던 연구원이라는 직업을 포기하고 사업을 하시게 된 가장 큰 이유는 돈을 더 많이 벌 수 있다는 것이었습니다. 그러나 아빠는 욕심이 없는 사람입니다. 그것을 제가 잘 알지요. 아빠가 왜 그렇게 돈을 벌어야 한다고 생각을 하셨을까요? 사랑하는 세 딸에게 더 좋은 것을 해 주고 싶으셨던 것뿐입니다. 그런데 아빠의 새 일은 그렇게 녹록지만은 않았습니다. 아빠에게 동업을 제안했던 사람은 아빠를 자꾸 주님과 멀어지게 하고 세상을 보게 했습니다. 중요한 약속들을 주일날 잡아서 주일 성수를 방해하는가 하면 남을 속여 돈을 벌자며 부추기기도 했습니다. 아빠가 그런 어려움을 겪는다는 것을 듣고 염려가 되었습니다. 그러던 중 신년 부흥회에 참석하게 되었습니다. 하나님이 은혜를 주셔서 제가 감당하지 못할 기도를 해 버렸습니다. "주님, 돈 없어도 좋아요. 우리 가난해도 좋아요. 우리 아빠가 주님 잘 믿게 해 주세요."

자녀가 부모인 우리에 대해서 어떤 마음을 가지고 고민하고 기도하는지 아십니까? 예수님이 주님의 마음으로 우리에게 알려 주시지 않으면 가족의 속 깊은 마음을 전혀 알 수 없습니다. 이것이 우리가 예수님 안에 거해야만 하는 이유입니다. 행복은 예수님과의 관계에서 옵니다. 예수님 안에 있으면 주님이 다 알려 주시고, 할 말도 가르쳐 주시고, 할 행동도 지시해 주십니다. 예수님 안에 있으면 예수님이 모든 사람에게 다 예수님께 하듯이 하게 해 주십니다.

에베소서 5장 22절은 "아내들이여 자기 남편에게 복종하기를 주께 하듯 하라"라고 말합니다. 그런데 남편에게만 해당되는 말씀이 아닙니다. 이어지는 에베소서 6장 7절은 "기쁜 마음으로 섬기기를 주께 하듯 하고 사람들에게 하듯 하지 말라"라고 이야기합니다. 예수님은 모든 인간관계에서 예수님께 하듯이 하기를 원하십니다. 골로새서 3장 23절도 "무슨 일을 하든지 마음을 다하여 주께 하듯 하고 사람에게 하듯 하지 말라"라고 말합니다.

어느 성도님이 저에게 편지를 주셨습니다. 어머니와의 관계가 어려워서 괴로워하던 분이십니다.

어떻게 하면 어머니와의 관계를 바로 할 수 있을까 고민하는 중에 '아, 그동안 나를 괴롭게 한 것은 어머니가 아니라 나 자신이었구나'라는 사실을 예수님이 깨닫게 하셨습니다. 오늘부터 어머니를 예수님으로 모시고 살렵니다, 마음을 먹고 아침부터 실천해 보았습니다. 그러자 마음이 소프트아이스크림이 된 것 같았습니다.

"예, 어머니! 예, 예수님!" 이제 어머니가 예수님이 되었으니 더 이상 어머니와의 다툼은 없겠지요.

우리 가정에도 기적이 일어날까요? 물론 일어날 수 있습니다. 그래서 우리가 예수님을 믿는 것입니다. 진짜 예수님을 믿고, 정말 예수님 안에 거하는 법을 배우고 눈뜨면 주님이 놀라운 일을 하십니다. 우리의 마음뿐만 아니라 우리를 통해 우리 가정을 완전히 바꿔 내십니다. 우리가 할 일은 "아멘, 주님, 그렇게 하겠습니다" 화답하는 것입니다.

우리 가정을 주님께 완전히 맡깁시다. 더 이상 혼자 짐 지고 고민하고 괴로워하지 마세요. 이미 우리의 정욕과 탐심은 우리의 육체와 함께 십자가에 못 박혔습니다. 이제는 우리와 함께 계시는 예수님만 바라보아야 합니다. 예수님의 마음을 품어야 합니다. 주님이 하라는 대로 말하고, 주님이 행하라는 대로 행해야 합니다. 주님은 우리 가정을 능히 구원해 주실 수 있습니다. 예수님 안에서 해결되지 않을 문제가 없고 변화되지 않을 사람이 없습니다.

3장

가족을 볼 때
십자가의 예수님을 바라보라

• 엡 5:33, 6:1-4

◆

자녀를 볼 때
예수님을 바라보라

아이들을 무조건 사랑으로 감싸 주어야 할까요?

자녀 교육 문제는 많은 사람의 고민입니다. 자녀에 대해 묻기도 조심스럽고 말하기도 어려운 것이 많은 부모가 안고 있는 문제입니다. 자녀는 어쩌면 그렇게 부모 마음대로 안 되는 것일까요? 신앙 생활을 제대로 못하는 자녀들, 방탕하게 사는 자녀들, 실패한 자녀들, 우울증에 사로잡혀 살아가는 자녀들, 여러 중독에 빠져 있는 자녀들이 상당히 많습니다. 그리스도인 가정도 예외는 아닙니다.

자녀를 위한 말씀을 준비할 때 주님이 주신 마음은 '자녀를 볼 때 예수님을 바라보라'는 것입니다. 예수님을 바라보는 것이 부모가 자녀를 잘 교육할 수 있는 완전한 답입니다.

요즘 자녀를 키우는 성도들의 고민 중에 하나는 '자녀에게 매를 대야 하나, 아니면 자녀를 있는 그대로 품어 주기만 해도 되나?'라는 문제입니다. 이 문제에 대해 50대 이상 부모와 40대 이하 부모의 입장이 뚜렷하게 갈라집니다. 대부분 50대 이상 부모들은 매를 대야 한다고 생각합니다. 매를 대서라도 버릇을 가르쳐서 잘 길러야 한다는 것입니다. 40대 이하 부모는 할 수만 있으면 자녀를 품어 주어야 한다고 주장합니다.

둘 다 성경적인 근거가 있습니다. 잠언 13장 24절은 "매를 아끼는 자는 그의 자식을 미워함이라 자식을 사랑하는 자는 근실히 징계하느니라"라고 말합니다. 성경은 분명히 매를 대어야 자녀가 바로 자란다고 합니다. 그러나 진짜 매를 맞고 자란 사람들의 경우 입장이 다릅니다. 자신들이 맞고 자랐지만 달라진 것이 없고 마음에 상처만 깊어졌다는 것입니다. 이것도 성경에 근거합니다. "또 아비들아 너희 자녀를 노엽게 하지 말고"(엡 6:4).

자녀에게 매를 대서라도 엄격하게 길러야 된다는 생각이 지배하던 때가 있었습니다. 그때는 부모가 때리는 매를 '사랑의 매'라고 했습니다. 부모가 때리면 당연히 맞아야 하고, 한 대 맞아서 될 일이 아니라 더 때려 달라고 해야 효자가 된다고 생각했습니다. 부모가 말할 때 자녀는 토를 달면 안 되고 무조건 순종해야 된다고 했습니다. 그래야 뼈대 있는 집안이라고 했습니다. 그러나 그 결과가 어떠했습니까? 많은 사람이 부모에 대한 상처를 가지게 되었습니다. 매를 대는 일이 좋은 효과만 얻는 것은 아닙니다.

그러면 자녀를 있는 그대로 받아 주는 것은 잘하는 것일까요? 정말 그 아이를 사랑하는 것일까요? 개와 고양이를 기르는 것의 차이를 아십니까? 개는 주인이 먹여 주고, 재워 주고, 사랑해 주면 '주인이 나의 신이구나' 생각해 주인을 섬긴다고 합니다. 반면 고양이는 주인이 먹여 주고, 재워 주고, 사랑해 주면 '내가 신이구나. 주인이 신인 나를 섬기는구나' 생각한다고 합니다. 물론 우리가 동물의 심리를 어떻게 알 수 있겠냐마는, 동물들이 보이는 모습을 보면 일리 있는 이야기 같기도 합니다.

우리 자녀는 비유하기가 좀 조심스럽습니다만, 개 같습니까, 고양이 같습니까? 솔직히 말해서, 잘해 주면 자기가 주인인 줄 생각하는 경향이 뚜렷합니다. 그래서 부모들이 무조건 받아 주기만 한 자녀는 이기적이고, 자기중심적이고, 아주 연약하고, 부모 의존적이고, 버릇이 나쁜 아이로 자라나게 됩니다.

그런데 우리가 정말 알아야 할 것은 자녀에게 매를 대야 하느냐, 대지 말아야 하느냐의 문제가 아닙니다. 부모가 하나님의 마음을 가지고 자녀를 가르치는 것이 가장 중요합니다. 성경이 자녀에게 매를 대라고 말한 것은 하나님이 매를 대라고 하실 때 부모가 그리하라는 의미입니다. 하나님이 매를 대시는 것이라면 부모가 매를 대야 합니다. 마찬가지로, 하나님이 자녀를 품어 주실 때는 부모가 자녀를 노엽게 하지 말고 품어 주어야 합니다.

부모는 하나님을 대신하는 존재입니다. 이 점을 명심해야 합니다. 부모와 하나님은 하나입니다. 누가 좋은 부모일까요? 하나님의 마음을 가지고 자녀를 대하는 부모가 좋은 부모입니다. 주님이 자녀를 보실 때 부모는 예수님을 보아야 합니다. 함께하시는 예수님을 늘 바라보는 부모가 좋은 부모입니다. 왜냐하면 예수님이 그 부모를 통해 자녀를 기르실 수 있기 때문입니다. 자녀에게 필요한 것은 부모의 사랑 이전에 예수님, 그분이십니다. 예수님이 자녀를 친히 기르실 수 있도록 부모가 통로 역할만 해 준다면 놀라운 일이 벌어집니다. 이것이 부모가 자녀에게 해 줄 수 있는 가장 놀라운 일입니다. 가장 큰 사랑입니다. 예수님을 바라보아야 합니다.

부모가 예수님을 바라보면 자녀도 예수님의 눈으로 보게 됩니다

요즘 시대에 자녀를 잘 기르는 일은 부모에게 매우 고민되는 힘든 일입니다. 그런데 자녀를 잘 기르기 위해서 고민할 필요가 없는 것이, 자녀는 부모의 말이 아니라 뒷모습을 보고 배우기 때문입니다. 그러므로 부모가 자녀를 잘 기르려면 '자녀가 이렇게 살았으면 좋겠다'고 생각하는 대로 스스로가 살면 됩니다. 말로 가르치려고 애쓸 것이 없습니다. 부모가 자녀에게 바라는 대로 살면 자녀는 자기가 부모가 가르친 대로 살지 못하게 될 때 '내가 잘못했구나' 하고 마음에 가책을 느낍니다. 자기가 잘못했다는 것을 깨닫는 일이 얼마나 대단합니까! 그러면 바로잡을 수 있고, 결국 바른길로 오게 됩니다.

그런데 대부분의 문제가 있는 자녀들은 자기가 잘못하고 있는지를 모릅니다. 부모의 타락한 뒷모습을 보고 받은 상처 때문입니다. 부모가 말하는 것과 실제 삶이 다르다는 것을 자녀는 다 알기에 분노가 일어납니다. 그것을 '마음의 상처'라고 합니다. 자녀는 매를 맞아서 상처를 받는 것이 아닙니다. '나한테는 잘못했다고 매를 대면서 왜 부모인 당신은 그대로 사느냐!'는 것입니다.

사춘기 자녀가 부모에게 할 말을 다 할 때가 되면 무슨 말이 가장 충격으로 다가올까요? 아이들은 부모가 말로 가르쳤던 것을 문제로 지적하지 않습니다. "부모님은 왜 이렇게 사셨나요? 왜 이렇게 행동하셨나요? 부모님도 그러셨잖아요" 하며 부모의 행동을 이야기합니다. 부모에게 분노하고 비난하면서도 자기가 잘못했다는 생각이 없고 스스로 합리화합니다. 선악에 대한 개념이 혼란스러워집니다. 이 일은 하나님을 아는 데 장벽을 만듭니다. 이것이 매우 심각한 문제입니다.

문제는 어떻게 부모가 바로 살 수 있느냐는 것입니다. 방법은 한 가지입니다. 예수님을 바라보는 것입니다. 핵가족 시대인 요즘 가정에서는 부모가 제일 어른입니다. 그러나 우리 가정에 항상 예수님이 같이 계시다는 사실을 알면 부모의 삶이, 말과 행동이 바로잡힙니다. 부모가 예수님을 바라보게 되면 자녀를 보는 눈도 달라집니다. 예수님의 눈으로 보게 됩니다.

학교 성적이 항상 꼴찌인 아이가 있었습니다. 아이는 상급 학교에 세 번이나 지원했지만 낙방했습니다. 아버지가 아들의 손을 잡고 집으로 돌아오면서 탄식했습니다. "어째서 이런 바보가 우리 집에 태어났을까?" 이 아이가 바로 세계 최고의 조각가라고 평가받는 〈생각하는 사람〉을 만든 오귀스트 로댕(Auguste Rodin)입니다. 어떤 아이는 다섯 살에 겨우 말을 했습니다. 글을 읽지 못해서 멍청한 아이라고 학교에서 따돌림을 받았습니다. 산수는 항상 낙제였습니다. 담임 선생님으로부터 늘 환상에 사로잡혀 있는 저능아라는 평가를 받고 퇴학을 당했습니다. 천재 물리학자 앨버트 아인슈타인(Albert Einstein)입니다.

만약 여러분의 자녀가 퇴학을 당했다면 다시 보시기 바랍니다. 세상이 보는 눈, 사람이 보는 눈과 우리를 지으신 하나님이 보시는 눈은 매우 다릅니다. 우리가 자녀를 볼 때 예수님을 바라보아야 하는 이유입니다. 부모가 보는 눈도 정확하지 않기 때문에 예수님의 눈으로 보아야 합니다.

여러분의 자녀가 다른 아이만 못합니까? 예수님의 눈으로 보게 해 달라고 기도해 보십시오. 그러면 놀라운 변화가 일어납니다. 고린도전서 1장 27-28절은 이렇게 말합니다. "그러나 하나님께서 세상의 미련한 것들을 택하사 지혜 있는 자들을 부끄럽게 하려 하시고 세상의 약한 것들을 택하사 강한 것들을 부끄럽게 하려 하시며 하나님께서 세상의 천한 것들과 멸시받는 것들과 없는 것들을 택하사 있는 것들을 폐하려 하시나니."

예수님을 바라보면 자녀로 인해 갖게 되는 세상 근심이 대부분 다 해결됩니다. 성경은 부모들에게 "오직 주의 교훈과 훈계로 양육하라"(엡 6:4)고 말하는데, 그것은 아이들에게 "예배드리자" "성경 읽어라" "기도해야지" "방 치워" "거짓말하지 마", 이렇게 가르치라는 뜻이 아닙니다. 아무리 성경 말씀으로 이야기해도 잘못하면 율법주의가 될 수 있습니다. 성령과 율법주의의 영은 다른 영입니다.

안타깝게도 많은 가정의 부모가 자녀를 그런 식으로 가르치는 것을 잘하는 것인 줄로 착각합니다. 부모가 정말 주의 교훈과 훈계로 자녀를 양육할 수 있는 방법은 예수님을 바라보는 것입니다. 그때만 성령의 역사가 일어납니다. 영의 싸움입니다. 우리 아이들을 가만히 보십시오. 우리 아이들은 지금 대부분 세상의 영에 사로잡혀 있습니다. 그런 아이를 무슨 수로 바로 기를 수 있겠습니까? 부모가 하나님의 성령으로 충만해야만 합니다. 부모가 예수님을 바라보며 예수님의 모습을 닮아 가는 것이 성령 충만입니다.

사춘기 딸을 둔 부모들 대부분이 고민이 많습니다. 어느 집사님도 딸 때문에 고민을 많이 했습니다. 유난히 성격이 까다롭고 고집도 세서 정말 키우기 힘든 아이였습니다. 초등학교 다닐 때는 항상 잔소리를 하고 야단치는 일이 일상이었습니다. 딸이 중학교에 들어가니까 반항이 노골적으로 심해졌습니다. 너무 힘들어서 하나님께 기도하는데, 마음에 하나님이 주시는 말씀이 있었습니다. "너는 왜 나를 믿지 않느냐?" 그 말씀에 충격을 받았습니다. 지금까지는 딸아이를 바로 기르려는 것이 믿음이라고 생각했습니다. 그런데 왜 나를 믿지 않느냐는 하나님의 음성을 들은 후에야 비로소 그것이 믿음이 아니었다는 사실을 깨달았습니다. 딸아이에게 계속 야단치고, 잔소리하고, 싸우고, 관계가 깨어지고, 걱정하고, 낙심한 것이 믿음입니까? 믿음이 아닙니다.

그래서 '이제 정말 예수님을 믿어야겠다. 예수님께 아이를 진짜 맡기고 예수님께 순종하면서 아이를 길러 보아야겠다'고 생각했습니다. 처음에는 대단한 용기가 필요했습니다. 부모가 믿음으로 자녀를 기르는 일은 베드로가 물 위를 걸은 것 같은 믿음을 요구합니다. "주님, 항복합니다. 제가 주님을 믿고 해 보겠습니다."

그 후 딸아이를 정말 예수님의 눈으로 보기 시작했습니다. 우선 딸아이를 보는 눈이 열렸습니다. 아이가 잘못한 것이 아니라 어머니인 자신과 성품과 기질이 다를 뿐임을 깨달았습니다. 순종적이어서 시키는 일은 잘하지만 스스로 알아서 하는 일은 잘 못하는 자신에 비해, 딸은 매우 적극적이고 창의적이어서 누가 시켜서 하는 일은 죽기보다 싫어했습니다.

집사님은 더 이상 딸아이에게 지시하지 않게 되었습니다. 주님이 가르쳐 주신 것입니다. 그 대신 무슨 일이든 시키고 싶으면 기도했습니다. "하나님, 우리 딸 이 일 하고 싶도록 해 주세요. 스스로 결심하게 해 주세요." 물론 대화 중에 은근히 유도는 했지만 명령은 하지 않았습니다. 학원 가는 것, 공부하는 방법 전부 다 아이 스스로 결정하도록 했습니다. 잘못했을 때 섣불리 야단치지 않고 한 번 더 주님을 바라보고 "주님, 제가 어떻게 딸아이에게 말해야 하나요?" 물었습니다. 그러자 아이에게 변화가 생기기 시작했습니다. 학교 성적도 점점 좋아졌습니다. 정말 흐뭇했습니다.

그러던 어느 날 딸아이가 고등학교 준비를 해야 하는 중요한 때에 한 주간만 놀고 싶다고 말했습니다. 다른 때 같으면 턱도 없는 소리인데, 주님이 그 순간 딸아이의 소원을 들어주라는 마음을 주셔서 허락했습니다. 방에서 뒹굴고, 늦잠 자고, 음악 듣고, 친구들 만나고, 컴퓨터 게임 하는 모습을 보는데 얼마나 힘들었는지 모릅니다. 참고 참다가 닷새째에는 진짜 폭발할 지경이었습니다. 그날은 인내하기 위해 금식까지 했습니다.

드디어 일주일째 되는 날, 딸이 외출했다가 돌아오면서 집사님에게 예쁜 티셔츠를 선물했습니다. 그러면서 말했습니다. "엄마는 나를 세 번 놀라게 했어요. 일주일 동안 맘대로 놀고 싶다고 했을 때 허락해 주어서 놀랐고, 화내고 잔소리 퍼붓지 않아서 놀랐고, 공부 얘기를 한 번도 안 해서 놀랐어요. 그래서 정말 좋았어요. 나를 믿어 주어서 고마워요. 엄마가 정말 좋아요. 일주일간 정말 신나게 놀았으니 이제 열공 모드로 바꿀게요." 일주일 동안 딸이 어머니를 시험한 것이었습니다. 그러고는 아이가 확 바뀌었습니다. 집사님은 만약 닷새째 되는 날 화를 참지 못하고 폭발해 버렸다면 결코 들을 수 없었을 말을 들었다면서 눈물로 간증했습니다.

예수님을 바라보는 것이 부모를 구원해 줍니다. 자녀 교육은 우리에게 무거운 짐처럼 느껴지지만 알고 보면 그렇지 않습니다. 예수님을 믿으면 온전히 구원받지요? 자녀 교육에서도 마찬가지입니다. 모든 영역에서의 구원입니다. 예수님을 바라보는 것 외에는 우리가 할 수 있는 일이 없습니다.

가장 큰 유산은 예수님을 바라보는 것입니다

우리가 예수님을 바라보면 우리 가정에 흐르는 쓴 뿌리가 끊어집니다. 많은 사람이 부모로부터 흘러오는 쓴 뿌리를 이어받아 힘겹게 살고 있습니다. 자기 대에서 좋은 가정의 전통을 만들어 가는 사람과 위로부터 좋은 가정생활의 유산을 물려받은 사람의 차이는 엄청납니다. 전자는 보통 힘든 것이 아닙니다. 후자의 경우는 쉽습니다. 부모님이 행복하게, 사랑하면서 살아서 집안에 늘 웃음꽃이 피었던 어린 시절을 보낸 사람은 가정을 꾸려서 살 때 서로 사랑하고 웃으면서 사는 일이 어렵지 않습니다.

보통 사람들은 자신이 부모로부터 받은 부정적인 영향력을 그대로 자녀에게 물려줍니다. 그렇지만 예수님을 바라보면 부모로부터 받은 나쁜 영향력이 끊어지고 새 생명이신 예수님으로부터 오는 새로운 영향력으로 살게 됩니다. 우리가 그 일을 해야 하지 않겠습니까?

가정 사역을 하시는 분인데도 결혼생활이 굉장히 어려웠던 어느 목사님이 있었습니다. 아버지가 딴살림 차리고 살면서도 집에 와서는 얼마나 위세가 당당한지 어머니에게 폭언과 폭행을 하고 자녀를 때리기까지 했습니다. 아버지로부터 폭력성과 자녀들에 대한 무관심의 쓴 뿌리를 그대로 물려받은 것입니다. 그러나 놀랍게도, 목사님 내외의 가정생활이 완전히 새롭게 되었습니다. 그 이유는 가정생활의 쓴 뿌리를 자녀에게 물려줄 수는 없다고 각오하고 기도하며 삶으로 복음을 살아 냈기 때문입니다. "하나님, 우리 가정의 이 쓴 뿌리가 우리 대에서 끝나게 해 주세요."

이후 굳은 인상을 억지로라도 펴고, 배우자와 자녀들을 자꾸 안아 주고, 어색하기 짝이 없지만 손을 잡고 걸었습니다. 가정 안에서 서로 존중해 주고 사랑하며 화목하려고 애를 썼습니다. 그렇게 십자가를 통과한 덕분에 그 목사님의 딸들은 자기 부모가 세상에서 가장 행복한 부부인 줄로 생각한다고 합니다.

예수님을 바라보면 나도 모르게 물려받은 부정적인 쓴 뿌리가 가정에서 끊어집니다. 그리고 자녀에게는 정말 놀라운 축복의 유산이 물려집니다. 우리 자녀가 앞으로 살아가야 하는 세상은 만만치가 않습니다. 부모로부터 좋은 영향력을 물려받아도 쉽지 않은데 늘 싸우는 모습을 보이고, 돈 때문에 걱정하고 이불 뒤집어쓰고 우는 모습을 보였다가는 자녀의 삶에 큰 상처를 주고 맙니다. 부모가 예수님을 바라보아야 하는 가장 중요한 이유는 세상이 줄 수 없는 영생을 자녀에게 줄 수 있기 때문입니다.

대한민국의 어머니들은 대단합니다. 자녀를 잘 기르고자 하는 역사적인 사명을 띤 분들이 아닙니까? 자녀가 좋은 대학 들어가고, 좋은 직장 들어가고, 좋은 배우자 만나서 결혼하고, 유학 가는 것이 부모의 한결같은 소원입니다.

어느 집사님이 그 점에 대해서는 조금도 부끄러움 없이, 다른 사람들 앞에서 강의를 하라고 해도 유창하게 할 정도로 잘 살았습니다. 그런데 어느 날 기도 중에 주님의 질문에 무너졌습니다. "네가 네 아이를 그렇게 잘 길렀다고 하는데, 그 아이가 구원의 확신이 있느냐? 지금 당장 죽으면 천국에 갈 수 있겠느냐?" 솔직히 자신이 없었습니다. 교회를 다니기는 하지만 진짜 예수님을 만났는지, 정말 십자가를 통과했는지 확신할 수가 없었습니다. 주님 앞에 섰을 때 "주여, 주여" 하는 자마다 다 천국 가는 것이 아니라고 예수님이 말씀하셨는데(마 7:21), 꼭 내 아이가 그처럼 형식적으로 예수님을 믿는 아이같이 느껴졌습니다. 가슴이 철렁 내려앉았습니다. 그 집사님은 자녀에게 세상에서 잘되는 것보다 더 중요한 영생을 심어 주지 못했음을 고백하고 하나님 앞에서 회개했습니다.

자녀에게 영생의 축복을 심어 주었습니까? 교회학교를 다닌다고 해서 자녀가 진짜 구원받은 영혼인지, 아닌지 확신할 수 없습니다. 그 점에 대해서 자신이 있습니까? 만약 자신 없다면 어떻게 해야 자녀의 영혼을 구원할 수 있습니까?

복음을 교리로 듣지 못해서 구원받지 못하는 것이 아닙니다. 예수님을 잘 믿는 부모의 자녀들은 교회학교에서 복음을 수십 번 들었습니다. 그럼에도 그 영혼은 아직 구원받지 못했을 수 있습니다. 살아 계신 예수님을 못 만났기 때문입니다. 교리로는 알지만 교리의 주인공이신 예수님을 만나지 못한 것입니다.

그러므로 부모가 자녀에게 해 줄 수 있는 가장 큰 축복은 지금 부모가 만난 예수님, 항상 바라보고 있는 예수님을 간증해 주는 것입니다. 오늘도 주님이 나를 만나서 내게 말씀하시고, 내게 가르치시고, 나를 인도하신 것을 자녀에게 전해 주어야 합니다. 교리로 듣는 십자가 복음에 대해서는 이미 식상할 대로 식상해진 자녀가 그때 비로소 살아 계신 예수님께 관심을 갖게 됩니다.

사실 우리 아이들도 다 갈급합니다. '정말 하나님은 살아 계신 가? 예수님이 정말 내 안에 계시나?'라는 생각을 합니다. 우리가 자녀에게 물려줄 수 있는 가장 큰 유산은 지금도 나와 함께 계시는 예수님이심을 잊지 말아야 합니다.

예수님이 우리에게 오신 이유는 자녀 교육도 예수님이 책임지시겠다는 의미입니다. 부모인 우리는 예수님을 바라보기만 하면 됩니다. 예수님과 하나 되기만 하면 됩니다. 예수님은 우리를 통해 우리 자녀를 기르기 원하십니다.

◆

부모를 볼 때
예수님을 바라보라

자녀들은 주 안에서 부모님께 효도해야 합니다

"부모에게 효도하고 순종하라"는 가르침은 기독교나 다른 종교나 학교에서나 가르치는 내용이 다를 바 없습니다. 그렇지만 기독교에서 부모에게 효도하라고 가르치는 내용에는 굉장한 차이점이 하나 있습니다. "자녀들아 주 안에서 너희 부모에게 순종하라 이것이 옳으니라"(엡 6:1). 부모에게 효도할 때는 '주 안에서' 해야 한다는 말씀입니다. 이것이 우리가 부모를 바라볼 때 항상 예수님을 보아야 하는 이유입니다.

그렇다면 주 안에서 부모에게 효도하는 것은 어떻게 하는 것일까요? 오늘날은 시대가 많이 악해져서 부모와의 관계가 안 좋은 자녀들이 많아졌습니다. 부모와 만나기는 해도 마음으로는 미워하거나, 원망하거나, 불만을 가지거나, 서로 상처를 주고받는 관계에 놓인 자녀들이 예수님을 믿는 사람들 중에도 많습니다.

물론 그 원인은 부모에게 상당히 있습니다. 성장 과정에서 자녀에게 상처를 입혔다는 것을 인정하지 않을 수 없습니다. 사람마다 부모와의 관계가 어려워진 사연들이 다 있게 마련입니다. 그래서 우리는 얼핏 부모와 관계가 안 좋아지고 자신이 효도하지 못하는 이유는 전적으로 부모 탓이라며 원망할 수도 있습니다.

그러나 그것은 오해요, 왜곡입니다. 만약 부모가 완전하고 완벽해서 다 효자가 될 수 있다면 아버지이신 하나님과 우리의 관계를 생각해 봅시다. 우리가 예수님 안에서 받은 놀라운 복은 하나님이 우리 아버지가 되신 것입니다. 하나님은 완전하신 아버지로서 우리에게 완전한 사랑을 주셨습니다. 그런 하나님이시라면 우리는 다 하나님 아버지께 효자가 되어 있겠지요? 그런데 우리가 다 하나님께 효자인가요?

누가복음 15장에 나오는 탕자의 아버지도 정말 좋은 아버지였습니다. 그에게는 두 아들이 있었는데 큰아들도, 둘째 아들 탕자도 효자가 아니었습니다. 아버지가 정말 좋은 분이라고 해서 자녀들이 효자가 되는 것은 아님을 보면서, 내가 불효하는 원인이 부모에게 있지 않다는 사실을 깨닫게 됩니다.

불효는 우리의 죄성으로 인한 것입니다. 예수님을 바라보면 비로소 그 사실이 깨달아집니다. 우리가 부모를 바라볼 때 예수님을 바라보아야 하는 이유는 우리 자신이 죄인이라는 사실에 대해 눈이 열리게 되기 때문입니다. 예수님을 믿으면 비로소 하나님의 은혜를 알게 됩니다. 우리는 지옥에 갈 수밖에 없는 자였는데 예수님이 우리를 위해 십자가에서 대신 죽어 주심으로 천국에 갈 수 있게 되었습니다. 하나님의 자녀가 되었습니다. 예수님이 우리 안에 오셨고 우리와 늘 동행해 주시는 은혜를 받았습니다. 예수님을 믿으면 행복하지 않을 수가 없습니다.

하나님의 말할 수 없는 용서하심의 은혜를 받고 난 다음에 부모를 보면 이전과는 전혀 다르게 보입니다. 부모가 나에게 어떻게 대해 주었냐는 전혀 중요하지 않게 됩니다. 부모를 진심으로 용서할 수 있게 되고 사랑할 수 있게 되는 힘은 우리가 예수 그리스도 안에 있을 때 임하는 것입니다. 그래서 우리가 주 안에서 부모에게 순종해야 하는 것입니다. 주 안에서만 가능한 일입니다.

성경은 '어떤' 부모라고 말하지 않습니다. 좋은 부모든, 그렇지 못한 부모든 상관없이 부모에게 순종하라고 합니다. 우리가 부모에게 순종하는 것은 근본적으로 부모가 바로 섰기 때문이 아니라 예수님과 나의 관계가 바로 섰기 때문에 가능한 일입니다.

예수님을 바라보면 우리 가정에도 놀라운 변화가 일어납니다
신기하게도 효자에게는 다 좋은 부모만 있습니다. 효자는 부모를 바라보는 눈이 다르기 때문입니다. 부모의 잘못이나 허물은 보지 않고 항상 부모를 고맙게만 바라보는 눈을 가진 사람을 효자라고 하는 것입니다. 우리가 예수님을 믿고 거듭나면 부모를 바라보는 눈이 바뀝니다. 나에게 잘해 주었냐, 못해 주었냐는 아무 상관이 없습니다. 오직 감사할 뿐입니다. 정말 놀라운 일 아닌가요?

어느 집사님이 중학교 시절 어머니가 돌아가셔서 새어머니를 맞이했습니다. 당시는 사춘기라 친어머니와의 관계도 쉽지 않은 때였으니, 더욱이 새어머니와의 관계는 어려움의 연속이었습니다. 이후 집사님은 대학에 들어가서 주님을 인격적으로 만나는 체험을 했습니다. 날마다 교회에 가서 철야 기도를 하면서 주님과의 관계에 깊이 들어가는 은혜를 누렸습니다.

어느 날 일주일간 기도원에 가서 기도하고 돌아와서는 새어머니 앞에 무릎을 꿇었습니다. "어머니, 제가 잘못한 일들을 다 용서해 주세요. 어머니를 불평하고 미워했던 모든 일을 용서해 주세요." 그때 새어머니가 용서를 구하는 딸에게 "나도 잘못한 것이 많단다. 나도 용서해 주렴" 했다면 정말 아름다운 드라마 한 편이 만들어졌을 텐데, 새어머니는 그렇게 하지 않고 "네 죄를 이제 알았느냐!" 이렇게 반응했습니다. 상처가 될 만한 말이었습니다. 그러나 집사님은 어머니에게 용서를 구할 수 있었다는 것만으로도 감사했습니다. 그것으로 충분했습니다. 세월이 한참 흐르고 두 분은 친어머니와 친딸의 관계가 되었습니다. 이것이 예수 그리스도를 바라보는 우리에게 주신 가정의 축복입니다.

사도 바울은 에베소서 5장 18절에서 "술 취하지 말라 이는 방탕한 것이니 오직 성령으로 충만함을 받으라"라고 권했습니다. '성령으로 충만함을 받으라'는 예수 그리스도 안에 있는 모든 성도의 삶의 영적인 원칙입니다. 모든 인간관계는 성령으로 충만함을 받은 가운데서 이루어져야 합니다.

예수님을 믿는 사람은 정말 독특한 사람입니다. 예수님을 믿지 않는 사람, 아직도 거듭나지 않은 사람과 예수님을 믿는 사람의 차이는 그저 교회를 다니고 성경을 아는 정도가 아닙니다. 삶이 완전히 다릅니다. 술 취한 사람과 성령 충만한 사람의 차이입니다. 예수님을 믿는 사람은 예수님과 함께 삽니다. 예수님이 늘 그 마음의 중심에 계십니다. 이것이 삶과 모든 관계를 바꿉니다.

사도 바울은 "성령으로 충만하라"는 말씀을 제일 먼저 가정에 적용했습니다. 모든 인간관계의 기초는 가정이기 때문입니다. 성령 충만이란 항상 예수님을 바라보는 것입니다. 늘 주님이 생각나고, 의식되고, 믿음으로 주님을 바라보는 상태입니다. 더 이상 나를 위한 삶을 살지 않습니다. 하나님이 놀라운 일들을 이루어 내십니다.

몇 년 전 젊은이교회 청년 한 명이 교인들에게 열심히 기도 편지를 돌렸습니다. 저도 받았습니다. 그 내용을 여기 소개하겠습니다.

어려서부터 아버지를 전도하려고 했지만 아직까지도 그 문제를 해결하지 못했습니다. 그래서 매일 점심을 금식하며 기도했습니다. 아버지의 마음이 많이 열려서 내일 교회에 오겠다고 하셨는데 확실한 답을 주시지는 않았습니다. 하지만 내일 복음의 문이 열리기를 소망합니다. 평생 제일 큰 소원입니다. 아버지가 교회 나오셔서 우리 가정이 믿음의 가정으로 주의 일을 감당하기 원합니다. 우리 사랑하는 아버지를 위해 기도해 주십시오.

부탁의 말씀

1. 기도문을 받으셨으면 꼭 저희 아버지를 위해 기도해 주십시오. 이름은 아무개입니다.

2. 기도 후에 전화해 주셔서 "내일 교회 오기로 하셨다면서요. 잘하셨습니다. 내일 만납시다" 하고 반갑게 이야기해 주십시오.

기도 편지를 받아 들고 감동이 되었습니다. 보통 부모가 자녀를 위해서 하는 일을 자녀가 부모를 위해서 하다니, 주님의 역사입니다. 사연인 즉 이러했습니다. 청년이 5살 때 3살 된 동생이 있었는데, 어머니가 이혼하겠다고 집을 나갔습니다. 아버지도 상심이 되고 화가 나서 집에 들어오지 않았습니다. 며칠째 5살, 3살 된 두 아이가 밥을 먹지 못하고 굶었습니다. 굶어서 힘이 없으니 형인 5살 된 아이가 옆집으로 겨우 기어가서 밥을 얻어먹었습니다. 삐뚤어져도 한참 삐뚤어질 수 있는 상황이었습니다.

그러나 아이는 훌륭하게 자랐습니다. 어려서부터 교회를 나갔고, 초등학교 6학년 때 예수님을 인격적으로 영접했습니다. 그때부터 아버지를 향한 기도가 뜨겁게 일어났습니다. 아버지가 술에 취해서 집에 들어오면 목사님이 항상 머리에 손 얹고 기도하는 모습을 기억했다가 자기도 따라서 아버지 머리에 손 얹고 기도했습니다. 예수님을 믿고 구원받게 해 달라고 말입니다. 아버지가 귀찮아서 이불을 뒤집어쓰면 발을 잡고 기도했습니다.

그런데 이제 군에 입대할 때가 된 것입니다. '이제는 누가 우리 아버지를 위해서 기도하고 붙들어 주나. 군에 가기 전에 우리 아버지, 꼭 예수님을 믿고 교회 나오면 좋겠다.' 이 간절한 기도가 그를 이끈 것입니다.

성경은 부모를 공경하는 것은 약속이 있는 첫 계명이라고 말합니다(엡 6:2). 하나님은 부모를 공경하면 우리가 잘되고 땅에서 장수하리라는 약속을 공경하라는 명령에 붙여 주셨습니다(엡 6:3). 이 말은 부모를 공경하는 일이 사람의 본성으로 쉽지 않다는 뜻이기도 합니다. 정말 하나님을 믿고 공경하는 사람만이 부모를 공경할 수 있는 것입니다.

우리가 반드시 기억해야 하는 것은 하나님과 우리 사이에 있는 축복의 통로에 부모 공경이 걸림돌이 되지 않아야 한다는 것입니다. 하나님은 우리를 정말 축복하기를 원하십니다. 그러나 부모님과의 관계는 괜찮습니까? 부모님께 정말 순종하고 주 안에서 부모님을 공경하십니까?

예전에 우리나라는 부모를 참 극진히 모셨습니다. 100년 전만 해도 '빨리 늙고 빨리 노인이 되기 원하는 나라'라고 말했을 정도입니다. 고종황제의 밀사 노릇을 했던 호머 헐버트(Homer Hulbert)는 이 세상에서 효행이 최고인 나라는 조선이라고 말했습니다. 미국 공사를 역임했던 윌리엄 샌즈(William Sands)는 회고록에서 자신의 노년을 위해 조선 땅에 다시 태어나고 싶다고 썼습니다. 우리나라 최초의 의료선교사 호레이스 앨런(Horace Allen)은 조선은 늙음과 죽음이 두렵지 않은 노인의 천국이라고 썼습니다.

그러니 우리나라가 근세기에 어려운 고비들이 많았지만 하나님이 복음을 전하는 나라로 택하시고 그 위기 속에서 이 백성을 구하시고 축복하셨는지도 모릅니다. 그때 우리는 다 예수님을 믿은 것은 아니지만, 부모를 공경하는 데에서만큼은 특별한 열심이 있었기 때문입니다.

그런데 지금은 시대가 변했습니다. 자녀들에게서 부모를 잘 모셔야겠다는 마음을 찾아보기가 쉽지 않습니다. 시대가 변한 징조라며 가볍게 넘길 수만은 없습니다. 두려운 일입니다. 로마서 1장 18절은 하나님이 진노를 이 세상에 쏟아부으신다는 말씀입니다. "하나님의 진노가 불의로 진리를 막는 사람들의 모든 경건하지 않음과 불의에 대하여 하늘로부터 나타나나니."

어떤 사람들에게 그렇게 하십니까? 이어지는 26-31절을 보면 모든 불의, 추악, 탐욕, 살인 등 끔찍한 죄들이 열거되는데, 그중에 부모를 거역하는 자가 들어갑니다. 성경은 사람을 죽이는 것과 부모를 거역하는 것을 같은 수준으로 받아들입니다. 그런데도 우리는 성경이 말하는 대로 무겁게 여기지 않습니다. 부모를 거역하는 경우가 많으니까 부모를 거역하는 것을 죄라고 여기지 않고 더욱이 살인죄나 추악한 다른 죄와 다르다고 스스로 합리화합니다. 부모에 대한 불순종이 얼마나 큰 죄인지 명심해야 합니다. 그래야 회개하고, 또 그 죄를 짓지 않을 수 있습니다.

　부모님과의 관계에 막힘이 있습니까? 회개해야 됩니다. 부모님에게 잘해야 되겠는데 감정이 해결되지 않고 마음이 움직이지 않습니까? 자녀에게는 신경 쓰면서 부모님에게는 소홀하게 됩니까? 그래서 예수님을 바라보라는 것입니다. 능력은 주님으로부터 오기 때문입니다.

　주님이 우리의 마음을 바꾸어 주십니다. 신기하고 놀라운 일입니다. 우리는 부모를 바라볼 때 반드시 예수님을 같이 바라보아야 합니다. 그래야 하나님이 살길을 가르쳐 주십니다. 기적을 일으키는 길을 보여 주십니다.

　중국의 철학자 자오스린 교수가 쓴 《사람답게 산다는 것》(추수밭, 2014)이라는 책에는 어느 교수님이 학생들에게 두 가지 질문을 한 이야기가 나오는데, 그 내용을 소개합니다.

　　첫 번째 질문: 누가 봐도 감탄할 만큼 아름다운 여자가 있었다. 그런데 그녀가 교통사고를 당해 얼굴에 심한 흉터가 생기고 말았다. 남자는 그녀를 예전처럼 사랑할 수 있을까?
　　A: 당연히 예전처럼 사랑할 것이다.
　　B: 사랑하는 마음이 사라질 것이다.
　　C: 아마도 예전처럼 사랑할 것이다.

　　두 번째 질문: 사업에 크게 성공한 백만장자가 있었다. 그런데 그의

회사가 파산해 하루아침에 빈털터리가 되었다. 여자는 그 남자를 예전처럼 사랑할 수 있을까?

A: 당연히 예전처럼 사랑할 것이다.

B: 사랑하는 마음이 사라질 것이다.

C: 아마도 예전처럼 사랑할 것이다.

학생들이 나름대로 답을 써서 냈습니다. 결과를 보니까 첫 번째 질문에 A는 10%, B는 10%, C는 80%가 나왔고, 두 번째 질문에는 A는 30%, B는 30%, C는 40%가 나왔습니다. 그 결과를 보고 교수님이 "여자가 미모를 잃는 것이 남자가 돈을 잃는 것보다 더 큰 재앙이군요" 하자 학생들이 다 웃었습니다.

그런데 갑자기 교수님이 화제를 돌렸습니다. "저는 이 남녀 사이가 연인 사이라고 표현하지 않았습니다. 아마 여러분이 그렇게 이해하신 것 같은데, 이렇게 생각해 보면 답은 어떨까요? 첫 번째 질문의 남녀 사이는 부녀 관계이고, 두 번째 질문의 남녀 사이는 모자 관계라고요." 학생들이 심각하게 다시 답을 써서 냈습니다. 결과는 둘 다 A가 100%였습니다.

세상에 어느 아버지가 딸의 얼굴에 흉터가 생겼다고 더 이상 사랑하지 않겠습니까? 어느 어머니가 아들이 사업이 망해서 빈털터리가 되었다고 사랑하지 않겠습니까? 부모님의 사랑은 정말 신비하고도 귀한 것입니다. 우리 안에 부모님을 사랑하고 부모님을 축복하는 기도가 놀랍게 회복되기를 기도합니다.

◆

배우자를 볼 때
예수님을 바라보라

아내는 순종하고 남편은 사랑하겠다는 결혼 서약을 지켜야 합니다

데이비드 베너(David Benner)의 《거룩한 사귐에 눈뜨라》(IVP, 2007)
라는 책을 읽다가 저자가 어느 모임에서 부부생활에 대해 강의할
때 있었던 에피소드를 기록한 것을 보았습니다. 그리스도인 부부
들은 영적으로도 서로 사귐이 있어야 하고 또 영적인 동지가 되어
야 한다는 요지의 강의였는데, 강의를 듣던 여성도 한 분이 대단
히 화를 내면서 항의했습니다. "우리가 결혼 관계를 유지하고 있
는 것만도 얼마나 힘든 줄 아세요? 여기에 영적인 우정을 더 갖추
라니 우리보고 죽으라는 말이에요?"

　혹시 동의하시는 분이 있을지 모르겠습니다. 그러나 부부 관계
에 대해서 주님이 주시는 교훈은 우리를 얽매려는 것이 아니라,
풍성한 관계로 이끄시고자 하는 것입니다. 주님의 명령은 단순합
니다. 부부가 한 가지씩만 지키라고 하셨는데, 아내는 남편에게
예수님께 하듯이 순종하고, 남편은 예수님이 하시듯이 아내의 허
물과 잘못까지 다 책임지는 사랑을 하라는 것입니다.

　어느 목회자 세미나 때 강사님이 목사님들에게 아주 재미있는
일을 부탁했습니다. 목사님 부부부터 성경적으로 행복하게 살아
야 목회를 잘한다면서, 지금 다 휴대전화를 꺼내서 아내에게 전화

해 사랑한다는 고백을 하라고 했습니다. 그런데 경상도에서 오신 한 연세 드신 목사님이 "난 절대 못해. 난 절대 안 돼!" 하며 거부했습니다. 그러자 그곳에 있는 목사님들이 다 응원하면서 전화기를 귀에다가 대어 주기까지 했습니다.

목사님이 도저히 안 할 수가 없어서 전화를 했고, 아내가 전화를 받았습니다. 그런데 그만 "여보, 내다!" 그러고는 입이 딱 막힌 것입니다. 그래도 "사"는 했습니다. "랑해"는 못하고 계속 "사", "사", "사"만 했습니다. 곁에 있던 목사님들이 손짓 발짓 해 가면서 "'사랑해', '사랑해'라고만 하세요"라고 말했습니다. 그러자 목사님이 정말 어렵게 입을 열어서 말했답니다. "사…찰 집사 잘 있나?"

목회자 가정이라고 아내가 남편에게 순종하고 남편은 아내를 사랑하는 것이 쉬운 일은 아니라는 뜻입니다. 간단해 보여도 실제로 살아 내려고 하면 정말 어렵습니다. 사실 몰라서 안 되는 것이 아닌데 어떻게 해야 합니까?

카일 아이들먼(Kyle Idleman) 목사님의 책 《팬인가, 제자인가》(두란노, 2012)에는 저자가 신혼 때 심방 갔던 이야기가 실려 있습니다. 어느 노부부 가정을 심방했습니다. 남편이 암으로 투병했는데 화학 요법, 방사선 치료를 오랜 기간 받아서 몸이 너무 쇠약해져 있었습니다. 그분이 누워 있는 침대 옆에서 성경을 찾아서 읽고 기도를 막 시작하려는데, 코를 찌르는 악취가 풍겼습니다. 너무 몸이 약해져서 스스로 배변을 조절하지 못하고 대변을 본 것입니다.

기도를 시작한 목사님은 상황이 이렇다 보니 서둘러 기도를 마치고는 거실로 나왔습니다. 당황해하고 있는데, 그분의 아내가 방 안에서 남편의 기저귀를 갈아 주고 창문을 열어 환기를 시키고는 거실로 나왔습니다. 그때 아내분이 갓 목회를 시작한 신혼부부인 목사님 내외를 보면서 희미하게 웃으며 해 준 이야기를 저자는 평생 잊을 수가 없다고 했습니다. "아플 때나 건강할 때나."

결혼 서약을 할 때 했던 말이지요? "아플 때나 건강할 때나 순종하고 사랑하겠습니다"라고 그때 약속하지 않았나요? 지금이 그런 상황이라는 의미가 담겨 있는 아주 짤막한 이야기였습니다.

이후 아이들먼 목사님은 결혼식 주례를 할 때면 동화 속 주인공이 되어 달콤한 꿈에 사로잡혀 있는 신랑, 신부에게 결혼 서약이 실제 어떤 상황에서 이루어져야 하는지를 구체적으로 설명해 주기 시작했습니다.

아주 황홀한 표정을 하고 있는 신부에게 말해 줍니다. "이제 당신이 결혼하고 1년쯤 지나 예쁜 속옷을 입고 침실로 들어가면 배불뚝이 아저씨가 기다리고 있을 것입니다. 침대에 누워 시리얼을 접시째로 털어 넣고 우적우적 씹으며 축구 경기를 보고 있겠지요? 남편은 시리얼을 떠먹는 중간, 스푼으로 가려운 등을 긁을 것입니다. 그래도 이 서약을 하시겠습니까?"

그리고 황홀해하는 신랑에게 이야기합니다. "그즈음 아내는 당신 어머니처럼 말하기 시작할 것입니다. 시리얼을 먹을 때 '소리 내지 마', '식탁 위에서 먹어' 잔소리를 하겠지요. 말만 아니라 몸매도 어머니처럼 변해 있을 것입니다. 그래도 서약하시겠습니까?"

우리는 이미 다 결혼 서약을 한 사람들입니다. 어느 때나 배우자에게 순종하고 그를 사랑하겠다고 말입니다. 그 말의 구체적인 의미가 무엇이지요? 배우자가 승진할 때나 해고될 때나, 아내가 임신할 때나 유산할 때나, 집을 구입할 때나 집을 팔고 좀 더 싼 집으로 이사할 때나, 근사한 외식을 할 때나 한 주 내내 라면만 먹어야 할 때나, 많은 돈을 모았을 때나 카드 대금이 연체되었을 때나, 건강할 때나 늙어서 휠체어를 탈 때나 순종하고 사랑할 것이라는 뜻입니다. 우리가 그 서약을 잊어버리니까 자꾸 싸우는 것입니다.

그러나 결혼 서약을 했어도 부부 사이는 쉽지 않습니다. 순종하고 사랑해야 된다는 것을 알지만 그대로 되지 않습니다. 그래서 어떻게 해야 하는지를 말하기보다는, 도대체 무슨 능력으로 배우자에게 순종하고 그를 사랑할 수 있는지 나누려고 합니다.

배우자를 볼 때 예수님을 바라보아야 순종하고 사랑할 수 있습니다
많은 부부가 '싸우는 것이 정상'이라고 생각합니다. 어떻게 안 싸우고 사느냐고 생각하는 것도 일종의 믿음이라는 사실을 아시나요? 우리는 그 믿음이 어디서부터 온 것인지를 잘 분별해야 합니다. 세계 어느 나라, 어떤 사람도 부부 사이가 쉽지 않습니다. 그래서 관계가 깨어진 부부가 많습니다. 우리는 그 배후에 마귀가 역사하고 있다는 사실을 알아야 합니다.

에덴동산에서 하나님이 아담과 하와를 맺어 주실 때는 부부 싸움이라는 개념이 없었습니다. 에덴동산에서 천국 같은 삶을 사는 것이 하나님의 계획이었습니다. 그것이 부부 생활의 원형입니다. 그런데 부부가 서로 싸우고, 깨어지는 일은 아담과 하와가 마귀의 이야기를 듣고 선악과를 따 먹은 다음부터 일어났습니다.

처음에 아담은 하와를 보고는 "이는 내 뼈 중의 뼈요 살 중의 살이라"(창 2:23)라고 고백했습니다. 아담의 눈에는 하와가 남이 아니라 자기 자신으로 여겨졌습니다. 그런데 선악과를 따 먹은 다음에 하와는 전혀 달라 보였습니다. 아담은 하와를 '그 여자'(새번역 성경)라고 불렀습니다. 엄청난 차이가 생기지 않았나요?

부부 사이에 문제가 생긴 것은 죄 때문입니다. 우리는 부부 관계를 깨뜨리려는 사탄의 전략을 잘 알아야 합니다. 사탄은 온 인류가 파멸되기를 원하고 역사합니다. 그래서 가정을 칩니다. 사람들이 사는 공동체에서 가장 기본 단위가 가정이고 그 가정의 중심은 부부입니다. 그래서 사탄이 남편과 아내 사이를 치는 것입니다. 무섭고 악한 마귀의 역사라는 점을 정확하게 보아야 합니다.

앞으로 부부 문제는 계속해서 심각해질 것입니다. 아마 우리가 상상도 못하는 사회를 경험하게 될 것입니다. 그래서 배우자를 볼 때 예수님을 바라보아야 하는 것입니다. 예수님은 우리를 구원해 주신 구주이십니다. 예수님을 믿고 구원을 받았다면 남편과 아내 사이도 구원받아야 합니다. 우리가 배우자를 볼 때 예수님을 보는 눈을 가진다면 예수님이 우리 가정을 놀랍게 구원해 주십니다. 남편과 아내의 관계를 놀랍게 치료하시고 해결해 주십니다.

혹시 이 사실이 믿어지지 않으십니까? '정말 예수님을 바라보기만 하면 우리 부부 문제가 해결될 수 있을까요? 그렇게 간단한 것인가요?' 이처럼 잘 믿어지지 않고, 선뜻 이해가 안 되는 분이 있습니까? 어떤 젊은 부부가 "예수님이 아이를 낳아서 길러 보셨어? 예수님이 어떻게 우리 부부 문제를 이해하시겠어?" 하며 볼멘소리를 했다는 이야기를 들었습니다. 예수님이 왜 아이를 안 길러 보셨습니까? 지금 우리를 기르고 계시잖습니까? 얼마나 속이 썩으실까요?

믿음의 문제입니다. 예수님이 정말 우리 가정의 문제, 자녀 문제, 부부 문제를 해결해 주실 수 있을까요? 물론입니다.

히브리서 12장 1절 상반절은 "이러므로 우리에게 구름같이 둘러싼 허다한 증인들이 있으니"라고 말합니다. 하나님 나라에 먼저 간 수많은 믿음의 선배가 우리를 지켜보고 있다는 것입니다. 그 사실을 분명히 명심하고 사는 것이 예수님을 믿는 성도들의 삶입니다. 그러니 우리가 어떻게 죄를 지을 수 있겠습니까?

이어지는 하반절은 "모든 무거운 것과 얽매이기 쉬운 죄를 벗어 버리고 인내로써 우리 앞에 당한 경주를 하며"라고 말합니다. 우리에게 때때로 힘든 일이 있고 고비도 오지만, 우리가 믿음의 길을 계속 인내하며 갈 수 있는 이유는 응원하는 사람이 많기 때문입니다. 우리에게 환호성을 지르고 박수를 보내는 사람들이 있는데 어떻게 그 길을 완주하지 않을 수가 있습니까? 이것이 바로 예수님을 믿는 사람의 삶입니다.

그런데 우리는 그보다 더 분명하고 강력한 눈빛을 느껴야 합니다. 예수 그리스도의 눈입니다. 바로 뒤이어 나오는 히브리서 12장 2절은 "믿음의 주요 또 온전하게 하시는 이인 예수를 바라보자"고 말합니다. 사람들은 나의 외모나 외적인 행동만 봅니다. 내 안에 계신 예수님은 내 마음과 생각까지 다 알고 계십니다. 사람들의 눈이 중요합니까, 내 안에 계신 예수님의 눈이 중요합니까?

그동안 저는 히브리서 12장 1절과 2절이 어떻게 연결되는지 정확하게 이해하지 못했습니다. 허다한 증인들에 대한 이야기를 하고 바로 이어서 예수님에 대해 말한 히브리서 기자가 의도한 바가 무엇입니까? 허다한 증인들을 의식하고, 내 안에 계시는 예수님을 정말 안다면 부부생활, 가정생활을 어떻게 옛날처럼 할 수 있을까요? 남편에게 순종하는 것, 아내를 사랑하는 것, 그 일이 어려울 수가 있나요? 완전히 바뀝니다. 예수님을 바라보는 눈을 뜨게 되면 우리의 삶 전체가 바뀝니다.

우리는 세상을 사는 동안 힘든 일도, 실패도, 불만족스러운 일도 겪습니다. 부부생활도 마찬가지로 만족스럽지 못할 때가 많습니다. 어떤 때는 팔자타령을 할 만도 합니다. 그러나 우리가 천국에 가는 바로 그 시간에 세상에서 겪었던 어려운 일, 실패, 낙심, 좌절, 상처가 생각이 날까요? 그렇지 않습니다. "하나님, 충분합니다"라고 고백할 것입니다. 모든 불평, 마음의 상처 등이 정말 있었나 싶을 만큼 다 사라질 것입니다. 그러니까 천국입니다.

그러나 한편으로 천국에 갔을 때 감사하기보다는 미안한 마음이 더 클 것이라고 생각합니다. 하나님의 은혜를 깨닫지 못해서 지옥에 간 수많은 사람을 보게 될 것이기 때문입니다. 그들을 볼 때 '나는 천국에 와서 다행이다' 할 수 있을까요? '세상에 사는 동안 짜증 내고, 불만하고, 싸우느라 시간을 헛되게 보내지 말고 더 감사하고, 더 사랑하고, 더 받아 주고, 진짜 복음을 전해 주고, 하나님의 나라로 인도했다면 그들이 나로 인해 나와 함께 천국을 누릴 수 있었을 텐데', 이런 생각이 들지 않을까요?

천국에 갈 때 우리의 마음이 어떠할지를 생각하면 지금 부부 사이에 일어나는 일들 중에 문제 될 것이 아무것도 없습니다. 이미 우리는 천국에 갈 자로 하나님이 놀랍게 복 주신 사람들입니다. 천국에 갈 때가 되어서 후회하면 얼마나 안타까울까요? 그런데 그 일을 지금 할 수 있습니다. 예수님을 바라보면 우리가 천국 갈 때 들 그 마음이 그대로 우리 안에 임합니다. 그래서 예수님을 바라보고 배우자를 보면 전혀 달라 보이는 것입니다. 내 눈으로 보는 것과 예수님의 눈으로 보는 것은 완전히 다릅니다.

예수님의 눈으로 보면 모든 것이 달라 보입니다

레나 마리아(Lena Maria)는 세계적으로 유명한 가스펠 가수입니다. 그녀는 날 때부터 두 팔이 없고, 한쪽 다리는 아주 짧았습니다. 의사는 산모가 충격받을까 봐 3일 동안이나 보여 주지 않았다고 합니다. 그랬던 레나 마리아는 이렇게 고백했습니다. "누군가 저에게 예수님이 부활하셨고 지금 살아 계시다는 증거를 대라고 하면 저는 제 약한 육신과 날마다 주님을 찬양하는 제 입술을 보여 줄 것입니다." 예수님을 바라보는 눈이 열리니까 가장 불쌍하다고 여겨질 만한 사람이 사실은 가장 행복한 삶을 살고 있는 것입니다.

강영우 박사님은 췌장암으로 돌아가시기 전, 한 달도 어렵다는 진단을 받자 한국에 있는 많은 지인에게 이메일 성탄 편지를 보냈습니다. 자신의 삶을 간증한 편지 마지막에 이렇게 덧붙였습니다.

두 눈을 잃고 저는 한평생을 살면서 너무나 많은 것을 얻었습니다. 늘 여러분 곁에서 함께하며 이 세상을 조금 더 아름다운 곳으로 만들기 위해 노력하고 싶은 마음은 무엇보다 간절하지만 안타깝게도 그럴 수가 없게 되었습니다. 최근 여러 번 병원에서 검사와 수술 치료를 받았으나 앞으로 저에게 허락된 시간은 길지 않다는 것이 의료진들의 의견입니다. 여러분, 저로 인해 슬퍼하거나 안타까워하지 마시기 바랍니다. 아시다시피 저는 누구보다도 행복하고 복을 받은 사람이 아니었습니까? 끝까지 하나님의 복으로 이렇게 하나둘 주변을 정리할 수 있고 사랑하는 사람들에게 작별 인사할 시간도 허락받았습니다. 한 분, 한 분 찾아뵙고 인사드려야 하겠지만 그렇게 하지 못하는 점 너그러운 마음으로 이해해 주시기를 바랍니다. 여러분으로 인해 저는 정말 사랑으로 충만했고, 은혜로웠고, 그래서 감사합니다.

이메일을 받은 사람들은 충격을 받았습니다. 죽음을 눈앞에 둔 사람이 어떻게 이럴 수 있습니까?

강영우 박사님은 14세 때 운동장에서 날아온 축구공을 맞고는 두 눈을 실명한 후 우리나라 최초의 시각장애인 박사, 미국 백악관 정식 보좌관, UN세계장애위원회 부의장 겸 루즈벨트재단의 고문을 역임했습니다. 장애를 갖고서도 남들이 해 내지 못한 엄청난 일을 했습니다. 강영우 박사님에게 남이 이해하기 어려운 시련이 얼마나 많았을까요? 그러나 그분은 그저 성공한 사람이 아니고 위대한 삶을 산 분입니다. 사람들은 '어떻게 그렇게 할 수 있을까?' 의아하게 생각했습니다.

저는 이보다 더 놀라운 전도는 없다고 생각합니다. 많은 사람이 하나님이 안 계시다고 믿고 있습니다. 그러나 강영우 박사님을 보면 하나님을 부인하기가 어렵습니다. 박사님과 함께 계신 예수님 때문입니다. 그분이 임종을 앞두고 아내에게 쓴 편지입니다.

아직도 봄날 반짝이는 햇살보다 눈부시게 빛나고 있는 당신을 난 가슴 한가득 품고 떠납니다. 당신을 처음 만난 것이 벌써 50년 전입니다. 햇살보다 더 반짝반짝 빛나고 있던 예쁜 여대생 누나의 모습을 난 아직도 기억합니다. 손을 번쩍 들고 나를 바래다주겠다고 나서던 당돌한 여학생. 당신은 하나님이 나에게 보내 주신 날개 없는 천사였습니다. 지난 40년간 늘 나를 위로해 주던 당신에게 난 오늘도 이렇게 위로를 받고 있습니다. 미안합니다. 더 오래 함께해 주지 못해서. 미안합니다. 내가 떠난 후 당신의 외로움과 슬픔을 함께해 주지 못할 것이라서. 사랑합니다. 사랑합니다. 사랑합니다. 그리고 고마웠습니다.

강영우 박사님의 삶을 위대한 삶으로 만든 데는 그분 안에 계신 예수님과 예수님 안에서 하나 된 아내 석은옥 여사가 있었습니다. 그녀는 앞을 보지 못하는 남편에게 눈이 되고, 예수님 안에서 하나가 되어 주었습니다. 마지막 췌장암으로 투병하는 남편이 행복하다고 고백할 수 있게 해 주었습니다. 석은옥 여사는 어떻게 그런 삶을 살 수 있었을까요? 역시 예수님이십니다. 그분 안에 계신 예수님의 눈으로 남편을 보았던 것입니다.

정말 예수님을 영접하셨습니까? 우리의 모든 죄를 짊어지시고 십자가에서 죽으신 주님, 그리고 우리 안에 오셔서 끝까지 기다리시고 참아 주시는 예수님을 정말 영접하셨나요? 그렇다면 순종 못할 남편이 어디 있고 사랑 못할 아내가 어디 있나요?

예수님을 잘 믿으면 아내가 세상에서 제일 예뻐 보입니다. 예수님을 바라보면 남편이 세상에서 제일 멋있습니다. 주님은 부모의 눈으로 우리를 보시기 때문입니다. 부모 눈에는 세상에서 자기 아들딸이 제일 멋지고 예쁘지 않습니까? 예수님의 눈에는 내 남편이, 우리 아내가 제일 훌륭하고, 제일 예쁩니다.

우리 가정의 가장 중요한 핵심은 부부입니다. 예수 그리스도 안에서 배우자를 보는 정확한 눈이 뜨여야 합니다. 배우자를 바라보는 눈이 예수님의 눈으로 바뀌기를 원합니다. 예수님을 믿고 허락받은 구원의 역사가 가정 안에서 실재가 되고, 가정이 변화되고 세상이 바뀌는 놀라운 역사가 일어나기를 원합니다.

4장

십자가 아래
어떤 가정도 치유될 수 있다

• 행 16:31

◆

예수님을 믿으면
자신뿐 아니라 가정도 구원받습니다

우리가 처해 있는 가정의 형편은 참 어렵습니다. 가정이 마치 감옥 같다고 생각하는 분도 많을 것입니다. 영국의 작가 조지 엘리엇(George Eliot)은 인간에게는 5가지 감옥이 있다고 말했습니다. 자기 사랑의 감옥, 근심의 감옥, 향수의 감옥, 선망의 감옥, 증오의 감옥입니다. 그러고 보니 때때로 가정이 감옥 느낌을 주기도 합니다. 우리가 예수님을 믿을 때 하나님이 우리에게 허락하신 구원은 삶의 모든 감옥에서 건져 주는 것입니다.

사도 바울은 빌립보 감옥에 갇혔던 적이 있습니다. 복음을 전하다가 붙들려서 매를 맞았습니다. 그러나 한밤중에 실라와 함께 하나님께 찬양을 드리는데 지진이 일어났습니다. 간수장이 깜짝 놀라 달려와서 보니까 옥문이 열려 있었습니다. 죄수들이 당연히 도망갔을 것이라고 생각한 그는 무서운 책임감 때문에 자결을 하려고 했습니다. 그런 그를 사도 바울이 붙잡았습니다. "네 몸을 상하지 말라 우리가 다 여기 있노라"(행 16:28).

간수장은 죄수들이 다 있는 모습을 보고는 놀랐습니다. 그때 성령이 그에게 임하셔서 구원을 갈급해하게 되었습니다. 그는 바울에게 "내가 어떻게 하여야 구원을 받으리이까"(행 16:30)라고 물었고 바울이 여기서 유명한 말을 했습니다. "주 예수를 믿으라 그리하면 너와 네 집이 구원을 받으리라"(행 16:31).

놀라운 말씀입니다. 예수님을 믿으면 자신만 아니라 자신의 집도 구원을 받습니다. 혹자는 '나는 분명히 예수님을 믿지만 가족들 중에는 예수님을 믿지 않는 사람이 많아. 그토록 기도했는데'라고 생각하며 이 사실이 믿어지지 않을지 모릅니다. 이제는 주님이 약속하신 말씀대로 가족들도 다 구원받을 것이라는 놀라운 확신을 갖게 되기를 바랍니다. 주님이 약속하셨고, 실제로 그 일을 이루시기 때문입니다.

그런데 "주 예수를 믿으라 그리하면 너와 네 집이 구원을 받으리라"라는 말씀은 우리가 예수님을 믿으면 단순히 온 가족이 예수님을 믿고 교회 다니게 될 것이라는 의미만이 아닙니다. 정말 구원받는다는 것입니다. 집이 구원을 받는다는 말의 진정한 의미는 우리 가정이 천국 같아진다는 것입니다.

가정 문제는 참 복잡합니다. 아마 백 사람이면 백 사람 다 다를 것입니다. 하지만 답은 놀랍게도 하나입니다. 믿어지지 않을 정도로 단순합니다. "주 예수를 믿으라 그리하면 너와 네 집이 구원을 받으리라." 그렇다면 도대체 예수 믿는다는 것이 무엇입니까?

어느 부인이 집안에서 처음으로 예수님을 믿었습니다. 우상을 극심하게 섬기는 집안이라 핍박이 말할 수가 없을 정도로 심했습니다. 특별히 남편의 핍박이 심했습니다. 교회에 갔다 오기만 하면 그날은 난리가 났습니다. 견디다 못해 결국은 집을 나와 삼각산기도원으로 올라갔습니다.

1월의 추운 날씨에 아무런 채비 없이 무작정 기도원에 올라간 그녀는 차가운 마룻바닥에 무릎 꿇고 앉아 가장 먼저 이렇게 기도했습니다. "하나님, 저 데려가 주세요. 너무 괴롭습니다. 그렇지 않으면 이길 힘을 주세요." 그러고는 한 주간 집회에 참석했는데 금요일 새벽에 주님의 십자가를 바라보면서 간절히 기도할 때 성령이 불과 같이 임하시는 체험을 했습니다. 그러면서 '나 같은 자도 하나님이 사랑하셔서 내 마음에 오셨는데 내가 구박하는 남편을 사랑하지 못해? 얼마든지 사랑할 수 있지' 하는 생각이 들었습니다. 남편을 향한 마음이 바뀌어 버렸습니다. 성령이 임하시면 사람의 마음이 바뀌어 버립니다.

그녀는 집으로 돌아와서는 "나가려면 아예 나가지, 왜 돌아왔어!" 하며 핀잔하는 남편의 손을 붙잡고는 말했습니다. "여보, 나를 구박해 주어서 정말 고맙습니다. 덕분에 내가 기도원에서 말할 수 없는 하나님의 은혜를 받았습니다." 그러고는 눈물을 흘리면서 남편에게 딱 한마디 했습니다. "나만 이 좋은 예수님 믿을 수는 없지 않습니까?" 남편은 어이가 없어 했습니다.

이후 그녀는 몇 주 동안 정말 지극정성으로 남편을 사랑하고 섬겼습니다. 어느 주일, 갑자기 남편이 외투를 달라고 했습니다. "어디 가시게요?"라고 묻는 아내에게 남편이 말했습니다. "나 교회 갈 거야." 그렇게 해서 남편이 전도가 되었습니다. 온 가족이 예수님을 믿게 되었습니다. 그분의 아들이 지금 총신대학교 신학대학원에서 신약학을 가르치는 이한수 교수님입니다.

한 사람이 전심으로 예수님을 믿으면 온 가족이 구원받습니다. 이 말은 아직도 예수님을 믿지 않는 가족들이 있다면 지금 기도원에 가서 성령이 불같이 임하시는 체험을 해야 된다는 말이 아닙니다. 예수님은 이미 우리 마음에 오셨습니다. 우리 안에 계신 예수님을 바라보는 것이 핵심입니다. 우리가 우리 안에 계시는 예수님을 진정 믿고 그분을 바라보고 살면 우리 가정에 구원이 임합니다.

◆

가정을 흔드는 마귀의 계략은
이기심, 지독한 자기중심성입니다

저는 수많은 상담 메일을 받는데, 거의 대부분의 내용은 가족 문제로 인한 어려움입니다. 예수님을 믿는데도 병든 가정, 깨진 가정이 얼마나 많은지 모릅니다. 자녀들이 세상에 나가서 예수님을 믿는다고 당당하게 말하지 못하는 이유가 무엇인지 아십니까? 예수님을 믿는 가족들이 모인 우리 가정이 천국 같지 않으니까 자신감을 완전히 잃어버린 것입니다. 예수님을 믿어 좋은 이유를 모르는 것입니다.

한번은 예수님을 믿는 청년들이 모인 집회 때 설문조사를 했는데, 첫 번째 질문이 "당신을 고통스럽게 하고 화나게 하는 것이 무엇입니까?"였습니다. 청년들 중 63%가 "부모님"이라고 답했습니다.

서점에 가 보면 가정이나 결혼에 대한 책이 굉장히 많습니다. 30년 전에 처음 목회하면서 가정 사역을 시작할 때는 서점에 가정이나 결혼에 대한 책이 몇 권 안 되었습니다. 지금은 오히려 책이 너무 많아서 어떤 책을 살지 결정하기가 어려울 정도입니다. 가정 사역에 대한 관심이 높아졌다는 뜻이기도 하지만 지난 30년 동안 성도들의 가정에 심각한 문제들이 많이 생겼다는 의미이기도 합니다. 실제로 우리나라가 세계에서 이혼율이 가장 높은 나라가 되었습니다. 세상 사람들만 아니라 성도들의 가정도 예수님을 믿지만 심각한 어려움에 부딪히고 있습니다.

예수님을 믿고 가정을 꾸렸는데도 가정이 병들어 버리는 가장 큰 이유가 무엇인지 아십니까? 우리가 실제로 가정을 소홀히 여기고 있기 때문입니다. 우리가 가정을 얼마나 중요하게 생각하고 가정을 위해서 헌신하는지는 직장생활과 비교해 보면 금방 알 수 있습니다. 어느 것이 더 중요할 것 같습니까? 가정입니다. 그런데 실제로는 그렇지 못합니다. 지금 내가 가정에 대해 가지는 마음가짐으로 직장생활을 하면 아마 직장생활을 못하게 될 것입니다. 배우자나 자녀에게 하듯 상사나 동료에게 한다면 직장에서 쫓겨날지도 모릅니다. 우리는 이상하게도 가족들에게 소홀합니다.

열심히 목회를 잘하시는 목사님이 어느 날 어린 아들과 함께 식사를 했습니다. 아들더러 기도하라고 했더니, 아들이 "하나님, 우리 아버지 교회 안 나가게 해 주세요", 이렇게 기도하더랍니다. 목사님은 정말 충격받았습니다. 목회를 열심히 한 것을 잘못했다고 말할 수는 없겠지만 아들에게 전혀 시간을 내어 주지 못할 정도였다면 가정을 소홀히 여긴 것입니다. 가정을 소홀히 하면 반드시 가정이 병듭니다.

누가복음 15장에는 탕자의 이야기가 나옵니다. 탕자는 집이 싫었습니다. 자기를 억압한다고 생각했습니다. 그래서 아버지에게 유산을 미리 달라고 하는 불효자 중에 불효자가 되었습니다. 그러고는 집을 나갔습니다. 다시 집으로 돌아올 것이라고는 전혀 생각지 않았습니다. 완전한 자유를 즐겼습니다. 요즘 탕자처럼 집안일이 귀찮고 부담스러워서 마음이 완전히 집 바깥으로 도는 사람들이 많습니다. 정신적으로 탕자인 것입니다.

그러다가 재산 다 잃고, 주위 사람들이 다 떠나고, 심지어 굶어 죽을 지경이 되자 탕자는 집을 생각했습니다. 그리고 집으로 돌아왔습니다. 비로소 자기에게 가장 중요한 것이 집이라는 사실을 깨닫게 된 것입니다. 우리는 가정이 얼마나 중요한지 알아야 합니다.

정신 차려야 합니다. 우리의 가정을 무너뜨리려고 마귀가 역사하고 있기 때문입니다. 마귀는 태초부터 가정을 무너뜨린 존재이며 지금도 여전히 역사합니다. 마귀가 들어와서 가정을 흔들고 무너뜨리려고 한 경험을 해 본 적이 있나요? 어떤 분은 "맞아요. 배우자를 보면, 아이들을 보면 진짜 마귀가 역사하는 것 같아요" 하실지 모릅니다. 그러나 그것은 완전히 착각입니다. 배우자와 자녀는 마귀가 아닙니다. 마귀가 우리 가정을 흔들고 있다는 부인할 수 없는 증거는 우리 마음속에 마귀가 심어 둔 철저한 이기심, 지독한 자기중심성입니다. 나만 생각하는 마음이 마귀에게 휘둘리고 있다는 결정적인 증거입니다.

팀 켈러(Timothy Keller) 목사님이 《팀 켈러, 결혼을 말하다》(두란노, 2014)라는 책에서 위기를 만난 부부를 상담한 이야기를 들려주었습니다. 위기를 만난 부부들을 만나 보면 한결같이 하는 말이 "사랑이 이렇게 힘든 줄은 몰랐어요"라고 합니다. 배우자와 천생연분이라면 애정이 저절로 흘러나와야 하는 것 아니냐며, 완전히 사랑이 식어 버렸다면서 "우리는 천생연분이 아닌가 봐요"라고 말한다고 합니다.

그러면 팀 켈러 목사님은 이렇게 대답한답니다. "배우자를 사랑하는 것만 힘드십니까? 직장생활은 아무 힘도 들지 않습니까? '돈 버는 일이 이렇게 힘든지 몰랐다'고 탄식해 본 적 없습니까?

학교에서 공부하는 학생들은 '공부하는 것이 이렇게 힘든 줄 몰랐다', 그렇게 생각 안 합니까? 프로 운동선수는 운동이 저절로 됩니까? 그런데 왜 배우자를 사랑하는 것만큼은 힘들다고 탄식하는 것입니까?"

천생연분, 운명적인 사랑 운운하는 사람은 마귀에게 완전히 속고 있는 것입니다. 결혼하기 전에, 혹은 결혼할 때 완벽한 사람이나 천생연분을 찾다가는 세월 다 흘러갑니다. 그리고 마귀에게 속으며 계속 원망만 하게 됩니다. 우리 속에는 죄성이 있기 때문에 이기심과 미숙함이 가득한 상태에서 서로를 만나 결혼하는 것입니다. 우리는 다 결혼하고 난 다음에 변화를 겪으면서 주님이 바꾸어 주시기를 믿고 맡기고 사는 것입니다.

많은 사람이 배우자가 자기중심적이고 이기적이라며 비난합니다. 자신은 그렇지 않나요? 마귀는 정말 간교합니다. 자기는 전혀 보지 않고 배우자의 이기적이고 자기중심적인 모습만 보게 하고, 끊임없이 비판하고 원망하게 만듭니다. 자기는 조금도 바꾸려고 하지 않으면서 말입니다. 그러나 자신이 얼마나 이기적이고 자기중심적인지를 깨닫는 순간, 부부 관계는 완전히 다른 차원이 됩니다.

마귀가 우리 가정을 무너뜨리는 중요한 전략 중에 하나가 있는데, 배우자 몰래 은밀한 죄를 짓게 하는 것입니다. 배우자가 모르니까 괜찮나요? 몰라서 하는 이야기입니다. 은밀한 죄를 가지고 있으면 무서운 결과가 초래됩니다. 배우자 몰래 은밀한 죄를 지으면 배우자가 같이 있는 것이 싫고, 그것이 또 하나의 소원이 됩니다. 하나님이 진짜 그 소원에 응답해 주시면 좋겠습니까? 정신 차려야 합니다. 마귀는 정말 무섭게 우리 가정을 무너뜨리는데 그 역사가 바로 내 속에 있습니다. 그런 우리를 예수님이 구원해 주겠다고 하시는 것입니다. 주님은 죄에게 종노릇하는 우리를 건지시고 가정도 똑같이 건지십니다.

진짜 예수님을 믿어야 우리 가정의 병든 문제에서 구원을 받을 수 있습니다. 천국 같은 가정이 되는 역사가 주 예수님으로 인해 임하는 것입니다. 예수님은 마귀의 일을 멸하려고 오셨습니다.

◆

우리는 너무 늦게 깨닫습니다
깨달았을 때는 이미 다 잃어버린 후입니다

상담을 요청하시는 부부들을 만나 보면 대부분 너무 늦게 오십니다. 돌이킬 수 없는 지경까지 갔을 때 오십니다. 그 이유가 무엇입니까? 가정 문제가 작을 때 소홀히 여겼기 때문입니다.

'깨진 유리창 법칙'이 있습니다. 빈집이 있는데 유리창이 하나 깨졌습니다. 빈집이니까 아무도 유리창을 갈아 넣지 않은 채 방치됩니다. 그러고 나서 얼마 지나지 않으면 그 집은 완전히 폐허가 되어 우범자의 소굴이 되어 버린다고 합니다. 가정도 똑같습니다. 우리 가정이 온전한 가정이면 유리창이 깨져도 금방 갈아 끼웁니다. 그래서 집이 온전히 유지됩니다. 이처럼 부부 사이에, 부모와 자녀 사이에 문제가 생기면 시급히 대책을 세워야 합니다. 깨진 유리창을 그대로 두면 빈집이라고 광고하는 꼴입니다. 우리 집에 와서 마음껏 놀아도 된다고 마귀를 초청하는 것입니다. '우리 가정이 무슨 문제가 있는데? 다 그렇게 사는 거지 뭐. 문제없는 집이 어디 있겠어?' 하면 안 됩니다. 마귀에게 완전히 속는 것입니다.

정신없이 직장 일로 뛰어다니던 한 남편이 아내가 암에 걸리고 세상을 떠나자 통곡했습니다. 자기에게 있어서 가장 중요한 것이 사업이나 직장이 아니라 아내였다는 사실을 그제야 깨달은 것입니다. 사업이 매우 잘되고 바빠서 딸하고 도무지 이야기를 나누지 못했던 어느 아버지는 딸이 가출하고 난 다음에야 정신을 차렸습니다. 이후 딸을 찾으러 전국을 돌아다녔습니다. 약물에 중독되고 혼숙을 하며 방탕에 빠진 딸을 데리고 와서 정신 상담을 하고 치유되기를 돕는 과정에서 시간과 물질을 한없이 썼습니다. 이제는 딸과 보낼 시간이 얼마든지 있었습니다. 그런데 때는 다 망가지고 난 다음이었습니다.

혹시 집 안에 창문이 하나 깨졌습니까? 내버려 두면 가정이 완전히 망가집니다. 정신 차려야 합니다. 가정에 문제가 있습니까? 그러면 주님도 우리 가정에 함께 계시다는 사실을 이제는 알아야 합니다. 예수님은 우리 집을 구원해 주겠다고 말씀하셨습니다.

아이가 병으로 먼저 세상을 떠난 한 어머니가 쓴 글을 소개합니다.

아이가 백혈병 진단을 받는 순간부터 나는 삶의 의미를 상실했습니다. 그리고 남편의 통곡 소리와 함께 아이가 세상을 떠나던 날, 나는 괴성을 지르며 몸부림을 치다가 입술이 터지고 온몸에 피멍이 들었습니다. 그때 내겐 이대로 한 줌의 재가 되어 아들 곁에 뿌려지겠다는 생각뿐이었습니다.

그렇게 하룻밤을 보내고 새벽쯤에 언제 오셨는지 아버지가 내 앞에서 계셨습니다. 누워 있는 나를 일으키시고 나는 아버지의 손에 이끌려 이슬이 채 걷히기도 전에 친정집에 도착했습니다. 아버지는 나를 방에 들게 하고 잠시 나가시더니 약사발을 들고 돌아오셨습니다. "보약이다. 너 오면 먹이려고 밤새 달여 놓은 거여. 어여 마셔라." 죽은 자식을 가슴에 묻고 어찌 보약을 먹으라는지 아버지가 야속하기만 했습니다.

나는 앞뒤 생각 않고 약사발을 거세게 밀어냈습니다. 약사발은 방바닥에 나뒹굴었습니다. 아버지는 버럭 역정을 내셨습니다. "왜 이러는 거여. 너도 니 아들 따라 죽을 거여. 니한테 그놈이 가슴 애리고 기막힌 자식이면 이 애비한테는 니가 그런 자식이란 말여. 이 애비 맘을 그렇게도 모르겠는 거여." 아버지의 목소리는 젖어 들고 있었습니다. '자식이 짊어진 고통의 무게만큼 당신도 함께 그 고통을 겪고 계셨구나.' 나는 아버지 앞에서 오랫동안 목 놓아 울었습니다.

그날부터 나는 얼마간 잠을 잤는데 잠결에도 군불을 지피는 아버지의 손길을 느낄 수가 있었습니다. 또 아버지는 몸도 가누지 못하는 나를 일으켜 벽에 기대어 앉혀 놓고 때마다 정성껏 달인 보약과 밥을 먹이셨습니다. 그리고 내 입에 밥술을 떠넘기실 때마다 주문을 외듯 똑같은 말을 중얼거리셨습니다. "너무 애달파 말거라. 세상에 사람 힘으로 어쩔 수 없는 것이 있는겨. 자식 살리겠다고 얼마나 애간장이 탔겠냐. 얼른 세월이 흘러야 니 마음이 편해질 건디…." 아버지는 그렇게 슬픔 속으로만 빠져드는 나를 붙들어 주셨습니다.

우리를 향한 아버지 하나님의 마음인 줄 아시겠습니까? 우리는 우리대로 정신 팔려 살아갑니다. 우리의 마음과 생각을 사로잡는 문제들이 얼마나 많습니까? 그러다 보면 하나님의 말씀이 귀에 들어오지 않고 귀찮기만 합니다. '내 사정도 모르시는 하나님!'

지금도 가정의 문제를 심각하게 생각하지 않는 분이 많을 것입니다. 우리는 우리 자신을 모릅니다. 나와 나의 가정을 나보다도 더 잘 아시는 분이 하나님이십니다. 우리는 너무 늦게 깨닫는 경향이 있습니다. 깨닫고 보면 다 잃어버렸습니다. 우리가 그렇게 사는 모습을 보시는 아버지 하나님은 얼마나 가슴이 타실까요? 그래서 우리는 안 먹겠다고, 입을 벌리지도 않으려고 하는데 말씀을 들고 먹이시지 않습니까? 나는 필요 없다고 하는데, 나는 지금 가정이 아니라 진짜 중요한 다른 문제가 있다고 하는데, 하나님은 억지로 우리의 입에 말씀을 먹이십니다.

우리는 하나님의 터질 것 같은 애통한 마음을 알아야 합니다. 지금 우리 가정의 모습이 하나님의 계획이 아니기 때문입니다. 하나님이 이렇게 살라고 구원해 주신 것이 아니기 때문입니다.

예수님이 내 마음에 계신지 분명히 알고 있나요? 어떤 분은 "그렇게 들었습니다"라고 말합니다. "집에 부모님이 계십니까?"라고 누군가 물어보면 집에 계시면 계신 것이고, 안 계시면 안 계신 것이지, "계신다고 들었습니다"라고 말할 사람이 어디 있습니까? 그런데 왜 예수님이 내 마음에 계신지에 대해서는 그렇게 애매하게 이야기합니까? "예수님이 내 마음에 계신다고 들었습니다. 나는 그렇게 믿습니다." 많은 사람이 예수님이 분명히 내 마음에 계신다는 사실에 대해서 애매하게 생각합니다. 믿어도 아주 애매하게 믿습니다.

예수님이 내 안에 계신다는 증거를 아직도 모르겠습니까? 만약 예수님이 주님이시라고 고백한다면, 그 고백은 예수님이 내 안에 계시기에 가능한 것입니다. 고린도전서 12장 3절은 "그러므로 내가 너희에게 알리노니 하나님의 영으로 말하는 자는 누구든지 예수를 저주할 자라 하지 아니하고 또 성령으로 아니하고는 누구든지 예수를 주시라 할 수 없느니라"라고 말합니다. 또한 성령이 우리 안에 오셨기에 우리가 하나님을 아버지라고 부르고 기도할 수 있는 것입니다(롬 8:15). 찬송을 부르고 말씀을 들을 때 은혜가 되는 것도 우리 안에 하나님으로부터 온 영이 임하셨기 때문입니다(고전 2:12).

그 외에도 많습니다. 사랑하고 용서하는 마음이 생기는 것, 새벽기도 하지 않고 십일조 드리지 않고 주일을 지키지 않고 전도하지 않으면 마음이 괴로운 것 역시 성령을 마음속에 모신 성도들만 그렇습니다. 우리는 주님의 함께하심을 다 누리고 있는 사람들입니다. 예수님이 내 마음에 오셨음을 확실히 알고 주님을 바라볼 때 "너와 네 집이 구원을 받으리라"(행 16:31)라는 약속이 이루어집니다.

우리 안에 예수님이 오신 것이 얼마나 놀라운 은혜인지 알아야 합니다. 하나님이 우리를 보고 하나님의 자녀라고 인정하시는 이유는 우리 안에 예수님이 계시기 때문입니다. 예수님이 우리 안에 계신 것을 하나님이 보시는 것입니다. 지난 한 주간 엉망으로 살았습니까? 자신의 신앙생활에 대해서 좌절하고 있습니까? '나는 하나님의 자녀가 아닐 거야' 하며 스스로 갈등하는 분 있습니까? 그때마다 확인해야 하는 것은 내 안에 예수님이 정말 계시느냐입니다.

금광을 찾아다니는 광산업자는 돌덩어리 안에 있는 금을 보고 돌을 캐냅니다. 돌에 금이 0.6%만 포함되어 있어도 채산성이 있다고 합니다. 혹시 '나는 정말 돌이야' 생각하는 분이 있다면 돌을 보지 말고 내 안에 금과 같으신 예수님이 와 계신지를 확인해 보십시오. 내 안에 예수님이 분명히 계시면 나는 하나님의 자녀입니다.

◆

정말 구원받은 가정입니까?
온 가족이 예수님을 바라보고 있습니까?

어떤 분은 "목사님, 저희 집은 모두 구원받았습니다"라고 말씀하실지 모르겠습니다. 그 말은 가족이 다 교회에 등록했고, 세례 받았고, 주일예배에 매주 참석하고 있다는 뜻일 것입니다. 그것은 참 놀라운 일이고 축하드릴 일입니다. 그러나 성경이 말하는 구원은 단순히 교인이 되었다는 뜻이 아닙니다. 예수님은 마태복음 7장 21절에서 "나더러 주여 주여 하는 자마다 다 천국에 들어갈 것이 아니요 다만 하늘에 계신 내 아버지의 뜻대로 행하는 자라야 들어 가리라"라고 말씀하셨습니다. 그리고 22-23절에서는 예수님의 이름으로 큰 능력을 행하고, 예언을 하고, 귀신을 내쫓는 권세를 행한 사람도 예수님 앞에 섰을 때 "내가 너희를 도무지 알지 못하니 불법을 행하는 자들아 내게서 떠나가라"라는 말을 들을 것이라고 말씀하셨습니다.

그러므로 방심해선 안 됩니다. 예수님은 사데 교회를 가리켜서 이렇게 말씀하셨습니다. "사데 교회의 사자에게 편지하라 하나님의 일곱 영과 일곱 별을 가지신 이가 이르시되 내가 네 행위를 아노니 네가 살았다 하는 이름은 가졌으나 죽은 자로다 너는 일깨어 그 남은 바 죽게 된 것을 굳건하게 하라 내 하나님 앞에 네 행위의 온전한 것을 찾지 못하였노니"(계 3:1-2). 사데 교회는 예수님이 보시기에는 죽은 교회였습니다. 그런데 참 놀랍게도 주변에 있는 많은 사람은 '살았다'는 이름을 붙여 주었습니다.

우리 가정도 다른 사람의 눈에 다 구원받은 가정으로 보일 수 있습니다. 그러나 주님이 보실 때는 다를 수 있습니다. 어떤 가정이 정말 구원받은 가정입니까? 온 가족이 예수님을 분명하게 바라볼 때 구원받은 가정이라고 할 수 있습니다. 예수님을 바라보지 못하면 아무리 목사라도, 장로라도, 선교사라도 그 마음에 근심과 염려를 떨쳐버릴 수가 없습니다. 예수님을 바라보지 않으면 누구든 속상한 마음, 원인 모를 허탈감, 우울함, 죄책감, 신경질, 짜증, 혼란스러움에 마음이 묶여 버립니다. 이것은 온전한 구원이 아닙니다.

대한민국이 위기라고들 말합니다. 이 나라가 처한 정치, 경제, 사회, 문화 각 영역의 수많은 위기 중에서 제일 심각한 위기는 가정 안에 죄가 들어와 있는 것입니다. 가정이 무너지면 우리는 스스로 무너져 버리고 맙니다.

각종 전염병으로 전 세계 곳곳이 환난을 겪고 있습니다. 눈에 보이지 않는 세균이 얼마나 무서운지 모릅니다. 마찬가지로 우리 가정에 죄가 얼마나 무서운지 경각심을 가져야 합니다. 우리가 예수님을 바라보지 않으면 반드시 죄에 한눈을 팔게 되어 있습니다. 가정 안에 죄가 들어오면 가장 비참한 현상이 가족이 싫어지는 것입니다. 가족을 피해서 숨게 됩니다. 이 끔찍함을 아십니까?

한 남편이 혼자 집에 있으면서 음란물 웹사이트에 접속해 음란영상물을 보고 있었습니다. 그때 현관문이 열리는 소리가 들리면서 아내와 아이들이 시끌벅적 소리를 지르면서 들어왔습니다. 그 순간, 남편의 마음속에 '왜 이렇게 일찍 오는 거야?' 하는 생각이 들면서 아내와 아이들이 싫어졌다고 합니다. 얼마나 무섭습니까?

음식을 탐하는 어떤 사람은 가족 몰래 옆방에 들어가 옷장 속에서 아이스크림 한 통을 혼자 다 먹어 버렸습니다. 가족이 보는 것도 싫고, 가족과 나눠 먹기도 싫은 것입니다. 어떤 사람은 언제부터인지 모르지만 사람들을 피해 혼자 술을 마시다 보니 알코올 중독이 되었다는 사실을 깨달았다고 합니다. 또한 외도에 빠진 남녀는 자기를 알아볼 사람이 없는 곳으로 숨습니다. 이렇게 가정이 무너지기 시작하는 것입니다.

혹시 가족이 싫거나 만나기가 불편합니까? 귀찮게 여겨집니까? 심각한 문제가 생긴 것입니다. 예수님을 바라보고 있지 않기 때문입니다. 예수님을 믿고도 가족이 싫고 부담스럽다면, 부부 간에 불화하고 부모 자식 간에 갈등이 있다면 심각한 문제가 생긴 것입니다. 예수님을 무시하며 살고 있기 때문입니다.

가족은 우리가 사랑할 대상입니다. 만나면 기뻐야 하는 사람들입니다. 예수님을 바라보면 모든 것이 정상적으로 돌아옵니다. 지금 돈, 성공, 직장, 입시, 취직, 유학, 사업만 바라보면 예수님은 그 관심사에서 빠져 버리십니다. 반드시 가정에 불화가 일어나고 깨지기 시작합니다. 그러나 예수님을 바라보면 어떤 위태로운 상황에서도 가정이 하나 됩니다. 그것이 가정의 구원입니다.

예수님을 바라보지 않으면 주님도 아무 일을 하실 수가 없습니다. 성경은 언제 주님이 재림하실지 모르니 준비하고 살라고 경고합니다. "주의 날이 밤에 도둑같이 이를 줄을 너희 자신이 자세히 알기 때문이라"(살전 5:2). 도둑같이 임하시는 주님을 만나게 되는 것은 끔찍한 일입니다. 그는 구원받지 못한 사람이라는 뜻이기 때문입니다. 마음에 이미 오신 예수님을 매일 매 순간 내가 만나야 합니다. 그래야 주님이 재림하실 때 당황하지 않습니다.

데살로니가전서 5장 10절은 "예수께서 우리를 위하여 죽으사 우리로 하여금 깨어 있든지 자든지 자기와 함께 살게 하려 하셨느니라"라고 말합니다. 예수님이 우리를 위해 십자가에서 죽으신 이유는 우리가 깨어 있든지 잠을 자든지 늘 주님과 함께 살게 하시려는 것이라는 의미입니다. 그래서 24시간 예수님을 바라보는 삶을 살도록 권하는 것입니다. 예수동행일기를 쓰라고 이야기하는 것도 그 까닭입니다. 예수동행일기를 쓰는 성도님들의 일기를 읽어 보면 정말 놀랍게도 가정이 구원받고 있음을 보게 됩니다. 한 장로님이 쓰신 일기를 소개하겠습니다.

> 집안에 걱정거리가 생겼습니다. 그러던 중 "아무것도 염려하지 말고 다만 모든 일에 기도와 간구로, 너희 구할 것을 감사함으로 하나님께 아뢰라"(빌 4:6)라는 말씀이 생각났습니다. 믿음의 실험을 해보리라고 마음을 먹었습니다. 주님의 해결책이야말로 가장 정확하고 깔끔할 것이라고 생각하며 주님께 맡겼습니다. 그 문제로 걱정될 때마다 주님을 바라보며 기도를 드렸습니다. 그런데 얼마 후 정말 놀랍게 문제가 해결되었습니다. 전혀 갈등 없이 그 문제가 해결된 것을 보고 주님만이 해답임을 다시 한 번 확인하게 되었습니다.

어느 집사님은 남편과 싸우고 나서 이렇게 일기를 쓰셨습니다.

> 아주 사소한 것으로 남편과 다투게 돼요. 남편을 불편하게 하고 애

타게 했습니다. 저의 모난 부분이기도 합니다. 방향이 어떻게 흐를지 알면서도 방향을 틀지 않았습니다. 그런데 주님이 오늘 이 모습을 주님 앞에서 드라마처럼 보여 주실 것을 생각하게 해 주셨습니다. 부끄러워 얼굴을 가리며 어찌할 바를 모를 것 같습니다. 주님, 제가 다 깨닫게 해 주세요.

아이가 대인관계에 문제가 있음을 알게 되었습니다. 남편은 저 때문이라고 했습니다. 제 허물이 고스란히 아이에게 대물림되어 간다고 했습니다. 저는 남편의 말에 동의하지 못하겠다며 싸웠지만 솔직히 딸아이 모습에서 가끔 나를 볼 때가 있었습니다. 너무 괴로웠습니다. 주님도 생각나지 않고 내 자아에 충실한 하루를 보내게 되었습니다. 그러나 주님, 나의 이 쓴 뿌리를 끊어 낼 수 있게 도와주시고, 남편의 말에 진정 순종할 수 있게 도와주시고, 제게 용기를 주옵소서.

주님을 계속 바라보려고 하니까 주님이 가정의 모든 문제에 간섭해 오심을 구구절절 고백하고 있음을 알 수 있습니다. 우리 가정의 구원이 어떻게 이루어집니까? 예수님이 우리와 함께 계심을 온 가족이 알 때 이루어집니다. 그 예수님을 계속 바라보는 것이 가정의 구원입니다.

가정의 구원은 막연한 것이 아닙니다. 예수님은 우리의 가정생활을 온전하게 하시기 위해 우리 가운데 오셨습니다. 우리에게 말씀하시고, 길을 가르쳐 주시고, 능력도 주십니다. 예수님을 바라보고 믿기만 하면 예수님이 우리의 가정을 온전히 구원하십니다.

5장

예수님과 함께
삶으로 살기 시작하라

· 요 15:5

◆

내가 주님 안에 있고,

주님이 내 안에 거하시는 가정

하나님이 우리 가정에 복을 주셨다는 사실을 반드시 믿으시기 바랍니다. 한국 사회가 세계에서 가장 높은 이혼율로 큰 어려움을 겪고 있기 때문에 믿기 어려운 말씀처럼 들립니다. 그러다 보니까 가정이 복인지 잘 믿어지지 않는 것이 현실입니다. 현실은 어렵고 내 눈에 보기에는 반대로 가는 것 같지만, 더 분명한 현실은 우리가 하나님과 하나님이 주신 말씀을 믿기로 결단한 사람들이라는 것입니다. 그리고 바로 거기서부터 하나님의 역사가 일어납니다.

하나님이 주시는 말씀을 믿는 것이 얼마나 중요한지 모릅니다.

믿음을 바로 가져야 합니다. 그래야 말씀이 이루어진 삶을 살 수 있습니다. 하나님은 하나님을 잘 믿는 성도들에게 가정의 복을 약속하셨습니다.

하나님은 아브라함을 부르실 때 그의 가족과 가문과 후손에게 복을 주리라 약속하셨습니다. "내가 너로 큰 민족을 이루고 네게 복을 주어 네 이름을 창대하게 하리니 너는 복이 될지라"(창 12:2). 아브라함 한 개인에게 주신 약속이 아닙니다. 우리에게도 주신 약속입니다. 아브라함은 믿음의 조상입니다. 아브라함에게 큰 민족을 주겠다고 하신 약속에는 우리 모두가 다 포함된 것입니다.

하나님은 "나를 사랑하고 내 계명을 지키는 자에게는 천 대까지 은혜를 베푸느니라"(출 20:6)라고 말씀하셨습니다. 예수님을 믿는 자가 바로 하나님을 사랑하고 하나님의 계명을 지키는 자입니다. 그저 교회만 다니는 것이 아니라 하나님을 사랑하고 하나님의 계명을 지켜야 합니다. 힘들고 부담스러울 수 있지만 말씀을 잘 살펴보면, 하나님의 약속은 엄청납니다. "천 대까지 은혜를 베푸느니라."

자녀들뿐만 아니라 손주들, 눈으로 보지 못하게 될 후손들에게까지 우리가 무엇을 줄 수 있을까요? 우리가 하나님을 정말 사랑하고 하나님의 계명을 지키면 지금은 상상도 할 수 없는 미래의 후손들까지 하나님의 은혜를 받게 됩니다. 이것이 예수 그리스도 안에서 우리에게 허락하신 하나님의 놀라운 은혜입니다. 이 사실을 알고 나면 '내가 어떻게 해서든지 예수님을 잘 믿어야 되겠다'

라는 마음이 생깁니다. 예수님을 잘 믿는 것 하나로 하나님이 베푸신 복이 너무나 엄청난 것이기에 "예수님을 믿는 것이 힘들다. 답답하다"는 말이 싹 사라집니다. 우리 가정이 정말 예수님의 가정이 되기를 바랍니다.

그렇다면 어떻게 예수님으로 사는 가정이 될 수 있습니까? 요한복음 15장 5절은 주님은 포도나무요 우리는 가지이기에, 우리가 주님 안에 있고 주님이 우리 안에 거하시면 많은 열매를 맺을 수 있다고 말합니다. 예수님으로 사는 가정은 이 말씀이 그대로 이루어져서 가족들 모두 이 말씀 그대로 살아가는 가정을 말합니다. 다른 의미로 말하면, 이제는 내 주관으로, 내 소원으로, 내 고집으로 사는 것이 아니라, 사도 바울의 고백처럼 내가 그리스도와 함께 십자가에 못 박혔나니 이제는 내가 사는 것이 아니고 내 안에 예수님이 사시는 것입니다(갈 2:20).

우리가 빠지는 위험한 착각이 하나 있는데, 잔소리해서 가족을 변화시킬 수 있을 것이라고 생각하는 것입니다. 많은 가정이 겪는 어려움이 의외로 아주 작은 잔소리에서 시작됩니다. 부부 사이에, 부모와 자녀 사이에 말로 다 해결하고 싶어 하는 것입니다. 그런데 '이제는 내가 사는 것이 아니요 내 안에 예수님이 사신다'라는 말은 잔소리로 가족을 변화시켜야겠다는 생각을 완전히 포기하는 것입니다. 말로 고치는 것은 불가능한 일이며 오히려 역효과만 일으킵니다. 그러니 이제 '잔소리를 청산하겠다. 잔소리를 하려면 아예 말을 안 하겠다' 결심해야 합니다. 이것이 '내가 죽었다'는 말의 의미입니다. 가정의 변화를 위해서 더 이상 인간적인 노력을 하지 않겠다고 각오해야 합니다.

이 말은 조금 이상하게 들릴 수 있습니다. 가정의 변화를 위한 다면서 노력하지 않겠다니 이상합니다. 그러면 한번 생각해 보십시오. 노력해서 얼마나 효과를 봤나요? 노력해서 조금이라도 변했나요? 지치기만 하고, 원망만 더 생기고, 노력하면 할수록 힘들어졌습니다. '내가 얼마나 노력했는데 조금도 변하지 않았어' 하면서 노력한 만큼 요구가 더 많아지는 것이 현실입니다.

아무것도 하지 말고 가만히 있으라는 의미는 아닙니다. 주님과 내가 포도나무와 가지처럼 한 몸이니, 내 생각과 열심과 계획을 다 청산하라는 것입니다. 예수님으로 사는 가정을 이루기 위하여 우리가 할 일은 가족을 변화시키려고 노력하지 말고 정말 예수님을 믿는 것입니다.

◆

"나는 죽었습니다", 이 고백은
삶으로 나타나야 합니다

가정 상담을 해 보면 둘 중에 누군가가 불륜을 저질렀다든지, 의논하지 않고 큰 재정적인 손실을 봤다든지, 성격이 포악하다든지, 폭력이나 학대 등 결정적인 잘못으로 부부 관계에 위기가 생긴 경우도 있기는 합니다. 그런데 안타깝게도 좋은 일 때문에 문제가 생기는 가정도 많습니다. 예를 들면, 남편이 시부모님에게 완전히 매여 있는 경우입니다. 다른 기준으로 보면 이 남편은 친부모와의 관계가 좋은 효자입니다. 아내가 아이들밖에 몰라 문제가 되는 경우도 있습니다. 그렇지만 다른 기준으로 볼 때 엄마가 자녀들을 신경 쓰는 일을 꼭 나쁘다고만 할 수 없습니다. 남편이 바깥으로만 도는 일중독이어서 문제인 가정도 있습니다. 역시 다른 기준으로 보면 이왕 직장생활 하는 것 열심히 잘하면 좋지 않나요?

대부분 자기 생각에는 잘하고 있다고 여기는 문제로 갈등을 겪게 되니 자신의 잘못을 인정하지 못하고 따집니다. "내가 뭘 잘못했어? 나는 열심히 살았어. 나름대로 가족을 위해 최선을 다하고 있어!" 문제는 우선순위입니다. 자기가 아니라 배우자가 우선이고 가족이 우선이어야 합니다. 그러면 무엇이 문제인지 보입니다. 우선순위가 제대로 되었는지 점검하고 바로잡아야 합니다.

자기 생각과 판단이 죽어지지 않고, 예수님이 하라는 대로 순종하지 않는 사람은 자기가 무슨 잘못을 했는지도 모릅니다. 기억하십시오. 이제는 항상 내가 사는 것이 아니고 내 안에 예수님이 사시는 것입니다. "주님, 무엇을 원하십니까?" 항상 이렇게 묻는 자세로 살아야 하나님이 비로소 우리 가정을 천국 같은 가정으로 만들어 가실 수 있습니다.

가정은 결국 우리 자신이 예수님 안에서 죽지 않으면 안 된다는 것을 정확하게 보여 줍니다. 우리 신앙은 가정에서 드러납니다. 교회에서 열심히 봉사하는 집사님도 가정에 들어가면 시어머니와 갈등이 있습니다. 그렇게 기도 많이 하시고 봉사도 많이 하시는 권사님이 며느리에게는 이상하게 까다롭습니다. 교회에서 아무리 잘해도 진짜 믿음은 가정생활에서 드러납니다. 아무리 직장에서 사람들이 "유능하다", "성실하다", "책임감 있다"고 이야기해도 우리의 진짜 모습은 가정에서 드러나기 마련입니다. 가정이 가장 어려운 자리입니다.

가정생활을 어렵게 만드는 것은 우리 자아입니다. 에베소서 5-6장은 "아내들이여 자기 남편에게 복종하기를 주께 하듯 하라"(엡 5:22), "남편들아 아내 사랑하기를 그리스도께서 교회를 사랑하시고 그 교회를 위하여 자신을 주심같이 하라"(엡 5:25), "자녀들아 주 안에서 너희 부모에게 순종하라 이것이 옳으니라"(엡 6:1), "아비들아 너희 자녀를 노엽게 하지 말고 오직 주의 교훈과 훈계로 양육하라"(엡 6:4)라고 말하며 가정생활에 대해 이야기합니다.

하나님은 각 말씀을 읽어야 하는 대상을 정확하게 정해 주셨습니다. 그런데 우리는 자기가 읽어야 할 대사는 안 읽고 상대편의 대사만 읊어 댑니다. 남편은 아내 것만 읽고, 아내는 남편 것만 읽습니다. 성경을 읽으면서 '이 사람이 예수님을 믿기는 하는 거야?' 하며 화가 납니다. 그것이 우리의 자아입니다. 하나님의 은혜로운 말씀, 가정을 살리는 말씀을 읽고 나서 가정이 오히려 더 어려워집니다. 자아가 죽지 않으면 하나님의 은혜가 부어지고 말씀이 주어져도 아무 소용이 없습니다.

죽지 않은 자, 철저히 자기중심적인 사람을 괴롭히는 대상은 가족이 아니라 자기 자신입니다. 끊임없이 나를 만족시켜 달라는 욕망이 가족들을 힘들게 합니다. 예수님을 만나 행복해지고 나면 더이상 가족에게 무엇인가를 끊임없이 요구하지 않게 됩니다. "나는 죽었습니다"라고 고백할 때 자기도 살고 가족도 삽니다.

하나님은 우리에게 가정을 완전히 구원하고 치유할 분명한 길을 주셨습니다. 모르는 것이 아닙니다. 그러나 말씀을 아는 것에 그치지 않고 말씀대로 사는 것이 핵심입니다. 어떤 분은 "목사님, 죽는 것이 진짜 힘듭니다"라고 말합니다. 죽는 것이 힘든 이유는 죽으려고 노력하기 때문입니다. 성경이 말하는 죽음은 죽으려고 노력하는 것이 아니라 믿는 것을 뜻합니다. 내가 이미 죽었다는 사실을 믿는 것입니다.

"이와 같이 너희도 너희 자신을 죄에 대하여는 죽은 자요 그리스도 예수 안에서 하나님께 대하여는 살아 있는 자로 여길지어다"(롬 6:11). 그냥 받아들이라는 것입니다. 죽는 것이 믿음의 문제라면 지금 바로 해결될 수 있습니다. "주님, 제가 받아들일게요. 제가 죽었습니다." 그러면 더 이상 노력하지 않게 됩니다. 단지 믿을 뿐입니다. 내가 죽었음을 받아들이면 더 이상 잔소리하거나 다른 사람에게 무언가를 요구하지 않게 됩니다.

우리는 예수님을 믿을 때 이미 죽음으로 처리된 사람입니다. "우리가 항상 예수의 죽음을 몸에 짊어짐은 예수의 생명이 또한 우리 몸에 나타나게 하려 함이라"(고후 4:10). 우리가 죽음을 몸에 짊어질 때, 그때 비로소 예수님으로 사는 가정이 될 수 있습니다. 그때 비로소 요한복음 15장 5절 말씀이 그대로 이루어집니다. 주님은 포도나무요 나는 가지로서, 나는 주님 안에 거하고 주님은 내 안에 거하시는 삶을 살게 됩니다. 그러다 보면 어느 날 갑자기 열매가 맺힙니다. 그렇게 가정이 변화되는 것입니다. 우리가 노력해야 할 일이 있다면, 내가 죽었음을 진짜 믿고, 내가 예수님 안에 거하는 것을 분명히 하는 것입니다. 그다음부터는 주님이 하십니다.

유명한 건설 회사 전무이신 한 장로님이 아주 젊어서부터 교회를 다녔습니다. 그런데 성격이 까다로웠습니다. 신경이 예민해 이마에 항상 '내 천'(川) 자가 그려져 있었습니다. 취직을 했는데 1년 반 만에 12명의 입사 동기 중에 자기만 진급에서 탈락했습니다. 퇴근해서 장로님은 교회로 갔습니다. 퇴근하고 집에 갈 마음이 없었기 때문입니다. 아무도 없는 예배당에 들어가 앉아 하나님 앞에 소리를 지르고 기도했습니다. "나는 당신에게 충성을 다했는데 당신은 나에게 뭘 해 주었습니까!" 그때 주님의 음성을 들었습니다. "네가 언제 나에게 충성했냐? 네 마음속에는 승진과 출세만 가득 찼어. 언제 네 마음을 열고 내가 들어가서 역사할 수 있도록 했느냐?" 너무 놀란 그는 예배당에 무릎을 꿇고 펑펑 울었습니다.

하나님 앞에서 충성했다는 것은 그저 교회 다니고, 봉사하고, 십일조 헌금했다는 것이지, 진짜 마음을 열고 예수님을 영접한 것은 아니었습니다. 예수님이 마음의 주인이 되신 것은 아니었습니다. 그제야 깨달은 장로님은 정말 간절히 원했습니다. "주님, 저 이제 출세나 승진 안 해도 좋습니다. 제가 원하는 것은 오직 제 마음 한가운데 주님이 들어오셔서 역사해 주시는 것입니다."

그렇게 하나님께 고백한 후 사람이 완전히 달라졌습니다. 직장에서 혼자만 진급에서 탈락한 것도 감사하게 받았습니다. 동료들과도 관계가 좋아졌습니다. 이 모든 일이 딱 하나, 믿으니까 이루어진 일입니다. 무엇보다 가족들이 얼마나 행복해했는지 모릅니다. 장로님은 마음 한가운데 주님을 모신 지 24년이라는 세월이 흐른 뒤 선후배를 총망라해 제일 빨리 출세한 사람이 되었습니다.

하나님은 우리의 문제를 얼마든지 해결할 수 있는 완벽한 길을 열어 주셨습니다. 기도를 간절히 하는 것도 중요합니다. 그러나 무엇보다 먼저 살필 것은 '내가 요한복음 15장 5절 말씀대로 진짜 사는가?'입니다. 이것 하나에 목표를 두면 승진이나 출세, 명예를 구한 것도 아닌데 주님이 쓰셔야 될 일이 있으면 쓰십니다. 게다가 내가 원해서 된 것이 아니기에 교만하거나 실족하지 않게 됩니다.

요한복음 15장 5절 말씀이 우리 심령과 가정에 온전히 이루어지기를 원합니다. 듣고 아는 말씀이 아니라 진짜 살아 내는 말씀이 되기를 원합니다. 가정의 복은 천 대의 은혜가 약속된 것입니다. 주님은 우리에게 "너희 가정에 내가 복을 줄 거야. 가정 문제를 해결해 줄게. 내 안에만 거해. 이제는 나만 믿어"라고 말씀하십니다. 그 주님 앞에 "제가 그렇게 하겠습니다"라고 고백하십시오.

부부 사이에서, 부모와 자녀 사이에서 내가 예수님을 믿는 사람임이 확정되기를 원합니다. 이제는 더 이상 자신의 노력과 요구, 판단과 분노의 수렁에서 헤매지 않고 진짜 주님을 믿어야 합니다. 나의 죽음을 선포하고 죽음을 받아들이십시오. 배우자를 향해, 부모님을 향해, 자녀를 향해 나는 이미 죽었음을 선포하십시오. 주님이 나에게 죽음을 허락해 주신 것을 감사합시다. 주님과 함께 죽을 수 있어서 감사합시다.

2부

예수로 살아야
가정이 행복하다

6장

가정에 십자가의 용서와
은혜가 넘치게 하라

• 창 50:14-23

◆

끊임없이 용서하면서
가족이 되어 갑니다

우리 가정에 꼭 하나만 있어야 한다면 두 번 생각할 것 없이 '은혜'입니다. '예수님의 가정'이라는 말의 의미를 풀어 보면 '가정에 은혜가 있다'는 뜻입니다. 가정에 은혜가 있으면 예수님의 가정입니다. 가정에 은혜가 없으면 예수님의 가정이 아닙니다.

은혜가 무슨 뜻일까요? 은혜의 핵심은 '용서', 더 정확히 말해 '십자가의 용서'입니다. 그러므로 그리스도인의 가정, 예수님이 친히 이끄시는 가정, 주님과 함께 사는 가정을 한마디로 하면 용서하고, 또 용서하고, 또 용서하고, 또 용서하며 사는 가정입니다. 누군가가 "여러분의 가정에 은혜가 충만하기를 원합니다"라고 하나님의 복을 빌어 드릴 때 그 말은 우리 가정에, 남편과 아내 사이에, 부모와 자녀 사이에, 형제자매 사이에 끊임없이 용서와, 용서와, 용서가 있기를 원한다는 뜻입니다. 은혜의 핵심은 용서입니다.

그런데 왜 가정에 은혜와 용서가 있어야 할까요? 가정이 가장 용서가 필요한 곳이기 때문입니다. 용서가 필요 없는 가족은 한 사람도 없습니다. 남편도, 아내도, 부모도, 자녀도 용서가 필요합니다.

제 아버님은 모든 사람으로부터 성자라는 소리를 들으셨는데, 사람들이 어머님께 이 성자 같은 분하고 같이 살아서 정말 좋겠다고 하면 어머님은 하늘을 쳐다보며 "하나님은 아십니다" 하셨습니다. 저는 어머님이 그 말을 하실 때마다 아들로서 좀 속상했습니다. "그렇죠, 참 좋아요" 이렇게 말씀해 주시면 좋지 않습니까? 마치 뉘앙스가 아버님이 굉장히 나쁜 분처럼 느껴져서 불편했습니다.

그런데 이제 나이가 좀 들어 보니 어머님의 마음이 이해가 됩니다. 왜냐하면 아버님이 성자처럼 성격이 온유하시고, 어려운 사람 도와주는 것 좋아하시고, 화를 내시거나 목소리 한 번 크게 내신 적이 없지만 겉으로 드러나지 않는 모든 죄성과 연약함을 어머님이 다 아셨기 때문입니다. 그러니 어머님은 어머님대로 속상하셨을 것 같습니다.

이 세상에 용서가 가장 필요한 곳은 교도소일까요? 아닙니다.

가정입니다. 가정만큼 한 사람의 진짜 모습을 보여 주는 곳이 없습니다. 그리고 부부만큼 상대가 자신의 모든 것을 알고 있는 관계도 없습니다. 심지어는 자기도 모르는 자신의 모습을 배우자가 아는 경우도 많습니다. 결혼하고 나서 배우자가 변했다고 속상해하는 분이 있는데, 결코 변한 것이 아닙니다. 결혼하기 전에는 볼 수 없었던 진짜 모습을 본 것입니다. 그래서 함께 사는 사람이 괴로운 것입니다. 배우자가 가지고 있는 모든 문제, 연약함, 죄성을 끌어안고 같이 살아야 하기 때문입니다.

이처럼 가족이 함께 사는 것은 사실 하나님이 우리에게 주신 엄청난 복인데, 대가 지불이 심각하게 큽니다. 나 자신이 가지고 있는 육신적인 죄성이 사랑하는 가족에게는 그대로 고통이 되고 짐으로 느껴지기 때문입니다. 그래서 하나님이 우리가 가족으로 살게 하실 때 반드시 필요하다고 주신 것이 용서의 은혜입니다. 끊임없이 상대방의 연약함과 문제를 용서하면서 가족이 되는 것입니다. 만약 어느 순간부터 용서하지 않겠다고 하면 더 이상 가족이 될 수가 없습니다. 완벽한 사람이 되지 않는 이상 가정을 꾸릴 수가 없게 되는 것입니다.

미국의 유명한 부흥 전도사 빌리 그레이엄(Billy Graham) 목사님이 텍사스에서 집회를 할 때 한 신문 기자가 목사님의 아내에게 물었다고 합니다. 당시 목사님은 1년 365일 집회를 다녔고, 아내 혼자 5남매를 길렀습니다. 미국 사회에서 이런 경우는 이혼감입니다. 기자가 이혼하고 싶은 생각은 없었냐고 짓궂게 질문하자 아내가 이렇게 답했답니다. "저는 절대로 이혼할 생각은 안 했습니다. 죽이고 싶었던 적은 몇 번 있었지만." 뼈 있는 농담을 한 것입니다. 빌리 그레이엄 목사님 같은 분도 아내 입장에서 볼 때는 용서가 필요한 분인 것입니다.

하나님이 가정을 주신 것은 용서를 명령하신 것입니다. "이제부터 한 남자(여자)의 진짜 모습을 보게 될 텐데 그때 끊임없이 용서하고 사는 거야. 그때 '속았다', '변했다' 하면 안 돼. 용서해." 그렇게 해서 부부가 부부로 살아가는 것입니다. 아이를 낳았다는 말은 한 걸음 더 나아갑니다. 이제부터는 한도 없는 용서를 하고 사는 삶을 각오해야 합니다. 아이를 낳았으면 용서하고, 용서하고, 또 용서하면서 길러야 하는 것입니다. 그러다 자녀도 철이 들면 이제는 부모를 끊임없이 용서해야 합니다.

마태복음 18장 21절에서 베드로는 예수님께 질문했습니다. "주여 형제가 내게 죄를 범하면 몇 번이나 용서하여 주리이까 일곱 번까지 하오리이까." 일곱 번 용서하는 것은 결코 적은 숫자가 아닙니다. 실제로 누구를 일곱 번까지 용서하기란 정말 어렵습니다. 한 번, 두 번은 큰마음 먹고 용서할 수 있지만, 세 번까지 똑같은 죄를 지으면 더 이상 그 사람을 상종하고 싶지도 않게 됩니다. 하물며 똑같은 죄를 일곱 번씩이나 용서했다고 한다면 거의 바보 소리를 듣는 수준입니다.

그런데 예수님은 일곱 번을 일흔 번까지라도 용서하라고 말씀하셨습니다(마 18:22). 예수님의 말씀은 490번이나 용서하라는 의미가 아니라 완전수의 곱이므로 "언제든지, 얼마든지 용서하라"
는 뜻입니다. 하지만 단순히 숫자적으로만 계산해도 490번 잘못
해도 용서하고, 또 잘못해도 용서하는 일이 쉽습니까? 그러니까
이 말씀이 어디에 적용되어야 할까요? 가정입니다. 직장에서는
490번씩이나 용서할 일이 없습니다. 그 정도쯤 되면 본인이 퇴
사하든지 상대방이 퇴사합니다. 490번까지 용서하고도 계속해서
친구일 사람은 없습니다. 더 이상 만나지 않습니다. 490번씩이나
계속 용서할 인간관계는 부부 관계입니다. 부부는 '이제 영원히
용서하고 살아야 한다'는 마음을 먹고 살아야 하는 것입니다. 더
이상 용서할 수 없다면 부부가 아닙니다.

야곱은 믿음의 조상으로서, 아들들이 다 하나님을 믿었습니다.
그런데 알고 보면, 야곱의 가정은 끔찍한 가정입니다. 정상적으로
보면 이 가정은 아내가 넷이기에 넷으로 쪼개져야 합니다. 배다른
어머니 밑에서 태어난 형제들이 결국 한 일이 무엇입니까? 시기
심 때문에 형제 요셉을 죽이자고 나선 것이었습니다. 이것이 믿음
의 조상인 야곱의 집안에 일어난 일입니다. 그러니까 우리 가족이
다 하나님을 믿는다고 안심할 문제가 아닙니다. 우리 가족이 다
교회를 다닌다고 천국 같은 가정도 아닙니다.

야곱이 죽었습니다. 요셉의 형들은 두려워졌습니다. 자기들이
죽이려고 했던 요셉이 애굽의 총리가 되었기 때문입니다. 아버지
가 살아 계실 때는 꾹 참고 자기들을 살려 두었지만 이제 아버지
가 돌아가셨으니 틀림없이 복수할 것이라는 생각이 들었던 것 같

습니다. 요셉이 이미 형들을 용서한다고 했는데도 말입니다.

그래서 그들은 아버지의 장례식을 마친 후에 요셉을 다시 찾아와서 "아버지가 우리를 용서하라고 하지 않았냐? 우리를 용서해라"라고 말했습니다. 그러자 요셉은 울었습니다. 요셉의 눈물에는 두 가지 의미가 있을 것 같습니다. 자기를 믿지 못하는 형들이 너무 불쌍해서일 수도 있고, 과거의 아픈 상처가 생각나서일 수도 있겠습니다. 요셉은 형들에게 두려워하지 말라고 말하면서 다시 한 번 용서를 확인시켜 주었습니다(창 50:20-21). 성경을 보면 요셉이 형들을 간곡한 말로 위로해 주었다고 기록되어 있습니다.

요셉의 가정이 산 것입니다. 그렇지 않았다면 벌써 다 갈라졌거나 피비린내 나는 끔찍한 일이 벌어졌을 것입니다. 정말 찢길 대로 찢긴 가족이었습니다. 그런데 요셉은 용서를 통해 하나님이 온 세계를 구원하실 이스라엘 민족을 이루었습니다. 바로 이 가문이 예수님이 태어나신 가문입니다. 요셉이 그때 형들을 용서한 이 사건 때문에 야곱은 믿음의 조상이 되었고, 예수님은 그 가문의 후손에서 탄생하시게 되었습니다. 한 가문이 뒤바뀌는 일이 한 사람의 용서로 일어난 것입니다.

혹자는 "목사님, 내가 애굽의 총리가 되는 엄청난 역사가 일어나면 얼마든지 품을 수 있을 것 같아요. 그런데 나는 그런 복을 받지도 않았는데 왜 품기만 하라고 하십니까?"라고 물을지 모릅니다. 그런 말을 하면 하나님이 섭섭하다 하실 것입니다. 애굽의 총리가 되는 것이 대단한 일이기는 하지만 우리는 하나님의 자녀가 되지 않았나요? 예수님이 우리 안에 오셔서 우리와 한 몸이 되셨습니다. 무엇이 더 큰 은혜입니까? 그 이해할 수 없는 십자가 은혜를 받은 사람은 품지 못할 사람이 없고 치유 안 될 상처가 없습니다. 하나님의 은혜는 우리 가정의 모든 문제를 해결할 수 있는 은혜입니다. 그런 은혜를 우리가 이미 받은 것입니다.

◆

우리 가정에 어떻게 하면 용서의 은혜가
충만할 수 있을까요? 십자가입니다

용서의 사건은 정말 힘들고 고통스러운 일입니다. 남의 이야기일 때는 잘 모르지만 막상 자신의 구체적인 문제가 되면 밤잠을 설치고 피눈물이 흐릅니다. 그런데 우리는 반드시 기억해야 합니다. 용서가 은혜이고, 용서의 은혜가 성도의 가정을 복되게 만든다는 사실 말입니다.

가족 사이의 용서는 회개하지 않았는데도 용서하는 것입니다. 우리는 흔히 용서 문제와 관련해서 '회개했는가, 안 했는가'라는 문제를 굉장히 중요하게 따집니다. 가족들 사이에 회개했으면 용서하지만 회개하지 않아서 용서할 수 없다면 더 이상 가족이 아닙니다. 하나님은 우리가 회개했기 때문에 용서하셨나요? 예수님을 믿고 은혜 받고 눈이 뜨여서 하나님 앞에 회개한 것이지, 그전에는 완악할 대로 완악한 상태였습니다. 회개하기 전에 이미 용서를 받은 것입니다. 바로 이러한 용서가 가족들에게 필요합니다.

만약 회개하지 않으면 절대 용서할 수 없다고 한다면 가족 중 누군가를 용서할 기회를 영영 놓칠 수도 있습니다. 그 사람이 회개하지 않으면 어떤 일이 벌어집니까? 잘못한 그가 용서받지 못한 채로 하나님 앞에 가서 서게 되든지, 내가 용서하지 못하고 하나님 앞에 가서 서게 됩니다. 얼마나 끔찍한 일인가요? 예수님을 믿는 우리에게는 미워하는 것도 죄입니다. 용서하지 않는 것이 죄입니다.

우리 가정에 어떻게 하면 용서의 은혜가 충만할 수 있을까요? 답은 하나입니다. 용서를 의무라고 생각하면 못합니다. 용서를 노력해서 하려고 하면 못합니다. 그것은 우리의 본성을 거스르는 일입니다. 저절로 되어야 용서입니다. 어떻게 저절로 용서될 수 있나요? 단 하나, 자신이 십자가의 넘치는 은혜 안에 있는 것입니다.

언젠가 제가 하나님 앞에 반복해서, 습관적으로 짓는 죄 때문에 정말 눈물로 회개하며 기도한 적이 있습니다. 그때 제일 어려운 일은 하나님이 또 용서해 주실 것이라는 확신이 생기지 않는 것이었습니다. '도대체 하나님께 용서해 달라고 말한 게 몇 번째야!' 하면서 낙심이 되었습니다. 정말 하나님이 용서해 주시지 않을 것 같았습니다. 이제는 하나님도 포기하셨을 것 같았습니다. 그런데 그때 참 놀랍게도 주님이 저에게 정말 잊을 수 없는 응답을 주셨습니다. "내가 너를 사랑한다." 믿어지지 않는 말씀이 아닙니까? 그러고는 덧붙이셨습니다. "너도 이처럼 다른 사람을 용서해라."

저는 그제야 하나님이 나를 용서하셨다는 것이 믿어졌습니다. 하나님이 왜 나를 이렇게까지 용서하셨는지를 정확히 알았기 때문입니다. 제가 하나님 앞에 올바르게 서고 싶다고, 바로 살고 싶다고 기도했는데도 그처럼 반복해서 무너진 이유를 알았습니다. 하나님의 뜻은 제가 다른 사람의 허물을 용서할 수 있게 하시려는 것이었습니다. 하나님의 또 하나의 계획이었던 것입니다.

하나님은 우리가 다시는 습관적인 죄, 은밀한 죄를 짓지 않고 깨끗하고 반듯하게 살기를 원하십니다. 그러나 하나님이 걱정하시는 것이 있습니다. "나는 깨끗하게 사는데 왜 너는 더럽냐? 나는 잘했는데 왜 너는 못하냐? 나는 너하고는 상종을 못하겠다. 어떻게 사람이 그럴 수가 있어?" 이처럼 자기가 바로 살았다고 다른 사람을 정죄하고 판단하는 바리새인 같은 사람이 되는 것입니다.

하나님이 저에게 원하신 것은 바로 정결하게 사는 것이었습니다. 그러나 동시에 잘못하는 사람, 연약한 사람, 무너지는 사람을 용서하는 사람이 되는 것이었습니다. 우리가 용서하면 상대방이 살 뿐만 아니라 자신이 삽니다. 그것이 가정이 사는 길입니다.

도무지 용서할 수 없는 고비가 있습니다. 그때 필요한 것은 "주님, 저는 죽었습니다. 예수님이 제 생명이십니다"라는 고백입니다. 용서하려고 노력하는 것조차도 하나님의 역사를 가로막을 수 있습니다. 그러므로 이 믿음의 고백을 하면서 나아가면 어느 순간 내가 할 수 없는 그 일을 주님이 해 주십니다. 그리고 모두가 삽니다. 십자가의 사건은 우리 모두를 살립니다. 도저히 용서가 안 되는 경우는 주님과의 관계에 문제가 있는 것이지 세상없이 나쁜 배우자 때문만은 아닙니다. 배우자, 부모, 자녀 사이에 상처받은 것, 저주받은 것을 스스로 풀려고 노력하기보다 주님과의 관계에 더 깊이 들어가야 합니다. 능력이 거기서부터 흘러나오기 때문입니다.

하나님은 우리에게 용서하라고 하십니다. 먼저 풀라고 하십니다. 상대방이 나에게 어떻게 하는지와 상관없이 그로 인해서 마음이 상하고 고통을 겪고 있다면 주님의 십자가로 용서하기 바랍니다. 중보자가 되어 "하나님, 용서하기 원합니다. 우리 가정에 용서가 충만하기를 원합니다" 기도하십시오.

우리 안에 있는 상처와 아픔을 해결해 주실 수 있는 분은 오직 한 분, 주님뿐이십니다. 내가 받은 상처와 마음의 응어리, 내 속에 있는 암 덩어리같이 딱딱하게 굳어진 마음은 독생자 예수님의 사랑으로만 풀어질 수 있습니다. 우리의 심령에 성령이 불과 같이 역사하셔서 다 풀어지게 하십니다. 남편에게, 아내에게, 부모와 자녀에게 상대가 어떤 반응을 보이든지 상관없이 우리는 주님의 십자가를 그대로 닮아서 주님의 십자가 사랑으로 그들 속에 파고 들어가야 합니다. 성령의 놀라운 능력으로 그 역사가 반드시 일어납니다.

주의 사랑으로 더 다가가고, 십자가의 은혜로 덮을 때 나도 살고, 가정도 살고, 두고두고 하나님이 축복하시는 역사가 가정 안에 일어나게 됩니다. 우리 가정에 사랑의 기적, 용서의 기적이 일어나기를 바랍니다.

다시 말하지만, 가족들을 잔소리로 변화시켜서 가정이 잘되는 일은 없습니다. 배우자와 자녀나 부모님이 변화되게 해 달라고 간절히 기도합니다. 그런데 그 기도의 대부분은 응답이 잘 안 됩니다. 왜냐하면 하나님이 역사하시는 구조가 아니기 때문입니다. 우리가 하나님 앞에 가족의 변화를 위해서 기도할 때는 가장 먼저 내가 주님 안에 거하고 주님의 말씀이 내 안에 거하는지부터 점검해야 합니다. 그리고 '내 이름으로 무엇이든지 내게 구하면'이 기도 응답의 조건입니다. 지금 가족을 변화시키려고 애만 쓴다면 그 속에 은혜도, 용서도 없습니다.

◆

가정 안에 풍랑이 일어날 때
십자가 은혜가 반드시 필요합니다

배우자 중에 어떤 사람이 좋은 사람입니까? 결혼정보회사 광고를 보면, 머리숱이 많은 데다가 머리카락이 까맣고, 동안이고, 피부도 탱탱하고, 이목구비가 뚜렷하고, 집안도 좋고, 몸매도 날씬하고, 좋은 차 타는 이미지로 나오지 않나요? 대부분의 사람들이 이상적인 결혼 대상자를 그런 식으로 그려 본다고 합니다.

그런데 사람들은 장례식장에 둘러앉아 고인에 대해 말할 때 고인이 머리숱이 많았다거나 피부가 탱탱했다거나 집안이 좋았다는 이야기는 잘 안 합니다. "그분은 참 좋은 사람이었습니다. 사랑이 많았습니다. 정말 믿을 만한 사람이었습니다"라고 말합니다. 광고에서 본 것과 실제는 많이 다릅니다. 우리는 이 착각에서 빨리 벗어나야 합니다. 어떤 배우자가 정말 좋은 사람일까요? 용서할 수 있는 능력이 있는 사람이 가장 좋은 배우자입니다. 그 사람이 은혜의 사람입니다.

살다 보면 누군가에 대해서 평가를 할 일이 생깁니다. 그때 사람을 평가하는 가장 좋은 기준은 '얼마나 다른 사람을 품을 수 있느냐?'입니다. 하나님 앞에서 우리 가정을 위해서 기도할 때 나 자신이 정말 좋은 사람이 되게 해 달라고 기도하십시오. "하나님, 제가 좋은 사람 되게 해 주세요. 이 가정에서 저 하나 바뀌면 됩니다. 제가 은혜의 사람, 용서의 사람이 되게 해 주세요."

사실 이 기도는 배우자나 자녀를 위해서 특별히 무엇을 구한 것 같지는 않은데 사실은 모든 것을 얻는 기도입니다. 하나님이 역사하시기 가장 좋은 기도 구조 속에 들어 있기 때문입니다. 진심으로 주님 앞에 기도하면 하나님이 구하지 않은 것까지 다 주십니다.

요셉의 형들은 겉으로는 용서를 구했지만 진정으로 자기들의 죄를 뉘우친 것 같지는 않습니다. 이것이 우리가 마주하게 되는 현실이기도 합니다. "요셉에게 말을 전하여 이르되 당신의 아버지가 돌아가시기 전에 명령하여 이르시기를 너희는 이같이 요셉에게 이르라 네 형들이 네게 악을 행하였을지라도 이제 바라건대 그들의 허물과 죄를 용서하라 하셨나니"(창 50:16-17). 형들에게서 진심이 느껴지지 않습니다. "아버지가 돌아가셨어도 우리를 용서하는 것 잊으면 안 돼!" 이런 식으로 나오니 형들이 진정으로 회개했다고 볼 수 있을까요? 그런데 요셉은 깨끗하게 형들을 용서했습니다.

용서는 하나님의 은혜를 체험한 사람만 할 수 있습니다. 하나님의 은혜와 가족들이 자기에게 준 상처를 나란히 놓고 보면 비교가 안 되는 것입니다. 요셉도 마찬가지였습니다. 기가 막힐 정도로 고통스러운 세월을 보내면서 정말 놀라운 하나님의 은혜를 체험했습니다. 하나님이 함께하시고, 위기 때마다 도와주시고, 지혜를 주셔서 모든 일이 극적으로 잘된 것입니다. 전적인 은혜였지, 요셉이 하나님께 특별히 잘했기 때문이 아니었습니다. 그런데도 하나님은 요셉을 특별히 지켜 주시고 함께해 주셨습니다.

요셉은 '하나님이 어째서 나 같은 자에게 은혜를 주시나!', 이 사실을 총리가 되고 난 뒤에 깨달았습니다. 하나님이 7년 대기근이 올 때 가족들을 다 구원하라고 하신 일이었음을 알게 된 것입니다. 그래서 형들을 용서해 줄 수 있었습니다.

성도의 가정도 야곱의 가정처럼 바다에서 폭풍을 만나고 당장이라도 배가 뒤집힐 것같이 요동칩니다. 이 점에서는 세상 사람들과 다를 바가 없습니다. 그런데 많은 그리스도인이 자신의 가정이 풍랑을 만난 상황을 부끄러워합니다. 부부 사이에, 부모에게, 자녀에게 문제가 생기고, 부부 싸움이 일어나고, 이혼의 위기가 찾아올 때 알려질까 두려워 감추려고만 합니다.

그런데 그것은 부끄러운 일이 아닙니다. 가정은 우리가 사는 세상의 축소판입니다. 이 세상은 타락했기에 온갖 죄악과 재난이 계속해서 일어납니다. 우리가 세상 사는 동안, 예수님을 믿고도 어쩔 수 없이 겪게 되는 일입니다. 진짜 부끄러운 일은 십자가의 용서가 없는 것입니다.

가정 안에 풍랑이 일어날 때 십자가가 반드시 있어야 합니다. 그러면 가정이 건짐을 받습니다. 그런데 가족 중 누구도 십자가를 지려고 하지 않는다면, 그처럼 부끄러운 일이 없습니다. 교인들 가정 안에서도 돈 문제로 인해서 원수가 되는 경우를 많이 봅니다. 한쪽에서는 손해 본 것을 어떻게든지 되돌려 달라고 하고, 한쪽은 도무지 갚을 능력이 없는 상황에 있습니다. 용서하고 받아들이는 수밖에 없는 상황임에도 받아들이지를 못하고 용서하지 못합니다. 돈 문제가 관계되니까 아무것도 귀에 들어오지 않는 것 같습니다.

결국 세상 법정까지 가서 싸우고 완전히 돌이킬 수 없는 지경까지 가서 가정은 깨어지고 둘 다 망가지게 됩니다. 십자가의 용서로 가족을 대하지 못하는 것이 사실 풍랑을 만난 것보다도 더 부끄러운 일입니다.

매우 방탕하게 살았던 한 남자 성도님이 감사하게도 자신의 죄를 깨닫고 회개하게 되었습니다. 아내에게 잘못했다고 용서해 달라며 돌아왔습니다. 그런데 문제는 아내 집사님이 확인도 해 보지 않고 무조건 믿을 수 없다면서 남편을 받아 주지 않는 것입니다. 저에게도 한두 번 그런 것이 아니니 절대로 속지 말라고 했습니다. 집사님은 끝까지 남편을 받아 주지 않았습니다. 그리고 남편이 옛날 성질이 이따금 나오면 마치 기다렸다는 듯이 "그것 봐. 안 변했어. 이 사람 절대 안 변했어!"라고 말했습니다. 옆에서 보기가 참 안타까웠습니다.

우리가 예수님을 믿고 받은 은혜가 무엇인지를 잊어버린 것입니다. 우리가 예수님을 믿었다는 것은 주님의 십자가로 지옥에 갈 우리가 용서받고 하나님의 자녀가 되는, 있을 수 없는 은혜를 받은 것입니다. 이 사실을 정말 믿는다면 반드시 가족들을 십자가의 용서로 대해야 합니다. 이것이 가족을 풍랑에서 건지시는 하나님의 방법입니다.

우리가 가정에서 겪는 최악의 상황이 무엇인지 아십니까? 부모의 사랑을 받지 못하거나 심지어 학대를 당했거나, 배우자가 일찍 죽었거나 바람을 피웠거나, 자녀가 방황하거나 부모보다 일찍 세상을 떠난 일들은 정말 끔찍한 상황이고 너무나 고통스러운 일이지만 그래도 최악은 아닙니다. 가장 최악의 상황은 하나님 앞에 갔을 때 "너는 십자가의 은혜로 용서받고 구원받아 놓고 가족에게조차 그 십자가의 용서를 베풀지 못했느냐?"는 말씀을 듣는 것입니다.

그러니까 우리가 항상 기억해야 하는 것은 하나님 앞에 섰을 때 내가 어떤 평가를 받을 것인지를 염두에 두고 지금을 살아야 하는 것입니다. 도무지 참을 수가 없는 상황에서도 하나님 앞에 설 때를 생각해야 합니다. 그때 하나님께 "너 정말 잘했다", 이 말씀을 들으려면 지금 어떻게 해야 할지 분별해야 합니다. 바로 십자가를 지는 것입니다. 그러면 가정 안에 하나님의 역사가 일어납니다. 오직 그 길밖에 없습니다.

예수님을 믿는 우리가 자기 십자가를 지고 주님을 따르는 일이 가정 안에서 일어나야 합니다. 이 일은 당장은 억울한 것 같고, 바보 소리 듣는 것 같고, 초라해지는 것 같아도 하나님 앞에 섰을 때는 정말 말할 수 없는 기쁨을 안겨 줄 것입니다.

◆

용서한 다음에는
한 몸 되어 거룩해지는 것입니다

십자가 복음은 단순히 용서만이 아닙니다. 우리 가정에 십자가가 세워졌다는 것은 가족이 무슨 일이 있어도 한 몸이라는 것입니다. 요셉은 "형들을 용서했으니 이제 알아서 가세요. 복수는 하지 않을 테니 다시는 얼굴 보고 살지 맙시다" 하지 않았습니다. 사실 용서해 준 것만도 대단한 일이지 않나요? 그런데 요셉은 형들의 죄를 용서했을 뿐만 아니라 그들과 함께 살았고 온 가족을 책임졌습니다. 끝까지 "우리는 하나입니다. 헤어질 수 없습니다" 한 것입니다. 이것이 십자가의 능력입니다. 사실 용서까지는 어떻게 한다 하더라도 한 몸 되는 일은 도무지 감당하지 못하는 것이 우리입니다.

십자가 복음의 능력은 단순히 하나님이 우리를 용서하신 것이 아니고 우리와 한 몸이 되신 것입니다. 두 가지는 비슷하지만 똑같지 않습니다. 하나님은 우리를 용서하셨을 뿐만 아니라 우리와 한 몸이 되셨습니다. 그 증거로 세례식과 성찬식을 주셨습니다. 예수님이 우리 안에 오셨습니다.

하나님은 이 놀라운 복음의 능력이 그대로 가정 안에 이루어지게 하셨습니다. 결혼에 대한 하나님의 진짜 뜻은 사도 바울이 이야기한 대로, 한 몸 되는 것입니다. 결혼한 두 사람은 이제 한 몸입니다. 어떻게 남편과 아내가 한 몸이 됩니까? 어떻게 예수님과 우리가 한 몸입니까? 십자가에서 예수님이 우리 안에 오시고 우리가 예수님 안에 거하면서 한 몸이 되는 놀라운 기적이 일어났습니다. 우리가 그 사실을 믿는 것을 '복음을 믿는다'고 합니다.

똑같은 역사입니다. 한 남자와 한 여자가 부부가 되는 것을 통해서 하나님이 우리에게 보여 주셨습니다. 이것이 십자가입니다. 그래서 아내는 남편에게 예수님께 하듯이 순종하는 것이고, 남편은 아내를 예수님이 하시듯 사랑하는 것입니다. 순종과 사랑은 계명이 아닙니다. 한 몸 된 것을 지켜 내는 하나님의 지혜입니다. 순종하고 사랑하려면 반드시 십자가를 져야 합니다. 아내가 져야 하는 십자가가 순종이고, 남편이 져야 하는 십자가가 사랑입니다. 그러면 그 가정은 남편과 아내가 한 몸이 된 구원받은 가정입니다.

만약 부부 사이에 마음에 안 드는 부분이 있다면 새로 갈아 끼우는 것이 아니라 잘 다듬어서 살아야 합니다. 부부가 되었다는 말은 이제는 한 몸이 되었으니 헤어질 가능성이 없다는 뜻입니다.

어떻게 그 일이 가능할까요? 누군가가 십자가를 져야 합니다. 나는 죽고 예수님으로 살지 않으면 저절로는 안 되는 일입니다. 이것이 가정을 주신 하나님의 뜻입니다. 한 몸을 끝까지 지켜 가는 것, 그것이 십자가가 있는 가정입니다.

결혼 서약을 할 때 신랑, 신부가 둘이서 서약서를 만드는 커플도 있습니다. 나름대로 감동되고 괜찮은 시도인 것 같습니다. 그런데 결혼 서약은 결혼하는 커플이 당시 자기들이 느끼는 감정을 고백하는 글이 아닙니다. 앞으로 결혼생활을 하면서 일어나는 수많은 어려운 일 앞에서 어떻게 할 것인가를 약속하는 질문입니다.

아내가 치매에 걸렸습니다. 아내에게는 더 이상 낭만도 없고, 성관계도 있을 수 없고, 동반자 같지도 않습니다. 그렇다면 남편은 어떻게 해야 합니까? 예수님은 어떻게 하셨나요? 우리는 예수님의 신부입니다. 우리도 정말 치매에 걸린 아내 같지 않았습니까? 예수님이 신랑이신지 알아보지도 못하고, 심지어는 부인하고, 내가 신부라는 사실 자체를 잊어버리고 다시 옛 생활로 돌아가 버린 적이 한두 번인가요? 그런데 예수님은 끝까지 이혼하시지 않았습니다. 항상 같이 계십니다. 끝까지 함께하십니다. 그리고 "나를 사랑하느냐?"라고 계속 물으십니다.

예수님은 치매에 걸린 신부를 위해 십자가를 지셨고 해골 골짜기, 스올의 골짜기를 지나가셨습니다. 신부인 우리는 예수님께 하나도 덕이 될 것이 없습니다. 제대로 한 일도 아무것도 없습니다. 그런데 신랑 되신 주님은 끝까지 우리와 함께하시고, 떠나시지 않고, 우리를 위해서 죽으시고, 우리를 사랑하십니다. 가정에 십자가가 세워졌다는 말은 예수님을 믿는 사람이 가정에서 예수님처럼 한다는 것입니다.

결혼할 때는 잘 이해하지 못합니다. 신혼여행을 다녀오고 나면 어느 순간에 배우자가 살이 찌기 시작합니다. 흰머리가 생깁니다. 머리카락이 빠질 때가 옵니다. 암으로 화학 요법을 받는 순간이 올 수도 있습니다. 호스피스 병동에서 배우자의 침상 곁을 지켜야 할 때가 올 수도 있습니다. 어느 날 집이 은행에 차압당하는 일도 생깁니다. 평생 저축한 돈을 아들의 마약 중독 치료에 쏟아부어야 할 수도 있습니다. 그런 일들이 가정에서 일어납니다. 결혼 서약은 그때 어떻게 할 것이냐는 질문입니다. 십자가가 분명하지 않으면 다 깨지게 되어 있습니다.

"죽음이 갈라놓을 때까지는 누구도 우리를 가를 수 없습니다." 모든 결혼생활이 위기에 봉착했을 때 이 결혼 서약이 의미가 있습니다. 마귀는 어떻게 해서든지 부부와 가족을 깨뜨리려고 합니다. 가족이 깨진다는 것은 온 세계가 깨지는 것과 같기 때문입니다. 그러므로 가정에 위기가 올 때는 결혼 서약을 떠올리기 바랍니다. 주님 앞에서 남편과 아내가 하는 서약은 커플마다 다르지 않습니다. 모두 똑같습니다. 아내는 남편에게 순종하고, 남편은 아내를 사랑하는 것입니다.

가정을 주신 것은 우리의 행복을 위해서가 아닙니다. 물론 가정 안에서 하나님이 주신 행복을 누릴 수 있습니다. 그렇지만 행복의 근본은 주님입니다. 행복은 주님이 주시는 것이지, 가족이 주는 것이 아닙니다. 그러면 가정은 우리에게 도대체 왜 주어진 것입니까? 우리를 거룩하게 하기 위해서 주어진 것입니다. 그래서 가정 안에 지지고 볶는 일들이 계속 일어나는 것입니다. 그런 일들이 우리를 행복하게 만들어 주는 것 같지는 않습니다. 다만 우리를 거룩하게 만듭니다. 연단을 통해서, 때로는 정말 마음에 상처를 주는 일을 겪으면서 우리로 하여금 기도하게 하고, 주님께 더 매달리게 하고, 주님을 더 바라보게 하고, 십자가에 더 가까워지게 하고, 십자가를 지게 만듭니다. 놀라운 신비입니다.

행복이라는 기준으로 보면 늘 원망밖에 할 것이 없습니다. "이것이 행복이야? 이러자고 결혼하자고 그랬어?", "언제 날 낳아 달라고 그랬나요? 당신들이 마음대로 낳아 놓고." 가정이 행복을 주는 줄로 생각하니까 매번 가정생활이 원망, 불평으로 가득해지고 결국 깨어지는 것입니다.

하나님이 가정을 주신 이유가 나를 거룩하게 하시기 위함이라는 사실을 깨닫고 나면 나를 속 썩이는 사람이 정말 감사합니다. 속 썩이는 사람 때문에 기도의 자리로 더 나아갔기 때문입니다. 기가 막힌 어려움 때문에 내가 십자가를 붙잡게 되었기 때문입니다. 이 세상에 소망을 두지 않고 하나님께 소망을 두고 살게 되었기 때문입니다. 그러다 보면 비로소 하나님이 가정 안에 주신 행복을 경험하게 됩니다. 내가 십자가를 지면 십자가가 나를 져 줍니다. 내가 십자가를 지지 않겠다고 하면 우리 가정은 마귀의 놀이터가 되어 버리고 맙니다.

어느 유명한 여자 아나운서가 의사인 청년을 중매로 만났습니다. 다 좋은데 교회를 안 다니는 것이 흠이었습니다. 교회 다니지 않으면 결혼하지 않겠다고 하자 교회를 다니겠다고 했습니다. 그때 두고두고 후회할 결정을 했습니다. '교회 다니는 것'을 조건으로 걸었던 것입니다. '예수님을 믿는 것'을 조건으로 했어야 하는데 말입니다. 그 바람에 결혼한 다음에 교회를 나오기는 하는데 계속 조는 것입니다. 남편의 입장에서는 약속을 지켰습니다. 아내는 계속 그것 때문에 불평이었습니다.

아내의 얼굴이 점점 어두워져 갔습니다. 남편은 남편대로 쉽지 않았습니다. 결국 아내는 '남편이 진짜 예수님을 믿지 않는다면 교회 다니는 것이 무슨 의미가 있어? 더 이상 이렇게 살 수는 없어!' 하며 이혼을 생각하게 되었습니다. 그러다 보니 자고 있는 모습까지 미워 보였습니다.

그런데 어느 순간, 갑자기 깨달아졌습니다. '내가 남편을 위해서 한번 제대로 기도를 했나?' 생각해 보니까 미워만 하고 요구만 했지 바쁜 아나운서 생활 때문에 기도생활을 제대로 못하고 있었습니다. 새벽기도부터 시작했습니다. 일대일 양육을 받기 시작했습니다. 이제는 체면 때문에 쉬쉬할 일이 아니라고 생각해 양육해 주는 분과 공동체에 남편을 위한 기도 부탁을 했습니다.

그렇게 한 지 6개월쯤 지나서 기적 같은 일이 벌어졌습니다. 그렇게 미웠던 남편이 잘생겨 보이는 것입니다. 남편이 아내의 얼굴이 변한 것을 느꼈습니다. 아내가 특유의 명랑함을 회복했다는 것을 어느 순간에 느꼈습니다. 남편의 얼굴에도 웃음이 번지기 시작했습니다. 아내의 변화에 남편의 마음도 점점 신앙적으로 바뀌었습니다. 그 남편이 한 말입니다. "'예수 믿는 것이 좋은 것이구나' 하고 처음 느꼈습니다."

가정 안에 힘들고 어려운 일이 있습니까? 십자가로 가야 합니다. 가정 안에서 문제를 해결하려고 해서는 답이 없습니다. 우리 가정의 구원은 오직 십자가에만 있습니다. 주님의 십자가로 나아가면 용서의 은혜를 받고 주님과 한 몸 되는 은혜를 받습니다. 거기서 모든 힘이 주어집니다. 하나님이 나를 얼마나 사랑하시는지를 느껴야 비로소 다른 사람에게 사랑을 베풀 수 있게 됩니다. 내가 먼저 받아야 줄 수 있습니다. 그래서 나는 죽고 예수님으로 사는 삶을 살라고, 24시간 예수님을 바라보라고 하는 것입니다.

그렇게 믿음으로 설 때 우리 가정 안에 하나님의 은혜와 사랑이 흐릅니다. 그것이 구원받은 가정입니다. 가족들이 다 압니다. 예수님을 믿는 것이 진짜 좋은 것이라는 사실을 말입니다. 왜입니까? 다른 가정과 완전히 다르기 때문입니다. 그러면 세상을 이길 힘이 생깁니다. 어떤 어렵고 힘든 일이 있을지라도 하나님 앞에 섰을 때를 생각하며 판단합시다. 하나님 앞에 섰을 때를 바라보며 무엇을 해야 할지, 무슨 말을 해야 할지 결정합시다. 십자가를 붙잡읍시다. 주님 안에 거합시다.

7장

가정에 십자가의 사랑이 넘치게 하라

• 눅 15:22-24

◆

예수님을 믿는 가정에는
사랑이 넘치게 됩니다

사랑은 사랑해야겠다고 결심하고 노력해서 되는 영역이 아닙니다. 사랑은 우리의 본성과는 전혀 맞지 않는 일입니다. 예수님을 진짜 만나고, 십자가의 주님을 정말 알게 되면 자기도 모르게 저절로 사랑하게 됩니다. 그냥 사랑하게 되어야 진짜입니다.

예수님을 믿는 사람이라고 고백할 수 없는 상황에서, 내가 예수님을 믿는 사람이라는 것을 다른 사람에게 어떻게 알릴 수 있을까요? 사랑으로 소문나는 것입니다. "내가 예수님을 믿습니다"라는 고백은 사랑으로 소문나는 것과 같이 가야 맞습니다. 나는 교회 다니고 예수님을 믿는다고 하면서 사랑으로 소문나지 않았다면 벌써 문제입니다. 다른 사람에게로 향한 복음의 문을 가로막고 있는 것입니다. 내가 진짜 예수님을 믿는 사람이라면 사랑으로 소문난 사람이 되어야 합니다. 어느 교회가 진짜 주님의 교회라면 사랑으로 소문난 교회여야 합니다. 우리 가정도 예수님으로 사는 가정이라면 당연히 사랑으로 소문난 가정이 되어야 합니다.

예수님으로 사는 가정의 핵심은 가정 안에 사랑이 넘치는 것입니다. 앞 장에서 예수님으로 사는 가정의 특징 중에 하나는 용서라고 했습니다. 용서는 소극적인 의미에서는 사랑과 비슷합니다. 그런데 용서와 사랑은 본질적으로는 차이가 납니다. 용서는 누가 나에게 잘못했을 때 더 이상 죄를 추궁하지 않는 것입니다. 그런데 사랑은 누가 나에게 잘못했을 때 그에게 가장 귀한 것을 주는 것입니다. 심지어 그의 죄를 내가 대신 지는 것입니다.

이 메시지를 가장 잘 담아낸 성경이 누가복음 15장에 나오는 탕자의 이야기입니다. 아버지의 재산을 미리 받아 집을 나가서 방탕하게 살다가 재산을 탕진하고 굶어 죽을 지경이 된 탕자는 '아버지 집에 돌아가서 종으로라도 받아 달라고 해야겠다' 결심했습니다. 아버지 집으로 돌아왔는데 아버지는 돌아온 탕자를 마치 죽었다가 다시 살아 온 것처럼 여겨 아들에게 잔치를 베풀어 주었습니다. 이것은 용서와 의미가 다릅니다. 이것을 사랑이라고 하는 것입니다.

우리가 예수님을 믿는 가정이 분명하다면 우리 가정 안에 사랑이 넘쳐야 합니다. 그저 가족들이 다 교회를 왔다 갔다 한다고 예수님으로 사는 가정이 아닙니다. 용서보다도 한 걸음 더 나아가 사랑이 가정에 넘쳐야 진짜 예수님을 믿는 가정입니다.

주목하게 되는 것은 단단히 화가 난 맏아들입니다. 사실 우리 대부분은 맏아들의 입장이 이해가 됩니다. 속상해서 아버지에게 항의하고 따진 것은 아마 우리라도 마찬가지였을 것입니다. 도저히 말이 안 되지 않습니까? 맏아들이 모든 점에서 옳은 것 같습니다. 그런데 한 가지 맏아들에게 없는 것이 있었습니다. 사랑입니다. 맏아들은 사랑이 무엇인지 모르는 사람이었습니다. 이 문제는 그대로 우리에게도 적용됩니다. 우리 가정에 사랑이 넘칩니까?

여기서 사랑의 의미를 정확하게 알아야 합니다. 사랑이 없는 가정이 있겠습니까? 그러니 많은 사람이 '우리 가정에 사랑이 있나, 없나?' 하면서 좀 헷갈려 합니다. 사랑의 정확한 의미는 예수님이 십자가에서 보여 주신 것으로서, 죄인의 죄를 대신 지는 것입니다. 요한일서 4장 10-11절에 사랑의 정의가 나옵니다. "사랑은 여기 있으니 우리가 하나님을 사랑한 것이 아니요 하나님이 우리를 사랑하사 우리 죄를 속하기 위하여 화목 제물로 그 아들을 보내셨음이라 사랑하는 자들아 하나님이 이같이 우리를 사랑하셨은즉 우리도 서로 사랑하는 것이 마땅하도다."

예수님은 우리의 죄를 대신 짊어지셔서 하나님이 우리를 사랑하시는 것을 확증해 주셨습니다. 그것이 사랑입니다. 따라서 하나님이 우리에게 사랑하라고 말씀하셨을 때는 누군가가 잘못했을 때 그 죄를 그저 용서만 해 주라는 것이 아니라 대신 짊어지라는 의미입니다. 우리는 하나님으로부터 우리 죄를 주님이 대신 져 주신 은혜를 받았습니다. 그러면 우리도 우리에게 죄지은 사람에게 그렇게 해야 합니다. 그 사람의 죄를 내가 대신 지는 사랑을 해야 마땅합니다. 그가 바로 예수님을 믿는 사람입니다. 그래서 예수님을 믿는 사람이 사랑으로 소문나게 되는 것입니다.

직장에서 사랑으로 소문나려면 아침에 믹스커피를 타 주는 정도로는 안 됩니다. 그 정도만 섬겨도 "대단한 사람이다" 하며 어지간히 소문은 납니다. 그런데 예수님을 믿는 사람이 사랑으로 소문나려면 누군가가 잘못했을 때 자기가 대신 짊어져야 합니다.

어느 교회에서 중요한 위원회 회의가 열렸는데 목사님이 위원들을 다 소집했습니다. 그런데 한 사람이 더 왔습니다. 누군가가 잘못 알고 온 것입니다. 그러자 그중에 한 분이 벌떡 일어나서 "제가 잘못 알고 왔습니다. 죄송합니다" 그러고는 나갔습니다. 목사님은 의아했습니다. 그분이야말로 정말 중요해서 자신이 직접 연락해서 온 분이었기 때문입니다. 누가 잘못 왔는지는 모르지만 입장이 곤란할까 봐 그분이 벌떡 일어나서 사과하고 나간 것입니다. 이런 경우에 사랑으로 소문나게 됩니다. 남이 잘못한 것을 내가 대신 짊어지는 것이 예수님을 믿는 사람에게 있는 사랑입니다.

그런데 이 사랑이 가장 먼저 적용되어야 하는 곳이 가정입니다. 하나님은 이런 사랑을 남편에게 요구하셨습니다. 아내에게는 남편에게 순종하라고 하셨고, 남편에게는 아내를 사랑하라고 하셨습니다. 남편이 아내를 사랑한다는 것은 아내의 죄와 허물을 남편이 대신 지는 것을 의미합니다. 일본 기독교 여류 작가 미우라 아야코 여사가 남편에 대한 이야기를 쓴 내용을 소개하겠습니다.

지난 두 달간 제가 앓았던 병은 대상포진이라는 병입니다. 이것은 심신의 피로가 극에 이르렀을 때 걸리는 병이라고 하는데 체내에 숨어 있던 바이러스가 신경을 따라 물집이 되어 나타나는 것입니다. 나의 경우는 병세가 손쓸 경우도 없이 악화되어 왼쪽 눈두덩이가 달걀 크기만큼 부어올랐고, 왼쪽 뺨에는 비눗방울 같은 물집이 다닥다닥 부풀었고, 두 눈 사이에는 낙타 등 같은 혹이 나고, 코는 두 개를 뭉쳐 놓은 것같이 되고, 입술은 새부리처럼 쭈뼛해졌습니다. 고열도 39도까지 오르내렸습니다. 이 병은 극심한 아픔이 따르는 병으로서 남자라도 고함을 쳐 가며 엉엉 울 정도로 아프다고 합니다.

나도 물론 아팠습니다만 내 곁에는 보기 드물게 친절한 남편이 있었습니다. 그는 문자 그대로 두 눈 뜨고 볼 수 없는 나의 곁에 사시사철 붙어 앉아서 손으로 내 얼굴을 감싸 주었습니다. 그래서 한 번도 아프다고 호소해 오지 않는 나에게 수간호사가 "아프다는 말 한마디도 안 하시는군요. 어지간히 잘 참아 내시네요"라고 말하기도 했습니다.

하지만 내가 잘 참아 낸 것이 아니라 남편의 약손이 나의 아픔을 누그러뜨려 주었기 때문입니다. 흔히 말하는 대로 인간의 손에는 전기가 통하고 진정제 효과가 있다는 말이 정말인 것 같습니다. 그런데 이번 병을 앓는 동안 나는 남편에게서 크게 감명을 받았습니다. 흉측

하게 변한 내 얼굴을 보고 남편은 매일같이 이렇게 말했습니다. "아야코는 예뻐요. 한결같이 참고 견디는 아야코는 정말 착합니다." 그리고 다음과 같은 시도 지어 주었습니다. "계란처럼 크게 부풀어 오른 뺨, 고름이 질퍽한 코에 아픔을 참고 또 견뎌 내는 아내의 입으로 흐르는 말소리 아름다워라."

나의 남편의 태도에서 결혼식 때 주례 목사님의 말씀이 문득 떠올랐습니다. 그것은 "건강할 때에도, 아플 때에도 그대의 아내를 사랑하겠습니까?" 하는 물음이었습니다. 나는 남편의 진실에서 깊은 위로를 받았고 흉한 흔적이 남을지도 모르는 이 병 가운데서도 마음 편하게 요양할 수 있었습니다. 비록 내가 일생 동안 낫지 않는다고 하더라도 남편은 이런 나를 변함없이 사랑해 줄 것입니다. 나는 이번 병을 통해 사랑을 소박한 안목으로 다시 보게 해 주신 하나님께 진심으로 감사하고 있습니다.

◆

하나님의 눈으로 볼 수 있기를 간구하는 기도,
그 기도가 사랑하게 되는 시작입니다

예수님을 믿는 사람에게 이런 사랑이 나타나는 이유는 단 하나입니다. 자신이 그 하나님의 사랑을 받았기 때문입니다. 성경은 하나님이 우리와 사랑에 푹 빠지셨다고 말합니다. "너의 하나님 여호와가 너의 가운데에 계시니 그는 구원을 베푸실 전능자이시라 그가 너로 말미암아 기쁨을 이기지 못하시며 너를 잠잠히 사랑하시며 너로 말미암아 즐거이 부르며 기뻐하시리라"(습 3:17).

스바냐서는 타락한 이스라엘 백성이 하나님의 징계를 받은 중에 이루어진 예언입니다. 하나님 앞에서 어느 것 하나 사랑스러울 것이 없는 이스라엘 백성입니다. 그런데 하나님의 속마음을 스바냐가 알게 되었습니다. 하나님은 그런 이스라엘 백성을 보시면서 견딜 수 없이 사랑스러워하신다는 것입니다. 정말 안 어울리는 메시지 아닙니까? 그런데 정말 안 어울리는 메시지일까요?

솔직히 하나님이 나를 정말 사랑하신다는 것이 느껴지지 않는 분이 있을 것입니다. 복음이 믿어지지 않는 분들이 지금도 너무나 많습니다. 하나님이 진짜 우리를 그렇게 사랑하실까요? 그렇습니다. 그 이유가 무엇일까요? 잃어버린 자식을 찾는 부모의 마음이라고 성경은 말합니다.

인간 창조의 원형은 하나님의 사랑스러운 자녀입니다. 하나님은 하나님과 함께 영원히 교제하게 하시려고 우리를 만드셨습니다. 하나님과 우리는 아버지와 아들딸의 관계였지만, 선악과를 따먹으면서 하나님은 사랑하는 자녀를 잃어버리셨습니다. 그런데 오늘 우리는 어떤 사람입니까? 잃어버렸다가 하나님이 되찾으신 자녀입니다. 죽을 수밖에 없었던 자식이 다시 살아난 것입니다.

물론 아직까지도 문제가 많습니다. 어릴 때 잃어버린 자식을 나중에 나이가 들어서 되찾았다고 생각해 보십시오. 그동안 삶을 너무나 엉망으로 살았습니다. 너무나 상처투성이로 살았습니다.

분명히 내 자식이기는 한데 마음과 생각이 병들 대로 병들었습니다. 말하는 것도, 행동하는 것도 엉망진창입니다. 그런데 그 잃어버린 자식을 찾은 부모가 잘못한다고, 행동이 바르지 않다고 그 자식을 내치겠습니까? 그냥 끊임없이 사랑하는 것입니다. 다시 만난 것만 해도, 돌아온 것만 해도 기쁩니다.

탕자가 아버지에게 돌아왔을 때 그는 돼지 냄새 나는 옷을 입은 채로 왔습니다. 그런데 아버지는 옷을 갈아입고 오라고 말하지 않고 그대로 가서 아들을 끌어안았습니다. 하나님이 우리를 이렇게 사랑하시는 것입니다. 하나님은 우리의 허물과 죄를 다 아십니다. 우리 자신보다도 더 잘 아십니다. 그럼에도 불구하고 우리를 사랑하시는 것입니다. 이것이 예수 그리스도 안에서 우리가 만난 하나님의 사랑입니다. 그 사랑에 우리가 녹은 것 아닙니까? 그 복음 때문에 우리가 다시 살아난 것이지 않습니까? 우리가 그렇게 구원을 받았기 때문에 우리도 우리 가족을, 문제 많은 사람들을 하나님의 눈으로 봐야 합니다.

우리는 사람들을 볼 때 좋은 사람 나쁜 사람, 마음에 드는 사람 마음에 들지 않는 사람, 만나고 싶은 사람 상종하기 싫은 사람 등으로 금방 구분합니다. 자기 자신은 말할 수 없는 은혜를 받아 놓고 다른 사람은 전혀 은혜로 보지 않는 것입니다. 그러나 가족만큼은 더욱 은혜로 보아야 합니다. 가족 중에 정말 사랑하기 어려운 사람이 있을 수 있습니다. 아무리 가족이라도 마음 하나 바뀌면 이웃보다도 못한 관계가 됩니다. 가족을 사랑할 때 배우자로 사랑하고, 부모로 사랑하고, 자녀로 사랑하면 끝까지 사랑하지 못합니다. 사람의 사랑이라는 것은 끝까지 가지 못합니다.

가족은 하나님이 나를 사랑하신 그 사랑으로 사랑해야 합니다. 예수님과 함께 십자가에서 죽고 예수님으로 사는 자로서 사랑해야만 가족을 사랑할 수 있습니다. 예수님을 믿고도 가정 안에 탕자와 맏아들처럼 관계가 깨어진 경우가 많습니다. 서로가 잘못했다고 지적하고 싸우고 따집니다. 이유는 사랑을 사람의 능력으로 하려고 하기 때문입니다.

그러면 허물투성이인 사람을 어떻게 사랑합니까? 십자가의 사랑, 하나님의 사랑이 우리 눈을 바꿔 줄 때 비로소 가능합니다. 절대로 눈에 보이는 대로 가족들을 보고 평가하면 안 됩니다. 인터넷에 어떤 아이가 이런 글을 올렸습니다.

어른들이 진짜 나쁘고 치사한 것 알아? 난 나야. 나로서 날 봐 주고 나로서 날 인정해 줘. 나이기 때문에 그럴 수 있다고 칭찬해 줘. 어른들의 욕심은 왜 이리 큰 거야. 내 모습 그 자체로 받아들여 주면 안 되는 거야? 뭐가 문제인 거야? 자신이 비교당하기 싫으면 남을 먼저 비교하지도 마. 결국 돌아오는 건 비난뿐이니까. 날 알고 난 다음에 말하란 말이야. 자세히 들여다보지도 않을 거면 자꾸 들춰내지도 말란 말이야. 난 그리 강하지도 않아. 쉽게 상처받고 쉽게 아파해. 난 나일 뿐이니. 세상이 있기에 내가 있는 것이 아니라 내가 태어나서 이 세상을 볼 수 있는 거고 내가 있기에 이 세상은 존재할 수 있는 거야.

말에 논리가 없는 것 같아도 그 심정은 이해할 만합니다. 끊임없이 부모가 자녀를 '엄마 친구 아들(딸)'과 비교한 것입니다. 이 세상에서 가장 말 잘 듣고, 공부 잘하고, 모범생은 엄마 친구 아들(딸)이라고 합니다. 이것이 우리 자녀가 겪는 고통입니다.

우리는 가족들을 볼 때 그저 눈에 보이는 것, 행동하는 것만 보고 반응하게 되면서도 그것을 가지고 사랑이라고 이야기하기 쉽습니다. "내가 너를 사랑하니까 이야기하는 거잖아" 하면서 오히려 상처를 주는 이 기가 막힌 상황을 어떻게 극복할 수 있을까요? 눈이 뜨여야 합니다. 예수님 안에서 하나님이 우리를 보시는 그 눈으로 내 가족을 보는 놀라운 역사가 일어나야 합니다. 하나님의 사랑으로 서로 사랑해야 하는 것입니다.

기독교 잡지 《빛과 소금》에 어느 부부의 이야기가 실렸는데 여기 소개하겠습니다. 두 사람은 아주 부유한 환경에서 자랐고, 최고 좋은 학교에 다녔고, 경제적으로도 부유했고, 양가가 3대째 기독교 집안이었습니다. 전혀 부족함이 없는 짝이었습니다. 그런데 결혼을 한 다음에 살아 보니까 문제가 생겼습니다. 남편은 자로 잰 듯 완벽주의자였습니다. 반면에 아내는 모든 면에서 좀 어질러지고 질서가 없어도 기쁘고 즐거우면 되었습니다.

남편의 눈에 아내는 기준도 원칙도 없는 대책 없는 사람이었고, 아내의 눈에 남편은 앞뒤가 꽉 막힌 융통성 제로의 사람이었습니다. 매사에 꼼꼼한 성격인 남편의 눈에 아내는 같이 못 살 사람이었습니다. 그러다 보니 아내를 많이 다그쳤습니다. 아내는 상처를 받아서 결혼 전에는 그렇게 밝던 사람이 우울증에 걸려 자기는 문제가 많은 사람이라며 밤마다 울면서 잠자리에 들었습니다.

결국 두 사람은 이혼하자는 이야기를 입 밖에 내기 시작했습니다. 두 사람 스스로도 상상할 수 없는 일이었습니다. 그때 하나님이 주변 사람들을 통해 권면하셔서 하와이 코나에 있는 예수전도단 제자훈련학교(DTS)에 참여하게 되었습니다. 여기서도 해결이 안 되면 이혼하기로 했습니다.

그런데 DTS 과정 중에서 어떤 심리 유형 검사를 받아 보게 되었습니다. 아내는 깜짝 놀랐습니다. 남편의 유형이 그대로 있는 것입니다. 남편도 깜짝 놀랐습니다. 아내의 유형이 그대로 있는 것입니다. 자기 남편과 아내가 이상한 것이 아니고 각자의 성격 유형이 있었던 것입니다. 그래서 검사를 하다가 이 내외가 울었습니다. 무엇보다도 아내는 자신이 불량품이 아니라는 사실을 깨달아 감동을 받았습니다. '나도 정품이구나. 원래 하나님이 그렇게 만드신 독특한 유형이었구나.' 그러면서 남편의 성품도 이해하게 되었습니다. 남편은 그제야 '아내는 미운 오리 새끼가 아니고 하나님이 만드신 백조구나'라는 사실에 눈뜨게 되었습니다. 이후 서로 갈등이 풀어지기 시작했고 자연스럽게 회복되었다고 합니다.

하나님의 눈에는 남편이, 아내가, 자녀가 어떻게 보일까요? 나의 눈으로 판단하려고 하지 말고 하나님의 눈으로 보게 해 달라고 기도하세요. 그것이 사랑의 시작입니다. 하나님의 눈으로 보기 시작할 때부터 사람이 달리 보입니다. 우리가 진정으로 어떤 사람을 사랑하게 될 수 있는 힘은 오직 하나, 하나님의 눈으로 보는 것밖에 없습니다.

◆

"사랑스러운데 어떻게 합니까?"
이것이 사랑입니다

가족들이 한마음을 갖게 되고, 정말 사랑이 우리 가정에 흘러넘친다고 고백할 수 있게 되는 비밀은 '주 안에서'입니다. 그러니까 '오늘도 사랑해야지'라고 결심해서 될 문제가 아닙니다. "하나님, 사랑하지 못한 것 회개합니다. 이제 사랑하게 해 주세요" 기도한다고 내일 사랑할 수 있게 되는 것이 아닙니다. 사랑은 주님 안에 거할 때 내게서 일어나는 일입니다. 그래야 진짜입니다. 사랑이 되어져야 하는 것이지, 사랑을 하려고 애를 쓰면 벌써 사랑이 아닙니다.

서로 사랑하는 남녀가 있는데, 남자가 여자를 사랑하려고 애를 쓴다고 하면 그 관계는 계속되기 어렵습니다. 사랑하려고 애를 쓰면 사랑이 아닌 것입니다. 그냥 사랑스러운데 어떻게 합니까? "제 눈에 안경"이라고 다른 사람이 볼 때는 이해가 안 되지만, 좋다는데 어떻게 합니까? 그래야 사랑인 것입니다. 그런 일이 가능할까요? 예수님 안에서 가능합니다.

제가 목회하면서 어떤 사람이 진짜 미워서 마음이 괴로웠던 적이 있습니다. 아무것도 할 수 없고, 하기도 싫고, 사람들에게는 다 실망했고, 마음은 좌절되고, 그런데 하나님은 변명도, 따지지도 못하게 하셨습니다. 그 사람이 도무지 용서가 안 되었습니다. 목회 자체도 귀찮고, 모든 것을 다 포기하고 싶은 순간이었습니다. 그때 하나님께 드렸던 기도가 "나는 죽었습니다"였습니다.

그 순간 갑자기 하나님이 제게 십자가에서 자아의 죽음이 무엇인지를 알게 하셨습니다. 죽으려고 애를 쓰는 것이 아니고 그냥 죽었습니다. 죽음이 임하는 체험을 하게 하신 것입니다. 내가 죽었다고 고백하고 나니, 이제 무슨 기도를 드려야 할지 모르겠어서 그냥 하나님의 마음을 달라고 기도하면서 울음이 터졌습니다. 목 놓아 울었습니다. 왜 우는지도 모르고 울면서 깨달았습니다. 미워하는 사람, 이해가 안 되는 사람, 실망한 사람 때문에 괴롭다는 저를 보시는 주님의 마음은 애통함 그 자체였습니다.

그러므로 가정을 위해서 기도할 때 눈으로, 생각으로만 기도하면 아직도 진짜 기도가 안 됩니다. 하나님이 진짜 역사하시는 기도라고 보장할 수 없습니다. 하나님의 마음을 달라고 기도해야 합니다. "배우자를 향한 주님의 마음을 주세요." 그러면 우리에게 상상도 못했던 마음이 일어나기 시작합니다. 주님의 마음은 내 마음과 다릅니다. 주님의 마음은 십자가를 지신 마음입니다. 골고다에서 나를 위해 죽으셨을 뿐만 아니라 내 배우자와 자녀와 부모를 위해서 죽으신 주님의 마음이 그대로 우리 속에 들어와서 우리 마음을 뒤집어 놓습니다.

하나님이 진짜 우리 기도를 이끄시면 사랑을 구하게 됩니다.

그러면 해결되지 못할 관계가 없습니다. 우리가 우리 눈으로 보니까 비탄하게 되고, 요구하게 되고, 따지기도 하는 것입니다. 우리 스스로가 주님의 사랑에 온전히 사로잡히면 그냥 사랑만 하게 됩니다. 있는 그 자체가 감사입니다. 하나님이 우리에게 주신 가족은 그가 어떻든지 우리에게는 정말 축복의 존재입니다.

'의사 전도왕'으로 유명한 이병욱 장로님은 《그중에 제일은 사랑이라》(중앙M&B, 2006)라는 책에서, 암 환자들을 수없이 만나 보고 치료하면서 내린 결론을 이야기했습니다. 요약하면 이렇습니다.

"사랑이 암 환자를 살립니다. 암은 환자 혼자서 싸우기에는 너무나 무거운 병입니다. 암 환자가 한 사람 생기면 온 가족이 같이 싸워야 합니다. 그런데 암에만 집착하면 고치기 어렵습니다. 환자를 둘러싼 가족들이 정말 사랑으로 하나가 되는 것만큼 암을 치료하기에 좋은 환경은 없습니다. 많은 암 치료제가 발견되었지만 부작용이 없는 암 치료제는 없는데, 가장 탁월한 치료제는 사랑입니다. 온 가족이 그 암 환자를 사랑으로 감싸게 되면 환자가 놀랍게 치유되고, 혹 죽더라도 아주 행복하게 죽음을 맞이했습니다."

그래서 이 책 제목이 "그중에 제일은 사랑이라"입니다. 장로님은 암은 암세포를 따라가면서 제거하려고 하면 이미 늦다고 했습니다. 암은 암이 생기기 전에 예방하는 것이 제일 좋은데, 암을 예방하는 가장 좋은 방법이 온 가족이 사랑하는 것이라고 합니다. 서로 용서하고, 진심으로 서로 사랑하고, 죄를 서로 져 주는 가족들은 암을 이길 수 있는 힘이 굉장히 강해진다는 것입니다. 그러니까 제발 암 걸리고 난 다음에 고생하지 말고 암 걸리지 않도록 가족들을 사랑하라고 그 책에 썼습니다.

그러면서 또 하나의 이야기를 덧붙였는데, 암 환자가 생기면 다른 가족들이 살더라는 것입니다. 암을 치료하는 과정에서 가족들이 관계를 해결하기 때문입니다. 용서할 것 용서하고, 더 신경 써 주고, 말도 절제하고, 서로 사랑을 쏟아 주려고 하고, 식생활 습관을 비롯해 생활 습관 전체, 심지어 기도생활까지 달라지기 때문입니다. 그러다 나중에 가정에 부흥이 일어나고, 회복이 일어나고, 가정이 치유되더라고 했습니다. 그래서 암 환자가 하나님이 주시는 복이 될 수도 있다고 했습니다.

어떤 문제가 있더라도 하나님의 은혜가 쏟아지는 통로가 막히면 절대로 안 됩니다. 그것이 사랑입니다. 미련하게 나중에 하나님 앞에 가서 후회하고, 회개하고, 고통스러워하지 말고 지금부터 예수 그리스도 안에서 주님의 사랑으로 은혜의 통로가 되어야 하지 않겠습니까? 더 이상 가족들에게 무엇인가를 요구하지도 말고, 따지지도 말고, 비난하지도 말고, 하나님의 창조의 원형으로 그들을 보면서 사랑만 하는 역사가 일어나게 되기를 바랍니다. 예수님의 사랑이 바다 물결같이 우리에게 임하기를 원합니다. 주님의 사랑의 통로가 되기를 원합니다. 가정 안에서부터 하나님의 사랑의 통로, 예수님의 통로로만 우리가 사용되기를 원합니다.

8장

행복한 부부는
십자가 아래 있다

· 엡 5:22-33

◆

아내의 순종,
남편의 행복

하나님 앞에서의 결혼 서약은 결혼생활의 울타리입니다

우리는 가정의 신앙을 바로 세워야 합니다. 무슨 일이 있어도 하나님이 우리에게 약속하신 "주 예수를 믿으라 그리하면 너와 네 집이 구원을 받으리라"(행 16:31)라는 약속을 내 것으로 삼아야 합니다. 이를 위해 먼저, 하나님이 아내에게 주신 말씀을 좀 더 살펴보기 원합니다.

"아내들이여 자기 남편에게 복종하기를 주께 하듯 하라"(엡 5:22). 사실 이 말씀은 좀 부담스럽습니다. 왜 하나님은 이처럼 부담스러운 약속을 하셨을까요? 결혼하는 사람들은 결혼만 하면 행복하게 잘 살 것이라고 생각하지만 실제로 결혼생활은 쉬운 일이 아닙니다. 부부가 결혼해서 함께 살게 되면 친밀하게 되고 상대방을 다 알게 됩니다. 배우자의 진짜 모습, 은밀한 모습, 진정한 성품, 삶을 속속들이 알게 되는 것입니다.

배우자가 겁이 많거나, 아주 이기적이거나, 융통성이 없는 사람일 수 있습니다. 자기주장이 강한 사람일 수도 있고, 쉽게 삐치는 사람일 수도 있고, 성격이 거칠어 폭력적인 사람일 수도 있습니다. 산만하고 무신경하고 둔감한 사람일 수도 있고, 남을 판단하고 비판하기를 좋아하는 사람일 수도 있습니다.

우리는 누구든지 성격적인 문제를 가지고 있습니다. 그런데 결혼하지 않은 관계에서는 이 실체를 정확히 알지 못합니다. 부모와 자식 간에도, 친구 사이에서도 어느 정도까지만 알 뿐 정확히는 모릅니다. 안다고 하더라도 관계가 깨어질 만큼 위기를 초래하지는 않습니다. 그런데 부부는 서로 한 몸이기에 결함을 감출 수가 없습니다. 따라서 한 사람의 성격적인 문제가 배우자에게 고통을 줍니다. 마음에 상처를 주고 극심한 낙심을 가져다줍니다. 분노를 일으키기도 합니다. 이것이 결혼생활입니다.

이렇게 서로 배우자의 허물을 알고 그로 인해 실망하고, 상처받고, 분노하면서 어떻게 부부 관계를 유지해 갈 수 있을까요? 결혼 서약 때문입니다. 아내는 남편에게 순종하겠다고 약속했고, 남편은 아내를 사랑하겠다고 약속했기 때문에 결혼생활을 유지할 수 있는 것입니다. 결혼해서 보니까 배우자가 문제가 많습니다. 그래도 어떻게 합니까? 하나님 앞에서 배우자에게 순종하겠노라고, 사랑하겠노라고 약속하지 않았습니까? 그 결혼 서약이 울타리가 되어 주는 것입니다. 하나님이 성숙한 배우자로 만들어 주실 때까지, 진정으로 서로 깊이 이해하고 하나 되는 부부가 될 때까지는 울타리가 필요합니다.

호메로스(Homeros)의 《오디세이》를 보면, 오디세이가 트로이 전쟁에서 승리하고 그리스로 돌아가는 길에 '사이렌'이라는 이름의 섬을 지나가게 되는 이야기가 나옵니다. 사이렌섬에는 아주 아름다운 여인의 노랫소리가 들리는데 선원들이 그 소리를 들으면 완전히 정신이 혼란해져서 자기도 모르게 물속에 빠져들어 비참한 죽음을 맞이한다는 전설이 있었습니다. 오디세이는 사이렌섬을 어떻게 지나가야 할지 고민 끝에 선원들의 귀를 밀랍으로 막고 자신을 돛대에 묶으라고 명령했습니다. 그러면서 사이렌섬을 지나갈 때 자신이 어떤 명령을 내리든 계속 노를 저어 앞으로 가라고 지시를 내렸습니다. 선원들은 오디세이를 돛대에 칭칭 묶어 놓았습니다.

사이렌섬을 지나가는데 아니나 다를까 여인의 노랫소리가 들렸습니다. 전설 그대로 오디세이가 정신이 혼미해져서 선원들에게 배를 돌리라고 명령했습니다. 완전히 배가 파선하는 자리로 몰고 가려는 것이었습니다. 그러나 아무리 소리를 질러도 선원들은 앞으로만 노를 저어 갔습니다. 발버둥을 쳤지만 돛대에 묶여 있었기에 무사히 사이렌섬을 빠져나갈 수 있었습니다.

우리가 결혼할 때 하는 서약은 자기 자신을 돛대에 묶는 것입니다. 이제 결혼하고 풍랑이 일기 시작합니다. 서로 실망도 하고, 싸우기도 하고, 도무지 하나 될 수 없을 것 같은 느낌이 들어서 이제는 우리 부부 관계를 깨뜨려 버려야겠다는 생각이 들 때도 있습니다. 하지만 부부 관계가 흔들리지는 않습니다. 이미 자기를 십자가라는 돛대에 묶어 버렸기 때문입니다. 순종하겠노라고, 사랑하겠노라고 약속했기 때문입니다.

우리의 문제는 너무 크고, 우리의 사랑은 너무 연약합니다. 그래서 그대로 두면 정상적인 결혼생활을 유지할 수 있는 가정이 그렇게 많지 않습니다. 다 깨어지는 것입니다. 하나님은 우리가 변화될 것을 아십니다. 그리고 변화시켜 주십니다. 그래서 우리에게 울타리를 쳐 주신 것입니다.

린다 웨이트(Linda Waite)는《Does divorce make people happy?》(이혼이 당신을 행복하게 하나요?)라는 책에서 아무리 불행한 부부라도, 그래서 정말 이혼할 수밖에 없더라도 이혼하지 않고 조금만 지나면 3분의 2는 5년 안에 다시 행복을 되찾게 된다고 했습니다. 수많은 부부를 연구하고, 검토하고, 설문조사하고 내린 결론입니다. 얼마나 큰 수치입니까? 그러므로 우리가 부부생활을 유지하는 끈이 있다는 것은 굉장히 중요합니다. 그것이 바로 결혼서약입니다.

기독교 윤리학자인 루이스 스미디스(Lewis B. Smedes) 교수는 이렇게 말했습니다.

"결혼할 당시 장차 아내와 함께 무슨 일을 겪고 어디에 이르게 되는지 눈곱만큼도 눈치채지 못했습니다. 25년이 지나고 나면 내 아내는 어떻게 변할지 알 수 있었겠습니까? 나는 또한 어떻게 변할지 어찌 알 수 있었겠습니까? 결혼하고 지금까지 아내는 적어도 5명의 다른 남자들과 살아왔습니다. 다섯 사내 모두가 다름 아닌 나 자신이었습니다. 예전의 나와 이어 주는 연결고리는 이름 하나뿐이었습니다. 그 이름마저 없었다면 내가 누구였는지조차 찾기 힘들었을 것입니다."

결혼해서 살아 보니까 25년 동안 자기가 다섯 번이나 바뀌었다는 것입니다. 지금 배우자가 결혼할 때 그 사람입니까? 결혼 후에 변하게 되어 있습니다. 주님은 우리를 결혼할 때 그 모습으로 두시지 않습니다. 주님이 변화시키실 수 있도록 기다려 주는 것, 주님이 남편과 아내를 새롭게 만들어 가실 수 있도록 지켜 주는 일이 반드시 필요합니다. 시간이 필요합니다. 깨어질 것에 대해서 두려워하지 않고 주님 앞에 철저히 자기를 내놓을 수 있도록 해주는 안전장치가 필요합니다. 그것이 결혼 서약입니다. 남편이 변화되기까지 지켜 주는 울타리가 바로 아내가 남편에게 복종하겠다고 한 서약인 것입니다.

주께 하듯이 복종하면 다 삽니다

그러나 여전히 남편에게 복종하라는 말씀을 들을 때마다 '지금이 어떤 시대인데!' 하며 귀에 거슬리는 분이 있을 것입니다. 만약 남편에게 진짜 복종만 하면 우리 가정이 다 무너질 것이라고 생각하는 분도 있을 것입니다. 사도 바울이 남편에게 복종하라고 한 말은 모든 부부가 지켜야 될 법으로 이야기한 것이 아닙니다. 성령 충만한 사람은 저절로 남편에게 복종하게 된다는 의미입니다.

사도 바울은 이 말을 하기에 앞서 에베소서 5장 18절에서 "성령으로 충만함을 받으라"고 말했습니다. 그러고는 이어지는 22절부터 6장 4절까지 차례대로 부부 문제, 부모와 자녀 문제를 이야기했습니다. "술 취하지 말라 이는 방탕한 것이니 오직 성령으로 충만함을 받으라 시와 찬송과 신령한 노래들로 서로 화답하며 너희의 마음으로 주께 노래하며 찬송하며 범사에 우리 주 예수 그리스도의 이름으로 항상 아버지 하나님께 감사하며"(엡 5:18-20). 성령 충만하면 가장 먼저 하나님께 늘 감사와 찬송을 올려 드리는 사람이 된다는 것입니다.

이어지는 21절을 보면, 우리가 서로에게 어떻게 해야 하는지를 말하는데, "그리스도를 경외함으로 피차 복종하라"고 합니다. 성령 충만의 증거는 다른 사람에게 복종하는 것입니다. 우리 중에 아무리 교회 일을 열심히 하고 탁월한 리더 같은 사람이 있을지라도 그가 진짜 성령으로 충만한지는 복종하는지를 보면 알 수 있습니다. 복종할 줄 모르는 사람은 자기 열심일 뿐 성령으로 충만하지는 않은 것입니다. 이것이 하나님의 명령입니다.

하나님은 이 말씀을 제일 먼저 부부 사이에 적용하셨습니다.

아내를 향해 남편에게 복종하라고 하신 것입니다. 그러니까 남편에게 복종하라는 말은 모든 사람에게 복종하되, 남편에게는 더 적용해야 한다는 의미인 것입니다. 이 말씀은 지키기 힘들거나 강요하는 말씀이 아닙니다. 성령 충만하면 얼마나 놀라운 사람이 되는가를 말해 줍니다. "아내가 남편에게 복종하다니, 이것이 도대체 기적이잖아! 어떻게 이런 일이 있을 수 있지?" 이런 뜻입니다.

고린도후서 5장 15절은 이렇게 말합니다. "그가 모든 사람을 대신하여 죽으심은 살아 있는 자들로 하여금 다시는 그들 자신을 위하여 살지 않고 오직 그들을 대신하여 죽었다가 다시 살아나신 이를 위하여 살게 하려 함이라." 예수님을 믿는 사람은 하나님이 나를 위해 사시니까 더 이상 자기 자신을 위해서 살지 않습니다.

하나님을 믿지 못할 때는 세상에서 내가 나를 위해서 사는 것 외에는 달리 방법이 없었습니다. 그러니 끊임없이 '나', '나' 하고 살았는데, 예수님을 믿고 보니까 하나님이 나를 위해서 죽으셨고, 내 죄와 허물을 주님이 다 지셨습니다. 그리고 새 생명을 주시려고 내 안에 오셨으니 이제는 내가 나를 위해서 살 이유가 없어졌습니다. 이제 내가 사는 것은 오직 주님을 위해서 사는 것입니다.

그런데 주님은 보이지 않습니다. 보이지 않는 주님을 위해서 어떻게 삽니까? 다른 사람을 위해서 사는 것이 주님을 위해서 사는 것입니다. 다른 사람에게 주님을 대하듯이 하라는 의미입니다. "기쁜 마음으로 섬기기를 주께 하듯 하고 사람들에게 하듯 하지 말라"(엡 6:7). "무슨 일을 하든지 마음을 다하여 주께 하듯 하고 사람에게 하듯 하지 말라"(골 3:23).

정말 놀라운 일입니다. 이것이 예수님을 믿는 사람의 특징입니다. 걱정과 염려가 없습니다. 더 이상 두려워할 것도 없습니다. 남편에게 복종하라는 말은 바로 이 일의 첫 번째 실천입니다. "아내들아, 더 이상 자기 자신에 대해서 걱정하지 말아라", 이 뜻인 것입니다. 이제는 모든 사람에게 주께 하듯이 복종해야 하는데, 제일 먼저 남편에게 복종하라는 것입니다.

베드로전서 3장 1-2절은 예수님을 믿지 않는 남편에게도 순종하라고 말합니다. "아내들아 이와 같이 자기 남편에게 순종하라 이는 혹 말씀을 순종하지 않는 자라도 말로 말미암지 않고 그 아내의 행실로 말미암아 구원을 받게 하려 함이니 너희의 두려워하며 정결한 행실을 봄이라." 남편에게 순종하는 것이 남편을 구원하는 가장 빠른 길이요, 유일한 길이기 때문입니다. 남편이 아내의 말을 듣지 않고 행동을 본다는 것입니다. 아내가 함께 계시는 주님을 믿고 경외한다는 뜻입니다.

예수님이 함께 계시는지를 정말 알고 나면 항상 말조심하게 되고 행동도 조심하게 됩니다. 주님이 원하시는 것이 무엇일까를 항상 생각합니다. 이것이 '두려워한다'는 말의 뜻입니다. 그러니까 정결하게 되는 것입니다. 남편이 아내를 보니까 아내의 두려워하며 정결한 행실이 보입니다. 그 자체가 주님을 만나는 것입니다. 그래서 남편이 주께로 돌아오는 일이 벌어집니다.

남편에게 복종하기가 힘듭니까? 그러면 복종이 어렵고 불가능한 일이라고 생각하지 말고 성령 충만을 구해야 합니다. 주님께로 가서 주님을 찬양하고, 주님을 바라보고, 주님께 기도하고, 주님의 말씀을 묵상하고, 주님과의 시간을 더 가져야 합니다. 언제까지요? 은혜가 흘러넘칠 때까지 해야 합니다. 그러면 남편에게 복종하는 일이 아무것도 아닌 듯 느껴집니다. 굴욕감이 느껴지지 않습니다. 오히려 하나님이 주신 기회가 됩니다.

북유럽의 나라들은 조상이 바이킹, 즉 해적이었습니다. 그런데 어떻게 해적 나라가 가장 잘 사는 기독교 국가가 되었을까요? 아주 흉악한 해적들이 유럽의 바닷가를 노략질하고 다녔는데 말입니다. 당시 해적들은 예수님을 잘 믿는 여인들을 강제로 끌고 와서 아내로 삼았다고 합니다. 봉변을 당해 해적의 아내가 된 여인들은 인생을 포기하거나 하나님을 원망하지 않았습니다. 그 속에서 주의 인도하심을 구하고 하나님의 함께하심을 바라보면서 주님이 명령하신 대로 남편을 섬기고 자녀들을 기도와 말씀으로 양육했습니다.

그 흉악한 해적들이 어느 순간 예수님을 영접하고 그 자녀들이 커서 훌륭한 그리스도인이 되어 지금의 북유럽이 된 것입니다. 기독교 신앙을 받아들이고 난 후 해적 특유의 용기, 담력, 진취적인 생각이 어우러지자 청교도들이 되었습니다. 청교도 신앙이 그렇게 만들어진 것입니다. 한 여인이 정말 주님께 복종하는 마음으로 남편에게 복종하면 어떤 일이 일어나는지 기독교 역사 속에 이미 많은 증거가 있습니다.

모든 순간 주께 하듯 해야 부부가 삽니다

어떤 남편도, 아무리 강해 보이는 남편도 아내에게는 꼼짝을 못합니다. 아내가 하는 말에 대해서 겉으로는 격하게 반응하는 것 같아도 속으로는 다 무너집니다. 이유는 자기 비밀을 다 알고 있기 때문입니다. 저도 아내가 제일 무섭습니다. 남편의 모든 것을 속속들이 알고 있는 아내가 하는 말은 남편을 쉽게 무너뜨립니다. 아내가 하는 말 한마디, 한마디가 남편에게는 비수로 찌르는 것처럼 견딜 수 없는 고통입니다. 그래서 아내가 뭐라고 이야기하면 남편이 쉽게 화를 버럭 내는 것입니다.

처음에는 아내를 무시하기도 하고, 변명하기도 하고, 부인하기도 하지만 결국은 받아들이게 됩니다. 사실이기 때문입니다. 그러다가 남편은 '나는 패배자야. 나는 안 되나 봐. 나는 위선자야. 나는 속물 중에 속물이야. 나는 괴물이야' 하면서 서서히 무너집니다.

그런데 우리가 아무리 배우자에게 지적을 당하고, 그로 인해 마음이 무너졌다고 하더라도 그 모든 상황을 뒤집어엎으실 수 있는 분이 우리 안에 오셨습니다. 예수 그리스도이십니다. 예수님이 우리 안에 오신 것은 정말 놀라운 일입니다. 무너진 나의 실체는 아내에게도 감출 수 없지만, 동시에 내 안에 오신 예수님께도 감출 수 없이 드러납니다.

예수님이 내 안에 오셔서 하시는 첫 번째 일이 무엇입니까? 내 옛사람, 그 지긋지긋하게 벗어나고 싶은 못된 성질, 속물 중에 속물, 괴물이라고까지 말하는 것을 다 주님과 함께 십자가에 못 박으시는 것입니다. 그리고 예수님으로 인해 새 생명을 얻게 하시고 예수님이 내 생명이 되십니다. 예수님의 성품이 내 성품이 됩니다. 기적 중에 기적이지 않습니까? 이 일이 예수님을 믿을 때 우리에게 일어납니다.

예수님이 우리 안에 오셔서 나를 변화시키십니다. 그리고 배우자가 가진 마음의 상처, 좌절감, 병든 마음을 고치십니다. 이 일을 이루시기 위해 아내를 향해 남편에게 복종하라고 하시는 것입니다. 예수님은 우리를 구원하려고 죽기까지 복종하신 분입니다.

이따금 교인들로부터 "은혜 받았습니다", "목사님 참 귀하십니다"라는 말씀을 들으면 기분이 좋습니다. 하지만 그것 때문에 춤을 추고 좋아할 정도는 아닙니다. 그분은 그저 겉으로 보이는 제 모습만 보고서 저를 칭찬하시고 높여 주시는 것이기 때문입니다. 그런데 제 모든 것을 알고 있는 아내가 저를 칭찬하면 다릅니다. 아내가 "당신은 참 훌륭합니다. 오늘 말씀이 정말 은혜로웠습니다" 하면 진짜로 혼자 화장실에 가서 춤출 일입니다.

아내가 남편을 칭찬하고 인정할 때 남편은 살아납니다. 아무것도 아닌 것 같지만, 결코 아무것도 아닌 것이 아닙니다. 아내는 남편의 모든 것을 알고 있는데 그 아내로부터 격려를 받고 높임을 받으면 남편은 속에서부터 뜨거운 열정이 일어납니다. 얼마든지 할 수 있다는 확신이 섭니다. 더 잘하고 싶어집니다. 그래서 주님이 아내를 향해 남편에게 주께 하듯이 복종하라고 하신 것입니다.

남편들이 때때로 정말 주님을 만나고 싶을 때가 있습니다. 나를 사랑하시고, 끝까지 나를 위해 주시고, 나를 붙잡아 주시는 주님을 만나고 싶습니다. 그런데 그 일이 순종하는 아내를 통해서 이루어집니다. 이것이 하나님의 계획입니다.

아내가 남편보다 더 지혜롭고, 똑똑하고, 섬세하고, 정확할 때가 많습니다. 그런데 하나님이 왜 아내를 향해 남편에게 순종하라고 하셨을까요? 아내의 순종이 남편을 행복하게 해 주는 열쇠이기 때문입니다.

아내들은 남편이 남편이기 전에 남자라는 사실을 알아야 합니다. 남자는 도대체 어떤 존재입니까? 칭찬받을 때, 존중히 여김을 받을 때 행복하게 느끼고, 무시당할 때 가장 불행하게 느끼는 존재입니다. 남자는 자기를 인정해 주는 사람에게 마음이 끌립니다. 문제는 아내들이 이 점을 정확하게 이해하지 못하고 있다는 것입니다.

많은 아내가 남편을 도와줄 사람은 자기밖에 없다면서 남편의 잘못을 지적합니다. 그러다 보면 나중에는 잔소리가 되고 면박을 주는 단계까지 갑니다. 잘 살아 보자는 것이고, 남편 잘되게 해 보자는 의도이겠지만, 이미 남편은 죽었습니다. 살아 있지만 실제로 마음은 죽었습니다. 남자의 가장 치명적인 상처는 아내로부터 자존심 상하는 것이기 때문입니다. 그러므로 아내는 남편을 향해서 "자존심은 있어가지고!" 이런 말을 하면 안 됩니다. 자존심이 상하면 남자는 죽습니다.

19세기 최고의 화가 중 한 사람인 폴 세잔느(Paul Cezanne)는 굉장히 성격이 괴팍한 사람이었습니다. 무명 시절에 작품 활동을 하다가 마음대로 그림이 그려지지 않으면 그렸던 그림을 다 구겨서 바닥에 내버리고 화실에서 나가 버리기 일쑤였습니다. 그때마다 아내는 남편이 그렸던 그림을 정성스럽게 다시 펴서 화폭에다가 올려놓았습니다. 마음이 좀 가라앉아서 들어온 세잔느는 자기 화폭에 구겨 버렸던 그림이 다시 펴져 있는 모습을 보고서 그 위에 다시 그림을 그리기 시작했습니다. 세잔느의 유명한 그림 중에서 상당히 많은 작품이 그렇게 해서 완성되었다고 합니다.

남자들에게는 이런 아내가 필요합니다. 무시당하고, 원하는 대로 일이 안 되고, 사람들로부터 지적당하고, 멸시당할 때 끝까지 지지자가 되어 주고, 용기를 주고, 지원해 주는 아내 말입니다. 그래서 하나님이 돕는 배필로 남자에게 여자를 주신 것입니다. 아내가 무언가 부족하고 문제가 많은 남편을 돕는 가장 좋은 방법은 남편의 장점은 남편에게 직접 말해 주고, 남편의 단점은 하나님께 말씀드리는 것입니다. 남편을 지적하는 말은 가능하면 하지 말고 하나님과 대화할 시간을 많이 갖는 것입니다. 아내들은 꼭 한 번 실천해 보세요. 남편이 확 바뀝니다.

한 저명한 목사님이 아내 이야기를 해 주셨습니다. 목사님의 아내는 사람 때문에 고통당할 때면 늘 기도로 해결했습니다. 그때마다 "하나님, 아무개를 불쌍히 여겨 주소서", 이렇게 기도를 했습니다. 목사님은 아내가 이 기도를 하면 바로 그 아무개가 아내를 굉장히 힘들게 한다는 것을 알게 되었습니다. 어느 날 집에 들어 갔는데, 아내가 거실에서 큰 소리로 기도를 하고 있었습니다. 들어 보니 또 아무개를 불쌍히 여겨 달라고 기도하고 있었습니다. 목사님이 현관에 서서 도대체 또 누가 아내를 힘들게 하는가 하고 들어 봤더니, "하나님, 남편을 불쌍히 여겨 주소서"라고 기도하고 있더랍니다. 그 목사님이 어떻게 그렇게 목회를 잘하시고 내외가 행복해 보이는지 그 비밀을 하나 알게 되었습니다.

남편들은 남편이기 전에 하나님의 아들입니다. 아들을 보는 아버지의 마음으로 남편을 바라보세요. 하나님은 우리가 뭐 하나라도 잘한 것이 있으면 주변 사람들이 과하다고 느낄 정도로 환호성을 지르고 박수를 보내십니다. 남편에게 그렇게 하세요. 하나님이 정말 사랑하시고, 격려해 주고 싶어 하시고, 힘을 주고 싶어 하시는 하나님의 아들과 함께 산다는 사실을 꼭 명심하시기 바랍니다.

제 아내가 어디서 말씀을 전할 때 남편을 보면 예수님을 보는 것 같다고 이야기했다는 소문을 들었습니다. 그래선지 사람들이 저를 보면 무슨 천연기념물 보듯이 봅니다. 어떻게 제가 아내에게 항상 예수님같이 할 수 있겠습니까? 그런데 왜 아내는 그렇게 이야기했을까요? 남편이 자신에게 예수님 같기를, 그렇게 살아 주기를 바라는 마음이 제 아내의 믿음이고, 소원이고, 기대인 것입니다. 그러다 보니 저는 아내를 대할 때마다 예수님을 생각하게 됩니다. 그러면서 남편을 향한 아내의 존중을 통해 남편을 세워 가시는 하나님의 방법을 알게 되었습니다.

테오도르 루즈벨트(Theodore Roosevelt) 대통령은 미국의 유일한 4선 대통령입니다. 경제 대공황을 극복하고 제2차 세계대전을 승리로 이끌었던 참 훌륭한 사람입니다. 그런데 그가 39세 때 척수성 소아마비로 장애인이 되었습니다. 한창 꿈을 펼쳐야 하는 젊은 정치인이 완전히 고꾸라졌습니다.

어느 날 그는 아내와 함께 휠체어를 타고 정원에 나갔습니다. 그가 아내에게 참 묻고 싶지만 목에서 잘 나오지 않는 질문을 했습니다. "여보, 내가 이렇게 장애인이 되었는데도 여전히 나를 사랑하오?" 그것이 남편입니다. '아내가 나를 여전히 사랑할까?' 궁금했던 것입니다. 그때 아내가 이렇게 대답했습니다. "내가 당신 다리랑 결혼한 줄 아세요? 나는 당신의 인격을 좋아하고 존경해서 결혼한 것입니다. 당신이 소아마비가 된 것이 무슨 상관이 있습니까?" 그 말을 들은 루즈벨트는 다시 일어날 힘을 얻었습니다.

아내는 남편을 얼마든지 놀랍게 세울 수 있습니다. 주께 하듯 복종하면, 기도하고 순종하면 말입니다. 어떤 분들은 "남편에게 그렇게 복종하면 남편은 좋겠지만 내가 받을 보상은 무엇입니까?"라고 질문할 수 있겠습니다. 아내가 얻는 보상은 행복입니다. 사랑하는 사람에게 잘해 주고 섬기면 행복합니다. 남편이 행복합니다. 그러면 아내가 행복해집니다. 행복한 사람하고 함께 사는 것이 얼마나 행복한가요!

주님의 말씀을 잘 붙잡으십시오. 우리 가정과 남편이 사는 길이요, 아내가 사는 길입니다. 죽기까지 복종하면 다 삽니다. 주께 하듯이 복종하면 주님이 책임져 주십니다.

◆

남편의 사랑,
아내의 행복

아내를 사랑하세요. 예수님이 교회를 사랑하신 것처럼

하나님이 남편에게 주시는 말씀은 아주 간단합니다. 아내를 사랑하라는 것입니다. 대부분의 남편들은 "아내를 사랑하라"는 말씀을 들으면 조금도 떨림이 없을 것입니다. 왜냐하면 아내를 사랑하기 때문입니다. 아내를 사랑하지 않는다는 분은 거의 못 봤습니다. 그런데 왜 아내들은 고통스러운 것일까요? 남편들이 자기 식대로만 사랑하기 때문입니다.

사랑을 주는 사람이 자신이 하고 싶은 대로 사랑하면 안 됩니다. 사랑을 받는 아내가 받고자 하는 대로 사랑해야 합니다. 남편들은 그동안 자신이 아내를 사랑했던 방식이 주님이 말씀하신 그 사랑이었는지 한번 돌아보면 좋겠습니다.

예수님이 남편에게 원하시는 아내 사랑은 아내의 죄와 허물을 대신 짊어지는 사랑을 말합니다. 일반적으로 세상에서 말하는 사랑과는 분명한 차이가 있습니다. 이 점을 이해하지 못하면 남편이 아내를 사랑한다고 하지만 정작 아내는 사랑을 전혀 느끼지 못하게 됩니다.

"남편들아 아내 사랑하기를 그리스도께서 교회를 사랑하시고 그 교회를 위하여 자신을 주심같이 하라"(엡 5:25). 여기서 예수님이 교회를 위하여 자신을 주셨다는 것은 십자가를 지셨다는 뜻입니다. 예수님이 누구를 위해 십자가를 지셨나요? 사랑스러운 사람, 하나님을 잘 믿는 사람, 하나님의 뜻대로 사는 사람인가요? 아닙니다. 예수님은 지옥에 갈 사람을 위해서 십자가를 지신 것입니다. 그것이 바로 예수님의 우리를 향한 사랑입니다. 하나님은 남편들을 향해 자신이 사랑한 그대로 아내에게 하라고 말씀하신 것입니다. 그러니까 남편이 아내를 사랑하는 것은 아내가 사랑스럽고 마음에 들어서 남편이 희생 좀 하는 정도의 사랑이 아닌 것입니다. 아내가 너무 마음에 들지 않고, 큰 잘못을 했다 하더라도 그 죄를 남편이 대신 지라는 것입니다.

가정을 지키는 것은 로맨틱한 사랑이 아니라 결혼할 때 한 결혼 서약입니다. 하나님 앞에서 평생토록 아내를 사랑하겠다고 한 약속이 가정을 지키는 것입니다. 하나님은 남편에게 아내를 사랑하겠다는 약속을 하게 하셨습니다. 이것은 진정한 사랑을 한다는 것은 어려운 일이고, 사랑을 유지하는 것은 더욱 힘든 일이라는 뜻입니다. 사랑이 저절로 우러나오고, 결혼하고 나서도 연애할 때처럼 계속 뜨거운 감정으로 로맨틱한 사랑을 나누며 사는 것이 자연스러운 일이라면 서약까지 할 필요가 있나요?

결혼식을 치르고 살아 보면 남편들은 이 세상에 항상 사랑스럽기만 한 여자는 없다는 사실을 알게 됩니다. 여기에 결혼하게 되는 신부의 두려움이 있습니다. 이제 결혼한다고 생각할 때 한편으로는 설레지만 한편으로는 두렵습니다. 데이트할 때는 완벽하게 감추고 살았습니다. 좋은 모습만 보여 주었습니다. 그러니 '내 진짜 모습을 알고도 여전히 나를 사랑할까? 내 허물, 약점, 문제점, 우리 집안의 어려운 일을 다 알고 난 다음에도 여전히 나를 사랑할까? 끝까지 나를 사랑할까? 다른 사람하고 비교하지 않을까?' 하고 걱정하게 되는 것입니다.

그래서 하나님이 남편에게 약속하라고 하셨습니다. "당신의 허물과 어떤 문제조차 내가 다 책임지겠소. 그러니 결혼하고 난 뒤에도 안심하고 당신의 모습 그대로 다 보여 주어도 괜찮아요. 당신에게 혹시 허물이 있으면, 죄가 있더라도 내가 다 책임질 것입니다." 하나님이 남편에게 아내의 허물과 죄악까지도 다 책임지라고 하신 것은 아내를 정말 사랑하는 배려입니다.

예수님은 교회를 사랑하셨는데, 교회가 사랑스러워서 사랑하셨을까요? 아니라는 것이 에베소서 5장 26절에 나옵니다. "물로 씻어 말씀으로 깨끗하게 하사 거룩하게 하시고." 더러우니까 물로 씻어 깨끗하게 하시겠다는 것입니다. 이어지는 27절은 "티나 주름 잡힌 것이나 이런 것들이 없이 거룩하고 흠이 없게 하려 하심이라"라고 말합니다. 교회에 티나 주름이 있다는 뜻입니다. 그러나 예수님은 교회에게 "깨끗하게 하라. 티나 주름 잡힌 것을 다 없애라" 말씀하시지 않고, 주님이 친히 깨끗하게 하시고 티나 주름을 없애 주겠다고 하셨습니다.

이는 남편이 아내에게 그렇게 하라는 것입니다. 남편이 아내에게 "깨끗해라. 티나 주름 없이 항상 예쁜 수준을 유지해라" 해서는 안 됩니다. 남편이 아내를 그렇게 만들어 주라는 의미입니다. 만약 딸이 큰 잘못을 저질러서 안절부절못하고 있으면 어떤 아버지든 당장 달려갑니다. 그러고는 쩔쩔매는 딸을 자기 뒤에 숨기고 피해자에게 "제가 이 아이의 아버지입니다. 제가 다 책임지겠습니다. 이 아이에게는 아무 말도 하지 말아 주세요"라고 말할 것입니다. 아내에게 그렇게 하라는 것입니다. 그것이 남편이 아내를 사랑하는 방법입니다.

아내가 귀합니까, 딸이 귀합니까? 부녀지간도 매우 가까운 관계지만 아내는 훨씬 더 가깝습니다. 한 몸이기 때문입니다. 그래서 남편이 아내를 사랑하는 것은 아내가 내 몸과 하나라는 분명한 믿음이 있어야 가능합니다. "이와 같이 남편들도 자기 아내 사랑하기를 자기 자신과 같이 할지니 자기 아내를 사랑하는 자는 자기를 사랑하는 것이라 누구든지 언제나 자기 육체를 미워하지 않고 오직 양육하여 보호하기를 그리스도께서 교회에게 함과 같이 하나니 우리는 그 몸의 지체임이라 그러므로 사람이 부모를 떠나 그의 아내와 합하여 그 둘이 한 육체가 될지니"(엡 5:28-31).

예수님이 교회를 사랑하시는 이유는 한 몸으로 받아 주셨기 때문입니다. 교회가 아무리 문제가 많고 더러워도 예수님이 씻기시고, 정결하게 하시고, 주름 잡힌 것을 다 펴 주시는 은혜로 교회를 사랑해 가시는 것입니다. 남편과 아내 사이가 꼭 이와 같습니다.

이요셉 집사님이 《결혼을 배우다》(토기장이, 2016)라는 책에서 이렇게 썼습니다.

나는 결혼한 후 한동안 나를 위해 아내가 존재한다는 생각을 했다. 그런데 기도드릴 때 주님은 내게 이런 마음을 주셨다. '네 아내를 사랑하고 사랑해 줄 사람을 찾고 찾다가 가장 사랑해 줄 사람으로 너를 찾았단다.' 순간 놀랐다. 나를 위해 아내가 존재한다는 생각은 철저한 착각이었던 것이다. 하나님은 아내를 사랑해 줄 사람으로 나를 찾으셨다. 이것을 깨닫고 모든 것이 달라졌다.

하루는 아내가 아파서 아내 앞에 무릎을 꿇고 기도했다. 그때 내가 아내에게 해 줄 수 있는 것은 기도밖에 없었다. 그렇게 시작한 기도는 전혀 예상 못한 방향으로 흘러갔다. "주님, 나와 아내가 한 몸이라는데 나는 아프지 않는데 아내는 이렇게 아파하고 있습니다. 아내와 나는 한 몸인데 나는 이렇게 멀쩡합니다." 기도는 점점 절박해져 갔고 내 눈에서는 눈물이 뚝뚝 떨어지기 시작했다. "주님, 아내의 아픔을 내게 주세요. 그리고 내가 가진 평강을 아내에게 주세요. 우리는 한 몸인데 아내 혼자서만 이렇게 아파하고 있습니다. 주님, 용서해 주세요. 내가 아플게요." 나는 어깨를 들썩이며 회개하며 울었다.

우리가 주님을 바라보면 아내를 향해 한 몸이라는 마음이 생깁니다. 배우자가 고통스러운데 한 몸인 내가 어떻게 기쁠 수가 있습니까? 살다 보면 부부 싸움을 안 하기 어렵지만, 부부 싸움은 절대로 누가 이기든지, 지든지가 없어야 한다는 사실을 명심하십시오. 만약 한쪽이 이겼다면 다른 쪽은 상처를 받은 것입니다. 한 몸인데 한쪽이 상처를 받았다면 다른 쪽이 어떻게 행복할 수 있나요? 부부 싸움은 이기고 지는 싸움이 아닙니다.

어느 목사님이 아내와 싸우면 항상 자기가 이긴다고 했습니다. 그래서 다들 부러워서 "어떻게 그럴 수가 있습니까?" 물었습니다. 그러자 목사님이 답했습니다. "지는 것이 이기는 것 아닙니까?" 그 말에 모두 다 웃었습니다. 이것은 정말 지혜로운 처사입니다.

어느 아내가 남편에게 물었습니다. "여보, 내가 잘못한 것 아는데 당신은 왜 자꾸 나한테 져 주는 거야?" 그러자 남편이 대답했습니다. "당신과 나는 한 몸인데 내가 나와 싸워 이겨서 뭐 하겠어." 부부 싸움은 할 수밖에 없는 형편이지만, 명심해야 합니다. 부부 싸움은 나 자신과 싸우는 것입니다.

부부는 한 몸이기에 아무리 좋은 일이라도 아내 모르게 했다면 남편 잘못입니다. 남편들은 흔히 그런 문제로 아내와 싸우곤 합니다. 아내가 왜 고통당하고 괴로워합니까? 한 몸인 남편과 아내의 관계가 깨어졌기 때문입니다. 그러니까 남편은 "당신과 의논하지 않은 것, 내가 백번 잘못했다" 시인해야 합니다. 이것이 바로 남편과 아내가 한 몸임을 먼저 믿고 인정하고 나가는 방법입니다.

남편은 항상 아내 편이 되어야 합니다. 아내가 혹시 잘못한 일이 있어도 남편은 아내와 한 몸이기에 어쩔 수 없이 아내 편이 되어 같이 벌을 받고 같이 책임져야 합니다. 그리고 남편은 아내 외에 다른 여자에게서 기쁨을 얻으려고 하면 안 됩니다. 그것은 정말 바보 같은 일입니다. 자기와 한 몸인 아내가 불행하게 되는 일입니다. 그러면서 어떻게 자기는 행복할 것이라고 생각할 수 있나요?

남편이든 아내든 침실의 정결함은 무슨 일이 있더라도 지켜야합니다. 배우자 이외의 이성에게서 위로를 받고 기쁨을 얻으려는 사람은 바보 중에 바보입니다.

우리는 언젠가 배우자와 사별합니다. 항상 그때를 준비하고 살아야 합니다. 우리가 맺은 모든 인간관계 중에 가장 귀한 관계, 마지막까지 가는 관계가 부부 관계입니다. 부부의 침실의 정결함을 깨뜨린 사람은 사별의 순간에 그보다 더 고통스러운 일이 없을 것입니다. 사실 사별로 끝나는 것도 아닙니다. 조금 더 지나면 하나님 앞에서 만나게 되고 영원한 친밀함 가운데 살게 됩니다. 후회를 남길 일을 하면 안 됩니다. 우리가 겪는 가장 고통스러운 일은 배우자와의 사이에서 정결함을 깨뜨리는 것입니다.

결혼해서 부부가 되는 일은 장사나 사업과 다릅니다. 그런데도 우리는 여전히 장사나 사업처럼 수준을 낮춰서 생각합니다. 그러니까 다른 사람의 결혼식에 가서 "신랑이 이익이네", "신부가 손해네" 하는 말을 툭툭 내뱉습니다. 결혼을 서로 이익이나 손해를 보는 것으로 따지는 것입니다. 결혼하고 난 다음에도 여전히 부부 사이의 관계를 거래라고 생각하는 분들이 있습니다. "아내가 아침밥도 안 해 주고 와이셔츠도 안 다려 주니까 나도 아내에 대한 책임을 지지 않겠어" 해서는 안 됩니다. 결혼생활은 장사가 아닙니다. 장사는 조금 투자하고 이익을 많이 얻으면 성공이지만 부부 사이는 결코 주고받는 관계가 아님을 기억하십시오. 아내를 사랑하라는 것은 아내가 어떻게 행동하든지 무조건 아내를 사랑하라는 것입니다. 그 약속이 바로 결혼 서약입니다.

그러면 남편은 도대체 어디서 채움을 받습니까? 예수님으로부터입니다. 행복은 아내가 주는 것이 아닙니다. 행복은 예수님만이 주실 수 있습니다. 아내에게 행복을 요구해서 행복해질 수 없습니다. 아내도 행복하게 해 주지 않는 것이 아니라 행복하게 해 줄 수가 없는 것입니다. 우리의 진정한 행복은 오직 하나님만이 주실 수 있습니다. 하나님으로부터 행복을 채움 받은 남자가 무조건 사랑을 베풀고 싶어서 결혼하는 것입니다. 내가 누리는 행복을 흘려보내 주겠다고 결혼하는 것입니다.

누구든지 데이트를 하다가 사랑에 빠지면 엄청난 고백을 합니다. "이제는 당신만을 사랑할 거야. 무슨 일이 있어도 당신을 떠나지 않을 거야. 세상 끝까지 당신과 함께할 거야. 그 무엇도 우리를 갈라놓지 못해. 당신 손에 물방울 하나 묻지 않게 할 거야. 당신 눈에 눈물 흘리지 않게 만들 거야." 제정신이 아닙니다. 그런데 결혼할 즈음 되면 사람들이 이상해집니다. 아마 이렇게 장사를 한다면 다 망할 것입니다. 어떻게 그처럼 대책 없는 약속을 합니까? 그런데 그것이 결혼입니다. 하나님이 그런 마음으로 이끌어 가셔서 결혼하게 만드시는 것입니다. 그리고 결혼했기 때문에 그 약속을 지켜 가면서 사랑을 지키게 하시는 것입니다.

그래서 디트리히 본회퍼(Dietrich Bonhoeffer)는 이렇게 말했습니다. "사랑이 결혼을 지켜 주는 것이 아니라 결혼이 사랑을 지켜 주는 것이다." 젊은이들은 이 점을 잘 이해하지 못합니다. 사랑이 결혼을 지켜 준다고 생각합니다. 그렇지 않습니다. 그러면 어떤 부부가 견딜 수 있겠습니까? 사랑이 식으면 다 헤어져야 되지 않나요? 결혼이 사랑을 지키는 것입니다. 하나님이 두 사람을 결혼하게 하시려고 사랑에 빠지게 하시고, 제정신이 들면 약속을 했으니 지키게 하시는 것입니다. 마음속 사랑의 열정은 식었지만 하나님 앞에서 서약한 약속을 기억하며 그 힘을 의지하는 것입니다. 그 가운데서 하나님은 사랑을 회복시키시고 자라나게 하십니다. 하나님의 약속 안에 가정을 두시고, 울타리로 보호하시고, 정말 성숙한 사랑으로 키워 가시는 것입니다.

나는 죽고 예수님으로 사는 것이 아내를 예수님처럼 사랑하는 법입니다

에베소서 5장 23절은 남편이 아내의 머리라고 말합니다. 이 말씀을 오해해 많은 남편이 자기가 아내의 머리라고 착각합니다. 자신이 아내보다 특별히 나은 사람이라고 생각해서 아내에게 권위주의적으로 행하는 태도를 합리화하는 데 이 말씀을 적용합니다.

남편이 아내의 머리라는 말은 그런 의미가 아닙니다. 머리는 판단하고 생각하는 고차원적인 기능을 하므로 더 귀하니까 밤에 잘 때 머리에는 이불을 덮어 주고 엉덩이는 내놓고 자나요? 머리가 아프면 병원에 입원하고 다리가 아프면 내버려 둘까요? 아닙니다. 몸이 아프면 제일 걱정하는 것이 머리입니다. 몸매를 신경쓰는 것도 머리입니다. 머리가 하는 그 일을 남편이 하라는 것입니다. 아내를 살피고, 생각해 주고, 판단해 주고, 결정해 주고, 항상 보호해 주는 것이 남편이 해야 하는 사랑입니다.

무엇보다 머리가 된 남편이 해야 할 가장 중요한 일은 아내와 자녀를 위해서 기도하는 일입니다. 가정에서 가장 중요한 것이 하나님과의 관계입니다. 그런데 가정을 대표해서 하나님과 관계를 맺어 가야 하는 사람이 가장인 남편입니다.

왜 하나님과의 가장 중요한 관계를 아내에게 맡깁니까? 그러니 기도는 아내가 아니라 남편이 해야 합니다. "그러므로 각처에서 남자들이 분노와 다툼이 없이 거룩한 손을 들어 기도하기를 원하노라"(딤전 2:8). 남편은 기도가 익숙하지 않고 아내가 기도를 많이 한다고 해서 기도는 아내가 하는 것이라고 생각하면 큰일 납니다. 하나님과 친해져야 하고, 하나님의 뜻이 분별되어야 하고, 집안의 대소사를 하나님께 전적으로 맡기고, 하나님의 은혜를 감당할 통로를 남편이 맡아서 해야 합니다.

어느 교회 교인들이 이따금 제게 전화를 걸거나 메일을 보내 설교 부탁을 하곤 합니다. 그러면 제가 참 난감해 답을 못해 줍니다. 그분이 다니는 교회의 담임목사님이 계시기 때문입니다. 만약 그 교회 담임목사님이 요청을 해 오시면 제가 갈지, 못 갈지 의논해 볼 수 있습니다. 하나님이 우리 가정을 다루실 때도 똑같습니다. 남편이 기도해 오면 하나님이 우리 가정의 문제를 다 의논하십니다. 그런데 남편이 기도를 안 합니다. 그러면 하나님이시지만 남편이 기도할 때까지 기다리십니다.

아내를 위해 기도해 보세요. 남편에게는 아내를 축복할 권세가 있습니다. 자녀를 위해 축복할 권세가 있습니다. 아버지가 해야 될 일입니다. 기도해 보면 자신의 영적인 상태를 알게 됩니다. 하나님 앞에서 기도해야 하기 때문에 자신이 바로 서게 되는 것입니다. 이처럼 중요한 섬김이 또 있을까요?

그러나 남편도 사람인데 어떻게 이처럼 완벽하게 아내를 예수님처럼 사랑하고 살 수가 있나요? 그래서 남편이 예수님을 바로 믿어야 한다는 것입니다. 예수님처럼 하려고 애를 써서 될 문제가 아닙니다. 내 복음이 아니라, 나는 죽고 예수님으로 사는 십자가 복음으로 예수님을 믿어야 합니다. 교회만 왔다 갔다 하지 말고 이제는 진짜 제대로 예수님을 믿어야 하는 것입니다. 나는 죽고 이제는 예수님으로 사는 것, 그것이 바로 아내를 예수님처럼 사랑하는 것입니다.

하나님이 정말 나를 사랑하셔서 독생자를 주셨다는 사실을 깨닫게 될 때, 예수님이 나를 위해서 십자가에서 죽어 주셔서 내가 지옥에서 건짐 받았다는 사실이 믿어질 때, 그리고 그 주님이 내 마음에 와 계시다는 사실에 눈뜨게 될 때 어떤 남자든 마음속에서부터 정말 뜨겁게 끓어오르는 은혜와 사랑을 알게 됩니다. 남편에게서부터 흘러나오는 이 은혜와 사랑과 기쁨을 가장 먼저 경험하는 사람이 아내입니다.

남편이 예수님을 바로 믿어야 하는 중요한 이유는 마귀가 우리 가정을 무너뜨리려고 역사하기 때문입니다. 아담과 하와의 가정에서 했던 것처럼 지금도 똑같습니다. 에베소서 6장 12절은 "우리의 씨름은 혈과 육을 상대하는 것이 아니요 통치자들과 권세들과 이 어둠의 세상 주관자들과 하늘에 있는 악의 영들을 상대함이라"라고 말합니다. 마귀가 이렇게 무섭게 역사합니다. 그래서 남편이 영적으로 든든히 서지 못하면 가정이 쉽게 무너집니다.

마귀는 욥이라는 사람의 가정을 무너뜨리려고 무섭게 역사했습니다. 결국 욥은 재산을 다 뺏기고, 자녀들이 다 죽고, 종들도 다 죽고, 온몸에 종기가 나서 질그릇 조각을 가지고 몸을 긁어야 하는 비참한 처지가 되었습니다. 그때 제일 무서운 일이 벌어졌습니다. 아내가 흔들린 것입니다. "그의 아내가 그에게 이르되 당신이 그래도 자기의 온전함을 굳게 지키느냐 하나님을 욕하고 죽으라"(욥 2:9). 욥의 아내가 얼마나 치를 떨었으면 욥보다 먼저 뒤집어졌습니다. 하나님을 욕하고 차라리 죽으라니, 욥에게 있어서 가장 무서운 시험의 순간이었습니다.

그때 욥이 그 위기를 이겼습니다. "그가 이르되 그대의 말이 한 어리석은 여자의 말 같도다 우리가 하나님께 복을 받았은즉 화도 받지 아니하겠느냐 하고 이 모든 일에 욥이 입술로 범죄하지 아니하니라"(욥 2:10). 욥은 무너지지 않았습니다. 이것이 남편이고 남자입니다. 욥의 아내는 어떻게 되었을까요? 떠나갔을까요? 하나님을 욕하고 죽었을까요? 남편의 흔들리지 않는 모습을 본 욥의 아내는 남편 곁을 지켰습니다. 성경은 나중에 하나님이 욥이 잃어버린 것을 갑절로 갚아 주시고 다시 열 자녀를 주셨다고 말합니다

(욥 42:10, 13). 아내가 곁에 있었으니까 가능한 일입니다.

남편의 흔들리지 않는 믿음이 무엇보다 중요합니다. 이 믿음을 지키려면 성령 충만해야 합니다. 제가 예수동행일기를 쓰면서 순간 위기가 왔습니다. 24시간 주님만 바라보고 살려니까 아내에게 소홀해지는 것은 아닌가 하는 느낌이 들었습니다. 그런데 그때 놀라운 사실이 깨달아졌습니다. 그전에는 저 나름대로 아내를 사랑하려고 했었는데, 24시간 주님을 바라보면서 예수님이 제 아내를 사랑하시는 마음이 어떤 것인지 깨닫게 되었습니다. 제가 아내를 사랑하는 것과 우리 주님이 아내를 사랑하시는 것은 차원이 완전히 달랐습니다.

주님의 마음이 저에게 부어졌습니다. 마치 결혼식장에서 딸의 손을 잡은 신부 아버지가 사위가 될 신랑에게 손을 넘겨주면서 "내가 딸을 사랑한 것처럼 이제는 자네가 사랑해 주게"라는 가장 중요한 한마디만 하듯 하나님은 제게 이렇게 말씀하셨습니다. "네 아내를 내가 사랑한다. 너도 그렇게 사랑해 주기를 원한다."

그전에도 나름대로 아내를 사랑해 주려고 애썼지만 한계가 많았습니다. 그런데 주님과 가까워지자 주님이 주님의 사랑을 저에게 부어 주셨습니다.

하나님은 말 한마디라도 예수님이 아내에게 해 주고 싶으신 말씀을 남편의 입으로 하게 하십니다. 우리는 어떤 사람이 열 가지 잘하는 것이 있어도 한 가지가 문제가 있으면 그 한 가지를 이야기하는 존재입니다. 남편은 아내의 허물은 물론 내밀한 부분까지

다 압니다. 그런 남편의 입에서 아내를 "사랑한다"는 말은 다른 백 명이 사랑한다고 말하는 것과는 차원이 다르게 들립니다. 그 때 아내가 비로소 '남편이 나를 사랑하는구나. 나를 끝까지 책임 지는구나. 내 모든 허물을 책임져 주는구나. 아버지처럼 나를 사 랑하는구나'라는 사실이 느껴지면서 세상에서 가장 행복한 사람 이 되는 것입니다.

이것은 돈이나 학위가 있어야 할 수 있는 일이 아니라 남편이 예수님만 바로 믿으면 할 수 있습니다. 예수님이 그 남편을 통해 서 일하시기 때문입니다. 남편은 아내가 행복할 때 같이 행복합니 다. 남편은 아내의 도움과 보살핌을 받을 때 행복한 존재가 아니 라 아내를 보호하고 아내를 행복하게 해 줄 때 스스로 행복해지는 존재입니다. 그래서 아내를 사랑하라는 말씀은 남편을 구원하는 메시지입니다. 남편에게 이보다 더 놀라운 복은 없습니다.

9장

행복한 자녀와 부모는
십자가 아래 있다

· 엡 6:1-3

◆

자녀의 공경,
부모의 행복

길을 잃어버려서 헤맨 적이 있습니까? 가야 할 곳이 도무지 어딘지 몰라서 혼란스러울 때 얼마나 괴로운지 모릅니다. 그러다가 방향을 알게 되었습니다. 생각해 보니까 반대 방향으로 가고 있는 것입니다. 참 속상한 일이지만 방향을 알게 되면 마음은 편안해집니다. 다시 돌아가려면 고생해야 하고 시간도 많이 걸리겠지만 정확한 방향을 알고 있기에 이제 시간문제입니다. 시간만 지나면 목표 지점에 도달합니다.

그와 똑같은 일이 우리 가정에 일어나야 합니다. 가정이 나아가야 할 방향을 잃어버린 것이 가장 고통스러운 일입니다. 이제 그 길을 찾았습니다. 그러면 이제 남은 것은 시간문제입니다. 만약 우리가 우리 가정을 향한 하나님의 계획을 분명히 알게 되었고, 어떻게 해야 되는지를 정확하게 깨달았다면 우리 가정 안에 근본적인 변화가 시작된 것입니다.

앞 장에서 남편은 아내에게, 아내는 남편에게 어떻게 해야 하는지 나누었습니다. 자녀는 부모에 대해서 어떻게 해야 할까요? 핵심은 '주 안에서 부모를 공경하라'는 것입니다. 혹시 부모와의 관계가 깨어진 분이 있다면 어떤 형태로든지 반드시 해결해야 합니다. 부모와의 깨어진 관계는 하나님이 우리에게 복을 주시는 문이 닫혀 있다는 뜻이기 때문입니다.

부모로부터 마음에 상처를 입고 사는 이들이 상당히 많습니다. 그런데 한 가지 알아 두어야 할 점이 있습니다. 부모가 특별히 나쁜 사람이라서 우리 마음에 상처를 준 것이 아니라는 것입니다. 부모도 어쩔 수 없는 사람입니다. 자녀는 부모와 함께 어린 시절을 보내면서 부모의 모든 것을 알게 됩니다. 약점, 왜곡된 문제, 위선적인 태도, 잘못된 행동을 다 보았기에 자녀에게는 심각한 문제가 됩니다. 나이가 들어서 어른이 되면 인간관계를 맺으면서 상처를 받아도 심하게 다치지 않습니다. 왜냐하면 풀어낼 수 있는 능력이 생겼기 때문입니다. 그러다 정 못 견디겠으면 싸우거나 항의를 하고 재판까지 갈 수도 있습니다. 상처를 받기는 하지만 어릴 적 부모로부터 받은 상처보다 깊지는 않습니다.

어린 시절에 상처를 받으면 풀어낼 방법이 없습니다. 이해도 안 됩니다. 항의할 수도, 따질 수도 없습니다. 그러다 보니 상처가 속으로 파고듭니다. 어릴 때 상처는 대부분 부모로부터 받습니다. 이것이 평생 문제를 일으킵니다. 그래서 부모로부터 사랑과 은혜를 받으면서도, 또 부모에게 받은 마음의 상처 때문에 마음속에 원망을 쌓아 놓고 사는 것입니다. 부모의 은혜가 크다는 사실은 나중에 자라서야 알게 됩니다.

어떤 목사님이 자기 어머니는 정말 따뜻한 밥보다 자기가 먹다 남긴 밥을 더 좋아하시는 줄 알았다고 합니다. 알 만한 분이신데, 정말 그렇게 생각했답니다. 나중에서야 어머니가 따뜻한 밥은 자식에게 주시고 자신은 아들이 먹다 남은 밥을 드셨다는 것을 알게 되었습니다. 우리가 이렇게 어리석습니다.

또 한 목사님은 어릴 때 개를 길렀는데 장애견이었습니다. 그 개를 마음을 쏟고 사랑하면서 길렀는데 어느 날 학교에 갔다 왔더니 개가 없어졌습니다. 어머니에게 물었더니 개를 팔아 교회 건축헌금으로 드리려고 하나님께 바쳤다는 것입니다. 얼마나 마음이 상하던지 그 일로 마음에 깊은 상처가 생겼습니다. 그런데 그 목사님이 나중에 선교사가 되어서 자기의 삶 전체를 하나님께 바쳤습니다. 선교사로 헌신할 때 그 일이 생각났다고 합니다. '비록 성숙하게 처리하지는 못하셨지만, 어머니의 심정이 이러했겠구나.'

지나고 나면 부모에 대해서 이해할 수 없었던 행동이 다 이해가 됩니다. 솔직히 부모는 자녀에게 상처를 주고도 무슨 상처를 주었는지 모릅니다. 자녀가 조목조목 따져 물으면 당황해합니다. 심지어는 언짢게 생각해 야단치는 부모도 있습니다. 부모가 나빠서, 의도적으로 상처를 준 것은 아니었다는 뜻입니다. 의도적으로 상처를 주었다면 기억하지 못할 리가 없습니다. 사람이니까 어쩔 수 없이 죄성이 드러난 것입니다.

그런 식으로 따지면 자녀는 부모에게 잘못한 것을 다 기억하나요? 자녀도 잘 모릅니다. 의도적으로 부모에게 상처를 주려고 하지 않았기 때문입니다. 만약 의도가 있었다면 기억날 것입니다. 그런데 자녀도 어쩔 수 없어서 했던 일이 부모에게 상처가 된 것입니다. 이렇게 부모와 자녀는 서로 상처를 주고받습니다.

여기서 부모와 자녀 사이에 차이가 있습니다. 자녀는 부모가 준 작은 상처도 오래 기억하지만 부모는 자녀가 준 큰 상처도 잊어버립니다. 부모는 언제나 은혜로 자녀를 대합니다. 그런데 자녀는 그렇지 못합니다. 어떤 사람이 부모에게 "나에게 해 준 것이 뭐 있어!" 하며 소리 지르는 것을 들었습니다. 정말 몰라서 하는 이야기입니다. 그렇게 소리 지르는 그가 살아 있는 것 자체가 얼마나 부모의 은혜를 많이 받았는가를 말해 줍니다. 갓난아기 때 알아서 밥 먹고, 잠자고, 대소변을 가렸나요? 만약 누군가가 보살펴 주고, 먹여 주고, 재워 주지 않았다면 갓난아기가 어떻게 살아 있을 수 있나요? 지금 살아 있는 것 자체가 상상할 수 없는 은혜 속에서 살았다는 것을 의미합니다.

우리는 항상 늦게야 부모의 은혜를 깨닫습니다. 그래서 부모에게 상처받았다는 말을 쉽게 합니다. 나이가 들어 부모가 된 자기 모습을 보면서 비로소 부모를 보게 됩니다. 그때 철이 듭니다.

미우라 아야코의 소설《빙점》의 마지막 부분에 여자 주인공이 자살하려고 눈 덮인 산을 올라가는 장면이 나옵니다. 자기가 첩의 딸이라는 사실을 알게 되어 마음이 완전히 무너졌기 때문입니다. 왜 나를 낳았냐면서 어머니에 대한 원망이 극심하게 일어났습니다. 더 이상 소망도 없었습니다.

눈 덮인 산길을 올라가서 절벽 앞에서 뛰어내리려던 그녀는 자기가 걸어온 발자국을 보았습니다. 눈 위에 자기 발자국이 찍혀 있는데 너무 삐뚤삐뚤한 것입니다. 분명히 자기는 똑바로 걸어왔는데 어떻게 이렇게 삐뚤삐뚤한지 의아했습니다. 그때 어머니 생각이 났습니다. '나는 바로 걷는다고 걸어도 이렇게 삐뚤삐뚤할 수 있는 거구나. 나도 그렇구나. 어머니도 잘 살아 보고 싶었고 바로 살고 싶은 마음은 있었지만 마음대로 안 되었던 것뿐이구나.' 그러면서 어머니를 용서하게 되었습니다.

우리 자신을 보게 되면 비로소 부모를 보게 됩니다. 부모도 완벽할 수 없기에 어린 시절에 이런저런 상처를 받을 수밖에 없었던 것임을 깨닫게 됩니다.

성경은 자녀들에게 "주 안에서 너희 부모에게 순종하라"(엡 6:1) 고 가르칩니다. 이 말씀은 지옥에 갈 수밖에 없는 우리가 예수님의 십자가 은혜로 용서받고 하나님의 자녀가 되는 은혜를 받았음을 잊지 말고 부모를 대하라는 뜻입니다. 또 실제로 예수님이 우리와 함께 계시다는 것입니다. 그러므로 부모를 바라볼 때 항상 예수님을 함께 바라보라는 의미입니다. 이것이 성경에서 말하는 효도의 핵심입니다.

예수님을 믿는 사람에게는 용서하지 못하고 공경하지 못할 부모가 없습니다. 부모로부터 어떤 상처를 받았든지, 부모가 나에게 얼마나 잘못했든지 상관없습니다. 우리가 하나님으로부터 받은 용서와 사랑은 부모로부터 받은 상처와 아픔을 뛰어넘고도 남습니다. 부모가 우리에게 잘못했다고 말하지 않아도, 부모가 내 마음의 상처를 풀어 주지 않아도 괜찮습니다. 주님이 다 풀어 주십니다.

"주 여호와의 영이 내게 내리셨으니 이는 여호와께서 내게 기름을 부으사 가난한 자에게 아름다운 소식을 전하게 하려 하심이라 나를 보내사 마음이 상한 자를 고치며 포로 된 자에게 자유를, 갇힌 자에게 놓임을 선포하며"(사 61:1). 예수님에 대한 예언의 말씀입니다. 예수님은 마음이 상한 자를 고치시는 분입니다. 마음에 어떤 상처가 있더라도 예수님 안에서 다 치유될 수 있습니다. 그러므로 부모를 용서해야 합니다.

부모에게 율법적으로, 겉으로 잘하는 것은 성경이 말하는 부모 공경이 아닙니다. 마음으로도 부모를 용서하고 사랑해야 합니다. 어렵고 잘 안 되지요? 그러면 안 된다고 말하지 말고 기도하십시오. 안 되는 것을 되게 해 주시는 분이 주님이시니까 부모를 위해 기도해 보십시오.

사실 부모를 위해서 자녀가 드릴 기도가 있습니다. 부모에게서 무엇인가를 얻어 내려고 하지 마십시오. 우리의 필요는 하나님이 책임져 주십니다. 복은 하나님이 우리에게 주십니다. 단지 부모의 영혼을 위해서 기도하세요. 이제는 "내가 부모님에게서 축복 기도를 받아야 되겠다!", 여기에 목표를 두어 보기 바랍니다.

부모가 믿음이 조금 부족할 수 있습니다. 성격이 조금 거칠거나 구세대일 수도 있습니다. 상관없습니다. 하나님의 계획은 부모가 자녀에게 복을 빌어 주게 되어 있습니다. 부모에게는 자녀를 축복할 권세가 있습니다. 그러므로 이제 부모님 앞에 가서 무릎을 꿇고 부모님의 손을 내 머리에 얹고 기도해 달라고 구하십시오. 아무리 미숙한 기도라도 부모가 자녀에게 빌어 주는 복은 자녀가 받을 수 있는 가장 큰 복입니다. 우리에게는 부모님이 빌어 주는 복이 필요합니다. 그것이 부족했던 것입니다. 하나님이 나에게 복을 주시고 싶어도 복의 문이 닫혀 있던 것입니다.

부모로부터 축복을 받으려면 부모를 대하는 태도가 바뀌어야 합니다. 부모가 느끼기에 진짜 복을 빌어 주고 싶을 만큼, 비록 믿음이 없는 부모라도 "하나님이 진짜 살아 계시다면 너에게 복을 주시기 원한다"는 말이 튀어나오도록 해야 합니다. 부모는 자녀에게 복을 빌어 주려고 하면 마음이 떨립니다. 그래서 부모도 하나님 앞에서 바로 서게 됩니다. 그때 하나님이 역사하십니다.

◆

부모 공경은 하나님께 복 받는 길이요,
하늘 문을 여는 열쇠입니다

그렉 맥도널드(Greg McDonald)는 "75세 노인이 쓴 산상수훈"이라는 시를 썼는데 내용이 이렇습니다.

"기분 좋은 얼굴로 찾아와 잠시나마 잡담을 나눠 준 자에게 복이 있나니/ 나더러 그 얘긴 오늘만도 두 번이나 하는 것이라고 핀잔 주지 않는 자에게 복이 있나니."

연로하신 부모를 모시는 것은 대단히 어려운 일입니다. 현대의학으로 인해 사람의 수명이 점점 길어지니까 앞으로 부모를 모셔야 하는 세월이 훨씬 더 길어질 것입니다. 게다가 어느 순간 예기치 않게 부모가 치매에 걸렸다는 사실을 알게 될 경우 자녀는 인고의 세월을 보내야 합니다. 부모를 모시고, 또 공경하고 사는 것은 이 시대에 정말 어려운 일입니다. 그러나 분명한 것은 성경에서 하나님은 "자녀들아, 네 부모를 공경하라"고 말씀하셨다는 것입니다.

우리는 어떤 처지에 있었든지 부모로부터 은혜를 받았습니다. 낳아 주시고 길러 주신 은혜입니다. 은혜를 잊어버리고 제대로 갚지 않는 것은 다른 은혜를 구할 자격이 없어지는 것이나 마찬가지입니다. 그리고 이것은 우리가 망하는 길입니다. 부모를 거역하고 공경하지 않는 자는 말세에 하나님 앞에서 심판을 받습니다(딤후

3:1-2). 만약 사회가 전반적으로 부모를 공경하지 않는 방향으로 변화해 가고 있다면 그 사회는 망하는 길로 가는 것입니다.

예수님 당시 유대교 지도자들은 하나님을 잘 섬기고 있다면 부모에게는 소홀히 해도 괜찮다는 분위기였습니다. 예수님은 이 점을 아주 강하게 책망하셨습니다. "하나님이 이르셨으되 네 부모를 공경하라 하시고 또 아버지나 어머니를 비방하는 자는 반드시 죽임을 당하리라 하셨거늘 너희는 이르되 누구든지 아버지에게나 어머니에게 말하기를 내가 드려 유익하게 할 것이 하나님께 드림이 되었다고 하기만 하면 그 부모를 공경할 것이 없다 하여 너희의 전통으로 하나님의 말씀을 폐하는도다"(마 15:4-6).

사실 이 점이 저에게 있어서는 가장 두려운 일이기도 합니다. 제가 목사로서 목회를 해야 하기에 부모님에게 소홀히 한 것은 없는지 돌아보면 정말 두려울 정도입니다. 물론 부모님은 다 이해하십니다. "얼마나 바쁘고 할 일이 많으냐", "나에게 신경 쓰지 않아도 된다"고들 하셔서 어떤 때는 알고도, 모르고도 넘어갔던 일이 한두 번이 아닙니다. 그러나 주님은 부모를 공경하는 일은 어떤 것으로도 대신할 수 없다고 말씀하셨습니다.

저는 태어나자마자 큰아버님께 양자로 입양되었습니다. 그래서 제게는 아버님이 두 분이고, 어머님도 두 분입니다. 철이 없을 때는 많은 것이 자랑인 줄 알았습니다. 그래서 "나는 아버지도 많고 어머니도 많다!" 했습니다. 듣는 사람이 아주 당황스러워하는 것을 이해하지 못했습니다. 그런 데다가 어머님이 일찍 돌아가시는 바람에 새어머니까지 생겼습니다. 나이가 들면서 부모님을 모셔야 되는 일이 저에게 큰 짐처럼 느껴지기도 했습니다. '왜 나는 유난히 힘들어야 하나?' 이런 생각도 했습니다. 제가 아내에게 정말 감사한 것은 그처럼 힘든 부모님과의 관계를 아주 지혜롭게, 믿음으로 기도하며 잘 감당해 준 일입니다.

친부모님은 돌아가셨지만 양부모님은 미국에 생존해 계십니다. 연세가 많으신 아버님은 이제는 걷지도 못하시고 음식도 제대로 드시지 못하는 상태가 되신 지 거의 1년이 되어 갑니다.

1년 동안의 스케줄이 다 짜여 있는 입장이라 미국에 한 번 갔다 오기도 쉬운 일이 아니어서 전화만 드렸지 찾아뵙지도 못하고 있었습니다.

그러다 참 기가 막히게도 어느 해외 일정이 한 해 미루어지면서 한 주간이 비었습니다. 조금 무리한 일정이기는 하지만 미국으로 가서 아버님을 뵙고 왔습니다.

아버님, 어머님이 정말 좋아하셨습니다. 꼭 올 필요 없다고 하시더니 뵙고 나니까 이루 말할 수 없이 좋아하셨습니다. 그러면서도 또 저에게 짐이 된 것에 대해서 미안해하셨습니다. 그때마다 저는 아버님, 어머님께 "제가 복 받을 길을 막지 말아 주세요"라고 말씀드렸습니다. 사실 그것은 제가 복을 받을 길입니다. 자녀가 부모를 공경하고 잘 모시는 것은 자녀로서 복 받을 길입니다.

많은 사람이 무의식적으로 "내가 자녀들에게 짐이 되기 전에 일찍 죽어야 될 텐데" 하고 말을 합니다. 부모님을 모셔 보니까 얼마나 힘들고 어려운가를 경험했기에 내 아이들에게는 짐이 되지 말아야겠다는 생각이 드는 것입니다. 충분히 이해되지만, 그것은 하나만 알고 둘은 모르는 것입니다. 자녀가 연로하신 부모님을 모시고 공경하고 순종하며 사는 것은 하나님께 복 받는 길이라는 사실을 명심해야 합니다.

하나님은 우리가 부모에게 하는 것을 하나님께 하는 것으로 받겠다고 하셨습니다. 그러므로 우리가 부모에게 무엇인가를 잘못하고 섭섭하게 해 드렸다면 대단히 심각한 문제입니다. 또 한편으로 되갚아 주실 것이 없는 연로하신 부모님은 복 덩어리입니다. 부모님에게 잘하면 하나님이 다 갚아 주시기 때문입니다.

하나님은 자녀들에게 잘하면 복 주겠다고 약속하시지 않았습니다. 자녀 사랑은 저절로 되기 때문입니다. 오히려 너무 지나쳐서 문제입니다. 그런데 부모에게 효도하는 것은 하나님이 "네가 잘되고 땅에서 장수하리라"(엡 6:3)라는 약속을 덧붙여 주신 계명입니다. 저절로 안 되는 일이기 때문입니다.

부모님을 모시는 일로 갈등하는 분이 있다면, 부모님을 잘 모시기 바랍니다. 만약 '내가 어떻든지 부모님을 모셔야 되는데'라는 생각이 조금이라도 든다면 하나님이 주신 생각입니다. 쉬운 일이 아니겠지만 하나님이 힘 주십니다. 순종의 한 걸음을 내디디면 하나님이 걸어가게 해 주십니다. 그리고 정말 말할 수 없는 복을 우리에게 허락하십니다.

◆

하나님이 아버지가 되시는데
부모를 탓할 이유가 무엇입니까?

부모에게 깊은 상처를 받은 사람이 의외로 많습니다. 그런 성도에게 부모를 공경하라는 하나님의 말씀은 너무 지나치고 잔인하게 느껴질 수도 있습니다. 그런데 반드시 기억하십시오. 부모와의 관계는 반드시 해결해야 하는 문제입니다. 부모와의 관계가 틀어진 사람은 그 이유가 무엇이든지 간에 하나님과의 관계가 막히게 됩니다. 하늘의 복의 문을 닫아 놓고 사는 것입니다. 하늘의 복의 문이 닫히면 아무리 기도해도 소용없습니다.

어느 날 아버지 노아가 술에 취해 하체를 드러내고 잠을 잤습니다. 그 장면을 본 셈과 야벳은 아버지의 허물을 겉옷으로 덮어 가려 주었습니다. 하나님은 셈과 야벳에게 복을 주셨습니다. 그런데 아버지가 하체를 드러내고 자고 있다고 흉을 본 함은 저주를 받았습니다. 하나님은 부모를 대하는 태도를 그대로 하나님을 향한 것으로 받으십니다. 많은 사람이 이 사실을 잘 알지 못해 부모와의 힘든 관계를 내버려 두거나 위기라고 느끼지 못합니다.

하나님이 우리에게 주시는 은총 중에 가장 중요한 핵심은 죄 사함입니다. "주와 같은 신이 어디 있으리이까 주께서는 죄악과 그 기업에 남은 자의 허물을 사유하시며 인애를 기뻐하시므로 진노를 오래 품지 아니하시나이다 다시 우리를 불쌍히 여기셔서 우리의 죄악을 발로 밟으시고 우리의 모든 죄를 깊은 바다에 던지시리이다"(미 7:18-19). 우리의 죄를 발로 밟으시고 깊은 바다로 던져버려 다시는 기억도 하시지 않는 것이 우리를 향한 하나님의 사랑입니다. 그래서 하나님이 우리를 위해 독생자를 보내 주시고, 예수님이 우리를 위해 십자가에 피 흘려 죽으신 것입니다. 그렇게 우리는 죄 사함을 받았습니다. 그 결과로 하나님이 우리의 아버지가 되신 것입니다.

혹시 부모를 잘못 만났다고 생각하는 분이 있다면 이제 그 생각을 십자가에 못 박으십시오. 하나님이 아버지가 되시는데 부모님을 탓할 이유가 무엇입니까? 하나님이 독생자를 십자가에 못 박으실 정도로 나를 사랑하시는데, 천지를 창조하신 하나님이 내 아버지이신데 육신의 부모님의 허물 정도를 못 덮겠습니까?

게리 스맬리(Gary Smalley)와 존 트렌트(John Trent)가 쓴 《축복의 선물》(요단출판사, 1996)이라는 책에는 헬렌이라는 여인이 나옵니다. 그녀는 어려서 알코올중독인 아버지의 무자비한 학대를 받고 자랐습니다. 그녀는 집을 떠나면서 다시는 아버지를 만나지 않겠다고 생각했습니다. 그리고 얼마 후 예수님을 영접했습니다. 예수님을 믿으면서 그녀의 삶이 많이 바뀌었지만 끝까지 변하지 않는 것이 바로 성격이었습니다. 까다롭고, 비판적이고, 날카로운 성격 때문에 가족이나 주변 사람들과의 관계에 어려움을 겪었습니다. 기도도 하고 성경 공부도 해 봤지만 좀처럼 해결되지가 않았습니다. 목사님과 상담 중에 깊은 영적인 뿌리가 있는데, 아버지와의 관계가 깨진 것임을 알게 되었습니다. 어느 순간에 그렇게 싫어하던 아버지의 성격을 닮아 간 것입니다. 그녀는 기절하는 줄 알았습니다.

아버지와의 관계를 어떻게 해서든지 해결해야 된다는 사실을 알게 된 그녀는 아버지에게 전화를 드리고 찾아갔습니다. 현관에서서 '아버지를 어떻게 볼 수 있을까? 만나면 무슨 말을 할까?' 생각하며 초인종을 눌렀습니다. 아버지가 문을 열고 나왔는데 깜짝 놀랐습니다. 어릴 때 보았던 거인 같은 아버지가 아니었습니다. 너무나 왜소하고 초라한 노인이 눈앞에 나타났습니다.

거실에 앉아서 아버지와 이야기를 하면서 어렵게 말을 꺼냈습니다. "아버지, 저 그동안 아버지를 증오하며 살았습니다. 용서해 주세요." 한 번도 눈물을 보이지 않고 언제나 큰 목소리로 강하기만 했던 아버지가 울면서 말했습니다. "내가 정말 너에게 그렇게 못된 아빠였니? 내가 너를 그렇게 아프게 했었니? 나를 용서해 주렴." 그렇게 아버지와 딸 사이에 화해가 일어났습니다. 예수 그리스도 안에서 용서와 화해가 있었습니다.

헬렌은 아버지와 헤어져야 할 시간이 되었을 때 자기도 모르게 아버지에게 사랑한다고 고백했습니다. 그런데 그 순간 전율하듯 헬렌의 마음에 깨달아지는 무엇인가가 있었습니다. 자기도 놀랐습니다. '내가 아버지를 사랑한다는 고백을 할 수 있구나!' 늘 아버지에 대한 무서운 증오심으로 살았습니다. 그런데 자기 속에 여전히 그러면서도 아버지를 향한 정, 아버지의 사랑을 받고 싶은

갈망이 있었다는 것이 그 자리에서 드러난 것입니다. 이후 헬렌의 성격이 바뀌었습니다. 사람을 품어 줄 줄 알게 되었고, 사랑하게 되었고, 사랑을 표현하게 되었습니다. 하늘의 문이 열린 것입니다. 하나님의 은혜가 비로소 헬렌에게 쏟아져 들어올 수 있었습니다.

부모 공경은 율법의 문제가 아닙니다. 노력으로 해결할 수 있는 것도 아닙니다. 의무이기 때문에 할 수 있는 일도 아닙니다. 오직 주 안에서만 할 수 있습니다. "자녀들아 주 안에서 너희 부모에게 순종하라 이것이 옳으니라"(엡 6:1).

부모를 공경하려면 먼저 부모를 향해 사랑이 흘러갈 수 있도록 우리 속에서 사랑이 솟아나야 합니다. 내 속에 기적이 일어나야 합니다. 그러므로 우리가 먼저 예수님과 깊은 사랑을 나누어야 합니다. 부모님을 대하기 전에 먼저 주님과의 시간을 충분히 가져야 합니다. 하나님이 우리 가정에 역사하시려면 우리 각 사람 속에서 역사하실 수 있어야 합니다. 우리가 예수님 안에서 하나님이 아버지 되심을 먼저 누려야 합니다.

사랑이 없는데 도대체 어떻게 부모를 사랑합니까? 우리 안에 하나님의 사랑이 끓어 넘치고 주 예수님이 나와 함께 계심이 날마다 누려지면 공경하지 못할 부모는 없습니다.

"부모를 공경하라"라는 말씀은 사실 우리 마음이 정말 하나님의 사랑으로 절절 끓는지, 주 예수님과 기쁨으로 동행하며 살고 있는지를 점검해 주는 말씀입니다. 부모도 사는 길이지만, 자녀도 사는 길입니다. 부모 공경을 어쩔 수 없는 일이나 의무라고 생각하지 마세요. 하나님의 말할 수 없는 복, 우리를 살리시려는 하나님의 놀라운 은혜입니다.

우리 안에 하나님 아버지의 크고 놀라운 사랑이 풍성하게 누려지기를 원합니다. 주님을 바라보는 눈이 뜨이기를 원합니다. 그래서 우리 안에 있는 은혜와 사랑을 부모님에게로 흘려보내기를 원합니다. 부모와의 관계의 아픔, 깨어짐, 막힘이 해결되기를 원합니다. 하늘의 복의 문이 가정마다 활짝 열리기를 기도합니다.

10장

십자가의 복음과
주의 훈계로 양육하라

· 엡 6:4

◆

자녀를
노엽게 하지 말라

자녀는 하나님이 우리에게 주신 선물이고 가장 큰 복입니다. 자녀가 생겼을 때 기뻐하지 않는 부모가 있을까요? 그런데 참 이상하게도, 자녀는 하나님의 복이고 선물인데 자녀 문제로 고통당하는 가정이 너무 많습니다. 우리가 살고 있는 시대는 자녀가 근심거리, 두려움의 대상이 되는 현상이 뚜렷합니다. 그러니까 출산율이 이처럼 떨어지는 것입니다. 그 이유를 어떻게 설명해야 할까요?

부모가 마음대로 자녀를 양육하는 데 문제의 원인이 있습니다. 부모 자신이 여전히 죄성을 가지고 있는 존재라는 것, 지극히 이

기적인 존재라는 사실을 잘 인정하지 않습니다. 그저 자녀를 사랑하고 잘해 주면 자녀를 잘 양육하는 것이겠거니 생각합니다. 그렇지 않습니다. 부모가 자녀를 사랑하고 잘 기르려고 애를 쓰는데도 자녀의 마음에 더 깊은 상처를 주고 오히려 삶을 망가뜨리는 경우가 수도 없이 많습니다.

'헬리콥터 부모'라는 용어를 들어 보았나요? 자녀 양육과 교육에 극성스러울 정도로 관심을 쏟는 부모를 가리키는 말입니다. 헬리콥터처럼 자녀의 머리 위를 항상 맴돌면서 지내기 때문에 이런 이름이 붙여졌다고 합니다.

헬리콥터 부모가 대학까지 진출했습니다. 서울 지역 사립대학 어느 교수는 학기 말 학부모로부터 전화를 받았습니다. "우리 애가 열심히 공부했는데 성적이 이렇게 나온 이유가 무엇입니까?" 항의하는 전화였습니다. 심지어 총장님을 바꿔 달라는 학부모도 많다고 합니다. 어떤 교수는 강의실에 웬 중년 부인이 앉아 있기에 누구시냐고, 어떻게 오셨냐고 물었더니 아이가 아파서 대리 출석하느라고 왔다고 했답니다. 요즘 대학은 유치원이 되었습니다.

헬리콥터 부모가 군대까지 진출했습니다. 중대장에게 전화해서 아들의 안부를 챙기는 부모가 많답니다. 아들이 산 타다가 넘어져서 긁혔다는데 왜 겨울에 산에 올라가게 했느냐고 따지는 부모도 있고, 아들의 보직을 바꿔 달라는 부탁은 너무 흔하고, 행군을 따라다니면서 간식을 주는 아버지도 있다고 합니다. 그래서 군대가 국방 유치원이 되었다는 말까지 나올 지경이라고 합니다.

정도의 차이일 뿐 부모에게는 다 이런 성향이 있습니다. 자녀를 사랑하고 잘 기르고 싶은 마음 때문이긴 한데, 그것이 결국은 자녀를 더 망하게 만든다면 한 번쯤 심각하게 고민해 볼 필요가 있습니다. 그러므로 우리가 정말 예수님을 믿는 사람이라면 이제는 자녀 양육에 있어서 하나님께 겸손히 나아가야 합니다.

자녀는 근본적으로 하나님이 주신 선물일 뿐이고 부모에게 맡겨진 존재입니다. 예수님의 어머니 마리아는 천사의 이야기를 듣고 예수님의 탄생 소식을 알게 되었습니다. 마리아가 평생 예수님을 낳아 기르면서 얼마나 조심스러웠을까요? 그녀는 맡은 존재일 뿐이었습니다. 우리도 자녀를 맡겨진 존재로 생각해야 합니다. 부모가 마음대로 길러서 되는 존재가 아님을 기억해야 합니다.

하나님이 에베소서 6장 4절에서 부모에게 하시는 말씀이 무엇입니까? "또 아비들아 너희 자녀를 노엽게 하지 말고 오직 주의 교훈과 훈계로 양육하라"는 아주 짧은 구절에 두 가지 교훈이 담겨 있습니다. 먼저 부모는 자녀를 노엽게 하지 말라는 것입니다. 우리가 정말 깨닫지 못해 제대로 지키지 못하는 교훈입니다. 우리는 자녀가 화내는 것에 대해서 아무렇지도 않게 여깁니다. 때로는 이 무관심 때문에 자녀가 더 화를 내기도 합니다.

어떤 아버지가 4살 된 딸이 짜증을 내면서 화를 내는 모습을 보고 막 웃었습니다. 아버지의 눈에는 딸이 귀엽게 보였던 모양입니다. 물론 그 예쁘고 조그만 아이가 어른들을 따라서 어울리지 않게 화내는 모습이 어른들 눈에는 귀여워서 아버지가 빙그레 웃을 수도 있습니다. 그런데 아이의 심정은 어떠할까요? 만약 아내가 너무도 화가 나서 짜증을 낼 때 남편이 "아유, 귀여워" 하면 어떤 일이 벌어질까요? 어린아이도 마찬가지입니다. 아이는 마음에 깊은 상처를 입게 되는 것입니다. 아이는 어른들과 달라서 감정이 더 섬세하기 때문에 쉽게 상처를 받습니다.

한편 자녀가 화를 내면 윽박지르는 부모들이 대부분입니다. 어른들이 보기에는 버릇없고 가당치도 않은 일입니다. 무엇이 부족해서 화를 내느냐는 것입니다. 몰라서 하는 이야기입니다. 자녀가 부모에 대해서 화를 내는 이유는 아이의 감정에 무엇인가 상처가 생겼다는 것입니다. 그것을 부모가 받아 주지 않으면 마귀가 친구가 됩니다. 표출할 수 없는 속에 있는 화를 어떻게 하나요? 마귀가 놓칠 리가 없습니다. 자녀의 마음속에 마귀가 완전히 주인 노릇을 해 버립니다. 삶을 부정하고, 부모에게 반항하고, 부모를 떠나고 싶고, 죽고 싶고, 죽이고 싶은 마음이 자녀의 마음속에 자라게 됩니다. 그래서 하나님이 부모에게 자녀를 노엽게 하지 말라고 하신 것입니다.

자녀가 부모에게 화를 내는 이유가 있습니다. 그것은 부모의 죄 된 본성을 보았기 때문입니다. 부모와 함께 살아 보니까 부모에게도 모순된 행동과 잘못된 태도, 그리고 죄성도 있다는 것을 알게 됩니다. 그런데 그런 부모가 자녀에게 "잘해라", "똑바로 해라" 하면 자녀의 마음속에 '당신이나 잘하지!' 하며 욱하고 화가 치밀어 오르는 것입니다. 자녀가 화를 낼 때 부모는 당황스럽습니다. 자녀가 잘되라고 이야기했는데 반발하자 화가 납니다.

아동문학가인 오은영 씨가 쓴 동시 "순간접착제"라는 시입니다. "며칠째 등 돌리고 지내는 엄마, 아빠에게 순간접착제가 되고 싶어/ 엄마 손 끌어당겨 아빠 손 끌어당겨 마주 잡게 하려니/ 탁, 뿌리쳐 버린다. 가서 공부나 해!/ 만날 학원비, 생활비 때문에 다투는 엄마, 아빠에게/ 순간접착제는 내가 아니다. 돈이다."

부모는 자녀의 눈으로 봐야 합니다. 자녀는 부모가 싸우는 것을 다 압니다. 그런데 자녀들끼리 싸우면 야단을 치니 화가 납니다. 부모는 드라마를 보면서 자기에게는 공부하라고 하니 화가 납니다. 부모도 거짓말하는 것 뻔히 아는데 자기가 거짓말하면 혼을 냅니다. 그러다 보면 자녀의 마음속에 반발심이 일어나는 것입니다.

몇몇 아이들이 거실에서 아빠, 엄마 놀이를 했습니다. 여자아이가 화를 내면서 이야기했습니다. "나 엄마 안 할래. 그러면 너희들이 시키는 대로 해야 되잖아. 나 아빠 할래." 그랬더니 남자아이가 화를 냈습니다. "그러면 너 저기 의자에 앉아서 우리보고 이거 해라, 저거 해라 시키기만 하려는 거지?"

자녀가 부모에 대해서 어떤 생각을 갖고 있는지, 부모가 정직하게 살펴볼 줄 알아야 합니다. 도대체 어머니는 어떤 모습으로, 아버지는 어떤 모습으로 보일까요? 아주 갓난아기들도 다 압니다.

자녀가 화를 내는 이유는 부모가 정직하지 않기 때문입니다. 부모는 자녀를 사랑해서 이야기한다고 말합니다. 자녀를 위한 것이라고 합니다. 그런데 진짜 부모가 자녀의 행복을 위해서만 이야기하는 것일까요? 부모 자신의 욕망과 욕구를 충족하기 위해서 자녀에게 요구하는 것이 얼마나 많습니까? 자녀에게 왜 그렇게 공부를 시킵니까? 왜 그렇게 좋은 학교에 가기를 원하나요? 정말 자녀를 위해서만 그러는 것입니까?

아이가 학교에서 공부를 잘하고 좋은 성적을 받아 오면 부모는 기분이 좋습니다. 그리고 은근히 자랑합니다. 그런데 아이가 학교에서 별로 성적이 좋지 않으면 화가 납니다. 아이가 어디 가서 무슨 잘못을 하고 오면 금방 이렇게 이야기합니다. "동네 창피해서 못 살겠어." 이 말이 자녀들이 제일 두려워하는 말이라고 합니다.

자녀들 중에 학교 성적이 제대로 안 나왔다고 해서 절망하는 아이는 별로 없습니다. 아이들이 절망하는 이유는 성적 때문에 부모가 자기를 사랑하지 않고 창피하게 생각하기 때문입니다. 아이들은 친구들과 어울리다가 무엇인가를 잘못해서 죽고 싶은 마음이 드는 것이 아닙니다. 집에 가서 부모로부터 야단을 맞고 사랑받지 못한다고 느낄 때 죽고 싶은 생각이 드는 것입니다.

자녀의 행복 때문이라고 말하지만 사실은 다 부모의 욕심, 이기적인 생각 때문이라고 자녀는 생각합니다. 그래서 하나님이 자녀를 노엽게 하지 말라고 말씀하신 것입니다. 부모의 해결되지 않은 죄성, 이기적인 본성이 자꾸 문제를 일으키는 것입니다.

자녀를 잘 양육하려면 부모가 예수님을 잘 믿어야 합니다
자녀가 잘 크기를 원한다면 예수님을 진짜 믿고, 자녀 양육 문제를 예수님께 정말 맡겨야 합니다. 부모가 명심할 것은 부모가 자녀를 사랑하는 것보다 하나님이 내 자녀를 더 사랑하신다는 사실입니다. 부모가 자녀와 함께 있어 줄 수 있는 시간과 비교되지 않을 정도로, 주님은 자녀와 언제나 같이하시고 어디까지나 같이 계십니다. 자녀의 마음속에 계시기 때문입니다. 자녀를 부모가 책임질 수 없기 때문에 주님께 정말 맡겨야 합니다. 이 점을 명심하고 "주님, 지금 아이에게 어떻게 할까요?" 항상 물어야 합니다.

횃불트리니티신학대학원 이기복 교수님이 딸이 고등학교 다닐 때 이야기를 해 주셨습니다. 고등학교 올라가서 성적표를 가지고 왔는데 너무 형편없는 성적이었습니다. 성적표를 받아 보고 마음이 안 좋았습니다. 그런데 그때 주님의 마음이 느껴졌습니다. '육신의 부모인 나는 성적표를 보고서 딸을 향한 마음이 이렇게 달라지지만, 우리 주님은 절대로 성적 가지고 우리 딸을 달리 보시는 분이 아니구나.' 그래서 그 딸을 끌어안아 주었습니다.

그다음 달에 또 성적표를 가져왔습니다. '지난번에 품어 주었으니까 이번 달에는 성적이 좀 높아졌겠지?' 하고 성적표를 봤는데 더 떨어졌습니다. 순간, 마음이 좀 힘들었습니다. 그런데 그때도 여전히 자기 마음에서 우러나오는 생각을 누르고 주님의 마음을 생각했습니다. 여전히 주님은 성적이 떨어졌다고 책망하실 분이 아니었습니다. 그래서 오히려 딸을 격려하고 칭찬해 주었습니다.

또 한 달이 지나서 성적표를 가지고 왔는데, 들어올 때부터 딸아이의 얼굴이 환하게 폈습니다. 매우 좋아서 성적표를 꺼내는 딸을 보고 기대했습니다. 그러나 성적표를 펼쳐 보니까 형편없었습니다. 너무 좌절되었습니다. '내가 정말 잘하는 것일까?' 회의가 들었습니다. 그런데 그때 마음에 주님이 주시는 생각이 있었습니다. '네 딸의 얼굴을 봐라. 저렇게 형편없는 성적표를 가지고 밝은 얼굴로 들어올 수 있다는 것이 얼마나 놀라운 기적이냐. 성적 때문에 우울증에 걸리고, 죽으려고 하고, 가출하고, 거짓말하는 아이들이 얼마나 많냐?' 이기복 교수님은 그제야 이 일이 정말 놀라운 일임을 알게 되었다고 했습니다. 우리가 자녀를 우리 눈으로 보는 것과 주님의 눈으로 보는 것은 매우 다릅니다.

우리가 자녀를 정말 사랑한다면 주님과의 관계에서 부모가 중간 역할을 해 주어야 합니다. 매 주일 교회에 보내서 예배드리게 하고, 성경 읽게 하고, 기도하게 하고, 가정예배를 드리는 것, 모두 정말 귀합니다. 그런데 조심할 것은 율법주의적으로 해선 안 된다는 것입니다. 중요한 것은 밑바탕을 이루는 것, 즉 분위기입니다. 예수님을 믿는 분위기는 어떻습니까? 기쁨, 감사, 사랑입니다. 기쁘고 감사하고 사랑이 넘치는 분위기에서 예배드리고, 성경 읽자고 하고, 같이 기도하자고 한다면 정말 잘하는 것입니다. 그런데 강압적인 분위기로 안 하면 벌 받을까 봐 두려운 분위기에서 한다면 결국 나중에 자녀가 다 떠나 버리고 맙니다. 부모가 그렇게 예수님을 믿으라고 노래를 불렀는데 왜 자녀가 빗나가는 일이 생깁니까? 예수님을 믿는 것이 좋은 줄 모르기 때문입니다.

자녀는 예수님을 믿는 부모에게 말없이 질문합니다. '예수님을 믿어서 좋으세요?' 직접 묻지는 않지만 항상 부모를 지켜보면서 질문합니다. 말없는 질문이니까 부모도 말없이 대답해 줘야 합니다. 예수님을 믿어서 아주 행복한 모습말입니다.

예수님을 믿어서 행복한 모습은 굳이 말할 필요가 없습니다. 함께 지내 보면 곧 알게 됩니다. 부모가 행복한지, 아닌지 자녀가 어떻게 모를 수가 있습니까? 자녀도 살면서 이런 일, 저런 일 다 겪습니다. '우리 부모님은 모든 것이 다 있는 것도 아니고 문제가 없는 것도 아닌데 어떻게 행복할 수 있지?' 자녀가 비슷한 문제에 부딪히면 결국 부모에게 묻게 됩니다. "도대체 예수님을 믿는 것이 왜 그렇게 행복하세요?" 그때 부모가 해 줄 말은, "예수님 때문이야. 주님이 함께 계시잖아"입니다. 이 답이 명답입니다. 우리가 자녀에게 줄 수 있는 최고의 유산입니다.

부모가 자녀에게 저지르는 가장 큰 실수는 조급함입니다. 자녀에게 좋은 믿음을 심어 주어야겠다는 결심도 좋습니다. 하지만 먼저 부모 자신이 예수님 때문에 행복한 다음에 해야 합니다. 자녀 눈에 부모가 행복하고, 기쁨과 감사가 있고, 사랑이 넘쳐 보이면 믿음을 심어 주려는 부모에 대해 아무 거부감 없이 받아들입니다. 그런데 부모 자신이 행복하지 않고, 화를 잘 내고, 짜증 내고, 늘 불만이면서 자녀에게 믿음을 가지라고 하면 그 아이는 폭발합니다. 결국 교회를 떠나게 되는 것입니다.

우리가 자녀에게 반드시 전해 주어야 할 것은 행복의 근원에 대한 것입니다. 돈 많이 벌고 성공하면 행복합니까? 좋은 학교 졸업

하면 행복합니까? 좋은 사람 만나서 결혼하면 행복해지나요? 우리는 다 경험해 봐서 행복은 거기서 오는 것이 아님을 알고 있습니다. 자녀도 똑같은 시행착오를 거칩니다. 부모가 자녀에게 '행복은 예수님으로부터 온다'는 사실을 가르칠 수 있다면 얼마나 좋을까요? 그러면 자녀가 얼마나 다른 삶을 살게 될까요?

사도 바울은 자기 사역에 대해서 이렇게 고백했습니다. "그리스도께서 이방인들을 순종하게 하기 위하여 나를 통하여 역사하신 것 외에는 내가 감히 말하지 아니하노라"(롬 15:18). 자신이 그동안 전도하고 설교한 모든 것이 주님이 자신을 통해서 일하신 것이라는 의미입니다. 부모가 자녀들을 양육할 때 꼭 바울의 고백과 같아야 합니다. 자녀들에게 무슨 말을 해야 한다면 주님이 하시고 싶은 말씀을 대신 말해 주는 것입니다. 주님이 자녀를 사랑하시는 것을 부모가 대신 사랑해 주는 것입니다. 주님이 자녀에게 무엇인가를 해 주고 싶어 하시는 것을 부모가 대신 해 주는 것입니다. 부모 역할은 그것밖에 없습니다.

"만일 누가 말하려면 하나님의 말씀을 하는 것같이 하고 누가 봉사하려면 하나님이 공급하시는 힘으로 하는 것같이 하라"(벧전 4:11). 우리가 자녀를 기를 때 하는 모든 일은 하나님의 역사를 실습하는 것입니다. 믿음의 실험입니다. 주님이 나를 통해서 자녀를 기르시는 것을 실제적으로 경험하라고 주신 것입니다.

모세와 사무엘은 하나님이 크게 쓰신 하나님의 종들입니다. 두 사람에게는 공통점이 있었습니다. 젖을 뗄 때까지 믿음의 어머니의 기도와 말씀으로 양육을 받은 것입니다. 젖 뗄 때까지 이 어린아이가 무엇을 제대로 알 수 있었겠습니까? 그러고는 어머니를 떠났습니다. 사무엘은 엘리 제사장 집에 갔습니다. 엘리 제사장은 경건하지 못한 제사장이었습니다. 그 제사장에게서 영적으로 배운 것이 없습니다. 그럼에도 사무엘은 젖 뗄 때까지 어머니의 기도와 말씀으로 양육된 덕분에 그곳에서 하나님을 만나 하나님의 위대한 선지자가 되었습니다. 모세는 더욱 그러했습니다. 모세는 이방 신을 섬기는 애굽 왕궁에 들어가 살았습니다. 그런데 젖 뗄 때까지 어머니 품에서 기도와 말씀으로 양육받았기 때문에 그곳에서 자신이 하나님의 백성임을 깨닫고 하나님의 종이 되어야겠다고 결단했습니다.

우리 자녀도 언젠가는 부모 품을 떠나 이 세상 가운데서 살아가야 합니다. 세상이 얼마나 악한지, 얼마나 유혹이 극심한지, 예수님을 제대로 믿어 보려면 어떤 핍박을 받게 되는지 우리가 다 알지 않습니까? 그런 자녀에게 우리가 해 주어야 할 가장 중요한 일이 있습니다. 자녀가 스스로 주님을 붙들고 주님과 인격적으로 만나 교제할 수 있게 해 주어야 합니다. 우리는 자녀를 기를 때 헤어지는 연습을 해야 합니다. 언젠가 헤어지기 전에 자녀가 분명히 주님을 만나게 해 주어야 합니다.

그러므로 우리 가정의 모든 일이 믿음의 실험입니다. 그때마다 우리는 자녀에게 이렇게 말해야 합니다. "어떤 어려운 일이 생기더라도 당황하지 말고 우리 같이 이 일 속에서 주님이 어떻게 역사하시는지를 보자. 주님이 무엇이라고 말씀하시는지 들어 보

자. 주님은 지금 우리와 함께 계셔." 자녀들과 같이 믿음의 실험을 해 보면 하나님이 반드시 역사하십니다. 아이들의 눈이 뜨입니다.

자녀를 기르는 것이 무거운 짐처럼 여겨집니까? 내 힘으로 잘 길러 보려고 하니까 무거운 것입니다. 할 수 없는 일을 하고 있는 것입니다. 진짜 예수님을 믿는다면 자녀를 양육하는 문제 때문에 더욱 진짜 예수님을 믿어야 합니다. 예수님이 나를 통해서 진짜 자녀를 만나실 수 있도록 해야 합니다. 이것이 부모인 우리가 사는 길이요, 자녀가 사는 길입니다. 우리 가정이 날마다 날마다, 한 걸음 한 걸음 주님과 동행하기를 바랍니다.

하나님은 우리 자녀를 향해 기뻐하시고, 박수하시고, 환호성을 지르십니다

《폭풍 속의 가정》(두란노, 2019)이라는 책의 저자인 러셀 무어(Russell Moore) 교수님은 기독교 윤리학자입니다. 교수님이 결혼을 하고 가장 두려웠던 것은 아내가 원하지 않는 임신을 하게 되는 것이었습니다. 그래서 한동안 아이를 갖지 않았습니다. 그러다가 어느 시점에 아기를 원하는 마음이 생겼는데, 이제는 임신이 안 되었습니다. 결국 의사가 불임 진단을 내렸습니다.

그때 교수님은 하나님 앞에서 엄청난 영적 좌절을 경험했습니다. 아기는 갖고 싶지 않다고 갖지 않게 되고, 갖고 싶다고 갖게 되는 것이 아님을 그제야 비로소 깨달았습니다. 그래서 아들 둘을 입양했습니다. 그런데 놀랍게도 아기를 낳을 수 없다던 아내가 아들 둘을 낳았습니다. 그래서 아들이 넷이 되었습니다. 아들 넷을 둔 아버지가 얼마나 바쁜지 상상이 되십니까?

나이가 마흔이 넘어가면서 바쁘게 지내던 어느 날이었습니다. 그날도 학교 이사회를 끝내고 여러 가지 처리해야 할 일들을 하고 너무 지쳐서 집에 들어가 소파에 털썩 앉았습니다. 그때 아내가 와서 하는 말이, "아기를 가졌어요"였습니다. 그 말을 듣는데 소파에 있는 방석을 뒤집어쓰고 "주여!" 했다고 합니다. 그러면서 아내에게 물었답니다. "도대체 어떻게 된 일이야?"

지금까지 자신은 설교할 때마다 "자녀는 축복입니다. 혹시 아내가 예기치 않게 임신했다는 소식을 듣더라도 절대로 '도대체 어떻게 된 일이야?'라고 말해서는 안 됩니다"라고 누누이 이야기했는데, 정작 자기 입에서 그 말이 툭 튀어나왔다고 합니다.

자녀는 진짜 축복인가요? 우리는 이 문제부터 확인해야 합니다. 이 시대는 정말 자녀를 낳아서 기르기가 힘든 때입니다. 경제적인 부담도 만만치 않고, 시간도 없고, 잘 기를 자신도 없습니다. 그렇다 보니 자녀가 진짜 축복인 줄 믿지를 못합니다. 그러나 성경은 시대가 바뀌어도, 아무리 환경이 달라져도 자녀는 하나님이 주신 축복이라고 증거합니다. "보라 자식들은 여호와의 기업이요 태의 열매는 그의 상급이로다 젊은 자의 자식은 장사의 수중의 화살 같으니"(시 127:3-4).

그러므로 우리는 무엇보다도 자녀는 축복이고 하나님이 주신 상급이라는 믿음을 분명히 해야 합니다. 아이가 태어나면 마치 그 아이가 부모에게 "나를 잘 돌보아 주세요. 나를 사랑해 주세요"라고 호소하는 것만 같습니다. 그러나 실제로 살아 보면, 부모가 자녀 신세를 지고 삽니다. 고생스러운 세월을 견딜 수 있었던 것은 모두 자녀 덕분이었다고 고백하는 부모들이 많습니다.

아기 낳는 것이 아무리 힘들다 해도, 임신 자체가 두려워도 아기를 출산한 후 태어난 아기를 품에 안은 부모의 얼굴은 세상을 얻은 것같이 환합니다. 참 신비합니다. 태어난 새 생명의 존재 자체가 부모에게는 뭐라 설명할 수 없는 기쁨이 되는 것입니다. 자녀는 축복입니까? 맞습니다. 우리 시대가 "자녀는 부담이야", "아이 낳으면 고생이야" 하며 우리를 속이고 있습니다. 그렇지 않습니다. 하나님의 말씀이 옳습니다. 자녀는 축복입니다. 이 사실을 분명히 믿으세요.

자녀가 커 가면서 말도 잘 듣고, 공부도 잘하고, 돈도 잘 벌고, 성공하고, 좋은 학교 가서 가문을 빛내 주면 자녀가 복입니까? 이런 생각에서 빨리 벗어나야 합니다. 부모가 그렇게 생각하니까 자녀가 못나 보이고, 자녀 때문에 속상하고, 자녀에게 자꾸 화내고 잔소리하게 되는 것입니다. 자녀는 있는 그대로 보배입니다. 자녀가 잘나 보이든 아니든, 똑똑하든 아니든, 길을 잘 헤쳐 나가든 아니든, 다른 사람보다 모자라든 아니든 상관없이 귀합니다. 존재 자체만으로 하나님이 매우 기뻐하시고 환호성을 지르시는 대상입니다.

게리 토마스(Gary Thomas)는 《사랑 학교》(CUP, 2017)라는 책에서 자신이 어느 고등학교 풋볼 시상식에 참석했던 이야기를 들려주었습니다. 그 학교에서는 풋볼 팀 선수 전원에게 상을 주려고 계획했던지 온갖 이름을 붙여서 선수들에게 상을 주었습니다. 최우수 선수상을 받은 선수에게 우레와 같은 박수 소리가 들렸습니다. 그런데 신기하게도 장려상과 비슷한 수준의 상을 받는 선수가 강단에 올라갔는데도 커다란 함성이 터졌습니다. 도대체 누가 이렇게 소리를 지르나 쳐다봤더니, 한쪽 구석에 있는 무리였습니다. 상 받은 선수는 겸연쩍어서 얼굴도 못 드는데, 박수와 함성은 최우수 선수상보다 더 뜨거웠습니다. 그 무리가 누구였는지 짐작이 가지요? 그 선수의 친구들과 가족, 친척들이었습니다. 그 모습을 보면서 '우리 중에 어떤 사람도 하나님 앞에 섰을 때 박수를 못 받을 사람은 없겠구나' 하고 깨달았다고 합니다.

하나님은 우리 아버지이십니다. 또한 우리 자녀의 아버지이십니다. 그러니 하나님이 아이를 보면서 기뻐하시고, 박수하시고, 환호성을 지르시는 것은 당연한 일입니다. 그 사실을 부모인 우리가 믿느냐, 안 믿느냐가 문제인 것입니다. 혹시라도 '모자란 데다 말썽꾸러기이고, 나쁜 짓만 골라서 하는 아이인데 하나님이 이 아이를 축복하시고 이 아이를 위해 박수를 보내신다고?'라고 생각하는 부모가 있다면 회개하십시오. 예수님을 믿으면서 어떻게 그런 생각을 할 수가 있습니까?

하나님이 우리 자녀를 향해 기뻐하시고, 박수하시고, 환호성을 지르신다는 확실한 증거가 있습니다. 십자가입니다. 하나님은 우리를 사랑하시되, 독생자를 대신 내어 주시기까지 사랑하셨습니다. 예수님은 피 흘리기까지 우리를 사랑하셨습니다. 그 십자가의 은혜를 받은 사람들 중에 우리 자녀는 제외되었습니까? 그렇지 않습니다. 모든 자녀가 십자가의 은혜의 대상입니다. 그 말은 하나님이 기뻐하시고, 환호성을 지르시고, 좋아하시지 않을 아이가 한 명도 없다는 뜻입니다. 이 사실을 진짜 믿으면 자녀가 살길이 열립니다. 자녀를 바라보는 눈이 달라지고, 말이 달라집니다. 그러니까 결국은 부모가 하나님이 자녀를 얼마나 사랑하시고 기뻐하시는지에 대한 믿음이 없었던 것입니다.

어떤 분은 "다 이해하겠는데, 지금 세상이 너무 힘들지 않습니까? 나도 살아가기가 이렇게 어려운데 무책임하게 자녀를 낳으면 어떻게 합니까? 저는 이런 세상에 사는 아이를 안 낳는 것이 그 아이에게 잘해 주는 것이라고 생각합니다"라고 말할지 모릅니다. 충분히 이해할 만합니다. 우리가 사는 세상이 쉽지 않고 고생이 뻔한 세상이라고 느껴질 만합니다.

그러나 한번 생각해 보십시오. 인류 역사상 그 어느 시대에 재앙과 환란과 시험이 없었던 적이 있습니까? 마귀가 영적인 공격을 내려놓았던 시대가 한 번이라도 있었냐는 말입니다. 그런데 주님은 그런 세상에 우리를 내버려 두시지 않고 엄청난 약속을 해 주셨습니다. "내가 세상 끝날까지 너희와 항상 함께 있으리라"(마 28:20). 우리가 예수님을 믿는다면 진짜 믿어야 하는 것이 있는데, 주님이 세상 끝날까지 항상 함께하겠다고 하신 약속입니다.

우리 주님이 함께 계시기만 하면 사망의 음침한 골짜기도 얼마든지 주님 따라 갈 수 있습니다. 우리는 자녀에게 예수님이 함께

하시는 믿음만 갖도록 해 주면 됩니다. 하나님은 우리에게 자녀를 주실 때 부모가 잘 기르라고, 스스로의 힘으로 잘 살아가라고 맡기신 것이 결코 아닙니다. 주님은 세상 끝날까지 항상 함께하겠다는 약속을 주셨습니다. 그러므로 부모가 할 일은 오직 주의 교훈과 훈계로 자녀를 양육하는 것입니다.

◆

오직 주의 교훈과 훈계로
자녀를 양육하십시오

최고의 양육은 오직 믿음과 사랑으로 살아 낸 부모의 삶을 심는 것입니다

주의 교훈과 훈계로 양육하는 것이 무엇일까요? 예수님 하면 가장 먼저 십자가가 떠오릅니다. 십자가는 완전한 용서와 사랑을 뜻합니다. 그러므로 주의 교훈과 훈계로 자녀를 양육하는 것은 자녀가 완전한 용서와 사랑의 분위기 속에서 자라게 하는 것입니다. 부모가 끊임없이 용서하고 사랑해 주는 경험을 하면서 자라게 하라는 것입니다.

자녀가 "우리 아빠는 정말 탕자의 비유에 나오는 아버지 같아"라고 인정하면 주의 교훈과 훈계로 가르친 것입니다. 자녀가 "엄마를 볼 때마다 예수님을 보는 것 같아"라고 말하면 주의 교훈과 훈계로 가르친 것입니다. 용서하고 또 용서하고, 사랑하고 또 사랑해서 자녀가 이렇게 고백할 수 있게 해 주어야 합니다. 부모로서 우리가 할 일은 자녀에게 말로 가르치고 야단치는 것이 아닙니다. 믿음과 사랑으로 살아 내는 것입니다. 부모가 진짜 믿음과 사랑으로 살아 내는지는 자녀가 다 압니다.

우리에게는 나이가 들어서 늙고 초라해지고, 결국은 자녀에게 짐이 될까 봐 두려워하는 마음이 있습니다. 실제로 두려운 일입니다. 앞서 《폭풍 속의 가정》이라는 책에는 러셀 무어 교수님이 12살 된 아들 사무엘이 자기 인생의 마지막 순간을 이렇게 보지 않겠냐며 예측한 글이 나옵니다.

내 인생의 마지막에 사무엘이 나를 돌보면서 어떤 짐을 지게 될지 궁금하다. 내가 쇠약하게 되어 서재로 가는 계단도 못 올라가면서 내 모든 책을 끝까지 버리지 않겠다고 고집을 피우지는 않을까? 실버타운의 작은 아파트에는 서재를 둘 수 없다고 사무엘이 나에게 설득하느라 애를 먹지는 않을까? 내가 병원에 누워 있을 때 사무엘이 내 입에 흘러내린 침을 닦아 주게 되지는 않을까? 사무엘이 기억하는 나의 마지막 모습이 나의 환자용 변기를 비워 준 일이거나 나의 인공 항문 주머니를 바꿔 준 것이 될까?

나는 사무엘이 나를 그렇게 기억하지 않았으면 좋겠다. 분주하게 설교하고, 강의하고, TV에서 중요한 쟁점을 토론하는 아버지로 기억되기 바란다. 그러나 그것은 헛된 희망일 것이다. 내가 마지막 숨을 들이마시려 애쓰는 순간에 나의 아들은 이전 어느 때보다도 진짜 나를 더 잘 보게 될지 모른다.

우리 자녀는 부모의 늙고, 초라하고, 약해진 마지막 모습을 결국은 보게 될 것입니다. 그러나 가장 두려운 것은 그것이 아닙니다. 진짜 두려운 것은 부모의 믿음이 자녀의 마음과 생각 속에 어떻게 기억될 것인가입니다.

제 아버님은 81세 되셨을 때 집에서 설날 가족 모임을 갖고 떡국을 맛있게 드시고는 집에 돌아가셔서 그다음 날 새벽에 뇌출혈로 쓰러지셨습니다. 쓰러지신 것을 늦게 발견해 병원에 급히 모시고 갔지만 결국은 온몸을 쓰지 못하시게 되었습니다. 기도 삽관을 하고, 코에 줄을 꽂고, 말씀도 못하셨습니다. 심지어 계속 줄을 뽑으려고 하셔서 꼼짝없이 병원 침대에 팔을 묶어 놓아야 했습니다. 그런 아버님의 모습을 2년 동안 지켜봐야 했습니다. 제게 있어서 아버님의 마지막 모습은 그런 모습이었습니다. 그것은 저에게 참 슬픈 일이었습니다.

그러나 아버님의 장례를 치르면서 아버님이 저에게 심어 주신 것이 그 초라했던 마지막 고통스러웠던 모습만이 아니었다는 사실을 알게 되었습니다. 아버님은 성품이 굉장히 온화하셔서 어느 누구하고도 싸우신 적이 없습니다. 큰소리 내신 적도 없고, 오래 참으셨으며, 모든 사람과 화평하게 지내셨습니다. 어떻게 좋은 사람만 만나실 수 있었겠습니까? 진짜 힘들고 어려운 분들도 만나셨는데도, 어쩌면 그렇게 모든 사람과의 관계를 부드럽게 맺어 가셨는지 모릅니다. 나중에는 그 힘들었던 분들을 다 모시고 돌아가실 때까지 여행을 다니면서 섬기셨습니다. 그 모습이 제게는 특별하게 인상 깊습니다.

　어릴 때 아버님의 그런 모습이 제게는 너무 약하고 무능하게 보였습니다. 말 한마디 제대로 못하시는 아버지라고 생각되었고, 그렇게 아버지가 은근히 마음에 무시되었습니다. 그러나 말씀을 보면서 아버님이 가지고 있는 그 성품이 얼마나 귀하고 놀라운 것인가를 비로소 깨달았습니다. "모든 사람과 더불어 화평함과 거룩함을 따르라 이것이 없이는 아무도 주를 보지 못하리라"(히 12:14).

　아버님은 감독을 하시지도 않았습니다. 목회를 잘한다고 큰 교회를 섬기시지도 않았습니다. 그렇지만 그 모든 것보다도 더 중요한 것, 모든 사람과 더불어 화평함과 거룩함을 따르셨습니다. 성경은 "이것이 없이는 아무도 주를 보지 못하리라"고 말합니다. 마지막에 가장 중요한 것이 무엇입니까? 모든 사람과 화평했느냐는 것입니다. 그것은 저에게 있어서 정말 중요한 유산입니다. 아버님은 제가 어떻게 살아야 될지, 매 순간 어떻게 결정하고, 어떤 태도를 정해야 될지를 정말 분명하게 가르치셨습니다.

　자녀의 생각 속에는 부모인 우리의 신앙의 모습이 그대로 심겨져 있습니다. 열왕기상 1장을 보면, 영웅이었던 다윗의 마지막이 얼마나 초라했는지를 그대로 기록해 놓았습니다. 다윗왕은 나이가 많아 늙으니 이제는 이불을 덮어도 추웠습니다. 그래서 젊은 여자를 이불 속에 같이 자게 해야 할 정도였습니다. 다윗조차 노년에는 초라하고 연약해져 있었습니다.

　그런데 다윗의 마지막은 그렇게 끝나지만은 않았습니다. 아들

솔로몬 안에 다윗의 믿음이 그대로 남아 있었습니다. 다윗이 죽고 난 다음에 왕이 된 솔로몬은 여호와의 성전을 지었습니다. 그리고 하나님 앞에 일천번제를 드렸습니다. 하나님은 솔로몬의 꿈에 나타나셔서 "내가 네게 무엇을 줄꼬 너는 구하라"(왕상 3:5) 물으셨습니다. 아마도 하나님은 대답을 대략 예상하셨던 것 같습니다. 사람이면 누구나 부귀와 장수, 모든 대적을 이기는 승리 등을 구하지 않나요? 그러나 솔로몬은 이렇게 답했습니다. "종은 작은 아이라 출입할 줄을 알지 못하고 주께서 택하신 백성 가운데 있나이다 그들은 큰 백성이라 수효가 많아서 셀 수도 없고 기록할 수도 없사오니 누가 주의 이 많은 백성을 재판할 수 있사오리이까 듣는 마음을 종에게 주사 주의 백성을 재판하여 선악을 분별하게 하옵소서"(왕상 3:7-9). 하나님은 깜짝 놀라셨습니다. 구하지 않아서 복을 받은 사람이 솔로몬입니다. 솔로몬은 부귀영화를 구하지 않았습니다. 그렇게 달라고 기도해도 안 주시는 하나님이 구하지 않던 부귀영화까지 솔로몬에게 주셨습니다.

하나님이 "내가 네게 무엇을 줄꼬 너는 구하라" 질문하셨을 때 솔로몬의 대답은 기가 막힌 것이었습니다. 그런데 이것은 솔로몬의 것이 아니라 사실 다윗의 것이었습니다. 솔로몬이 하나님의 말씀을 들을 때 아버지 다윗이 생각났다고 성경은 기록하고 있습니다. "솔로몬이 이르되 주의 종 내 아버지 다윗이 성실과 공의와 정직한 마음으로 주와 함께 주 앞에서 행하므로 주께서 그에게 큰 은혜를 베푸셨고 주께서 또 그를 위하여 이 큰 은혜를 항상 주사 오늘과 같이 그의 자리에 앉을 아들을 그에게 주셨나이다"(왕상 3:6).

나중에 히스기야라는 왕이 있었습니다. 그는 아주 훌륭한 왕으로서 우상을 철폐하고, 산당을 무너뜨리고, 기도도 많이 하고, 죽을병에 걸렸을 때 간절히 눈물로 기도해서 15년이나 생명을 연장받았던 왕입니다. 그는 생명 연장을 받고 3년 뒤에 므낫세라는 아들을 낳았습니다. '므낫세'의 이름 뜻은 '기억나지 않는다', '다 지나갔다'입니다. 히스기야에게 므낫세는 앗수르 왕의 공격도 잊어버리게 하고 중한 병으로 죽어 가던 두려움도 다 잊게 만들어 준 아들이었습니다.

그런데 참 안타깝게도, 생명 연장을 받고 난 다음에 히스기야가 교만해졌습니다. 그전에 하나님을 신실하게 의지했던 믿음을 다 잃어버렸습니다. 결국 하나님의 진노를 샀습니다. 하나님은 히스기야가 죽고 난 다음에 이스라엘이 멸망할 것을 예언하셨습니다. 이후 아들 므낫세는 이스라엘에서 가장 악한 왕이 되었습니다. 왜냐하면 므낫세가 태어난 후에는 히스기야가 전혀 신실하게 살지 않았기 때문입니다.

부모가 자녀에게 해 줄 수 있는 최고의 양육은 자녀의 머릿속에 "우리 부모님은 정말 믿음으로 사셨어. 정말 사랑의 사람이셔", 이렇게 기억하게 해 주는 것입니다. 우리가 자녀를 잘 길러 보려고 애쓰고 노력해서 잘 길러지는 것이 아닙니다. 우리 자신이 믿음과 사랑으로 사는 것이 하나님이 우리를 통해서 자녀를 기르실 수 있는 유일한 방법입니다.

이것이 곧 자녀를 간섭하지 말고 내버려 두라는 의미는 아닙니다. 자녀가 어떠하든, 때로 부모 눈에 실망되고, 좌절되고, 절망이 느껴지더라도 '이 아이는 하나님이 복 주신 아이야. 하나님이 사랑하시는 아이야. 예수님이 대신 십자가에 죽어 주신 아이야'라고 믿어야 합니다. 믿음의 싸움입니다. 우리가 할 수 있는 일은 사랑밖에 없습니다. 용서하고 사랑하고, 사랑하고 용서해야 합니다. 예수님이 우리에게 하신 것처럼 자녀에게 해야 하는 것입니다.

하나님 앞에 신실한 가정에도 탕자가 나올 수 있습니다. 부모가 탕자를 부끄러워하면 안됩니다. 믿음이 없다는 뜻이요, 사랑이 없다는 증거입니다. 그러면 주님이 아무 일도 못합니다. 탕자가 반드시 돌아왔듯이, 하나님이 자녀를 통해 역사하실 것입니다.

믿음의 싸움에서 승리합시다. 믿음의 눈으로 우리 자녀를 바라봅시다. 하나님이 우리를 사랑하시고 용서하신 것처럼, 주의 교훈과 훈계로 자녀를 양육해야 합니다. 자녀의 마음 깊은 곳에 부모인 우리 안에 역사하시는 주님이 그대로 심기기를 원합니다. 오직 믿음과 사랑으로 살아갑시다. 부모인 우리 자신이 주님을 온전히 믿고 하나님의 사랑으로 살아갑시다. 자녀는 주님이 책임져 주십니다.

11장

너희와
너희 자녀를 위해 울라

• 눅 23:28

◆

**우리 자녀가 살아갈 세상이
너무 악해서 울어야 합니다**

어느 젊은 어머니가 아들을 낳고 참 믿음으로 기르고 싶었습니다. 그래서 갓난아기 때부터 밤에 재울 때 꼭 손을 잡고 기도해 주었습니다. "하나님, 우리 아이 건강하고, 튼튼하고, 지혜롭게 잘 자라게 해 주세요." 유치원 들어갈 때쯤부터 기도 내용이 달라졌습니다. "하나님, 우리 아이 엄마 말 잘 듣게 해 주세요." 어느 날 유치원에 갔다 온 아들이 오늘 밤에는 자기가 기도하겠다고 했습니다. 어머니는 뿌듯했습니다. 그날 밤, 아이가 어머니 손을 꼭 잡고 기도했습니다. "하나님, 엄마가 내 말 좀 잘 듣게 해 주세요."

자녀도 할 말이 많습니다. 대부분의 부모들은 자녀를 기를 때 문제가 아주 심각해지고 난 다음에야 뭔가 잘못됐다고 깨닫는 일을 반복합니다. 문제가 생겼다는 사실을 너무 늦게 깨닫는 것입니다. 그때마다 변명처럼 하는 이야기가 있습니다. "잘 길러 보려고 나름대로 애를 썼습니다. 나도 기도했다고요." 그런데 자녀와의 관계가 너무 틀어져 있습니다. 그렇다면 자기 자신에게 물어보아야 합니다. 그동안 나름대로 최선을 다했고 기도도 했지만 눈물이 있었는지….

예수님은 우리를 위해서 십자가를 지고 골고다까지 올라가시는 도중에 여러 번 쓰러지셨습니다. 그때마다 예수님을 따르던 여인들은 통곡했습니다. 그러자 예수님이 자기를 위해서 우는 여인들을 돌아보며 말씀하셨습니다. "예루살렘의 딸들아 나를 위하여 울지 말고 너희와 너희 자녀를 위하여 울라"(눅 23:28). 저는 이 말씀이 지금 부모인 우리에게 주시는 주님의 말씀 같습니다. 그만큼 지금 우리는 울 일이 있다는 것입니다.

우리가 울어야 하는 첫 번째 이유는 무엇일까요? 우리 자녀가 살아갈 세상이 너무 악해서입니다. 누가복음 19장을 보면, 예수님은 예루살렘을 위해서 우셨습니다. 예루살렘이 이제 곧 당할 큰 어려움을 내다보셨기 때문입니다. 유대인들은 로마의 지배를 받았는데, 끊임없이 로마 제국에 항거했습니다. 그러자 주후 70년 로마 황제가 이스라엘을 완전히 멸망시키기 위해 티투스 장군을 보냈습니다. 곧 예루살렘성이 함락되었고, 성전이 불탔고, 돌 위에 돌 하나 남지 않을 정도로 완전히 무너졌습니다.

당시 로마 군인들은 어린 아기는 집어 던져서 죽였고, 여인들은 강간했고, 남자들은 학살했습니다. 유대인들이 도무지 살 수 없도록 하여 1948년 이스라엘이 다시 건립되기 전까지 유대인들에게는 나라가 없었습니다. 예수님은 자신도 십자가의 큰 고통 속에 있었지만 여인들과 자녀들이 겪어야 될 어려움을 내다보시면서 "너희와 너희 자녀를 위하여 울라"고 말씀하셨던 것입니다.

그런데 이 말씀이 꼭 지금 우리 자녀에게 해당되는 것 같습니다. 우리 자녀가 앞으로 살아갈 세상은 틀림없이 지금까지 우리가 살아왔던 세상보다 훨씬 더 악하고 어려울 것입니다. 윤리와 도덕의 기준이 형편없이 낮아지고, 하나님의 말씀을 대적하는 일이 일반화되어 버리는, 영적으로 대단히 황폐한 세상이 우리 자녀가 살아갈 세상입니다. 그 사실을 알고 나면 정말 눈물로 기도하게 됩니다. 우리 자녀가 이 세상을 어떻게 살아가야 할까요.

어느 목사님이 월남 파병을 다녀왔습니다. 당시는 배를 타고 태평양을 건너서 월남까지 갔습니다. 어느 날 뱃전에서 한없이 펼쳐진 태평양을 보고 있는데 깨달음이 왔습니다. '아, 이처럼 넓은 태평양에 빠지면 사람이 수영을 잘하고 못하는 것이 아무 소용이 없구나.' 그 순간 마음의 눈이 열렸습니다. 인생의 바다는 태평양보다 훨씬 크고 깊은데, 잘 헤쳐 나가야 하는데, 사람의 능력이 있고 없고가 무슨 의미가 있냐는 것입니다. '인생이라는 이 바다를 헤쳐 나갈 때 무엇을 의지해야 하는가? 아, 하나님을 진짜 믿어야

겠구나.' 그러면서 목사의 길을 가게 되었다고 합니다.

우리 자녀가 살아갈 인생도 마찬가지입니다. 자녀에게 질병이 생겼을 때, 재난이 닥쳤을 때, 시험이 왔을 때 외모나 학식이 무슨 의미가 있습니까? 이 사실을 진짜 깨닫고 나면 자녀를 위해서 눈물로 기도하게 됩니다. 우리 자녀의 영적인 상태는 어떻습니까? 하나님을 진짜 믿습니까? 정말 영생이 마음속에 있습니까? 우리 주님의 음성을 듣고 있습니까? 우리 주님과 동행하고 있습니까? 어떤 시험과 유혹이 오더라도 정말 잘되는 길, 하나님이 말씀하신 대로 살아갈 믿음이 있습니까?

너무 안타깝게도, 우리 자녀들이 하나님을 잘 믿으면 좋겠는데 전에는 대학만 들어가면 교회를 떠난다던 아이들이 이제는 중학교만 올라가도 교회를 떠난다는 이야기가 들립니다. 완전히 세상 사람으로 바뀌어 가고 있습니다. 그 모습을 보는 부모가 어찌 울지 않을 수가 있나요? 자식을 세상에 빼앗겼는데 말입니다.

만약 자녀가 앞을 보지 못하게 되었다고 생각해 보세요. 부모 마음이 얼마나 안타깝습니까? 아이 눈을 뜨게 해 달라고 얼마나 간절히 매달리겠습니까? 그러나 육신의 눈보다도 훨씬 더 중요한 영적인 눈이 먼 자녀를 보면서 기도가 나오지 않을 수가 없습니다.

수로보니게 여인은 귀신 들린 딸을 고치려고 예수님께 왔다가 개 취급을 받았음에도 물러서지 않았습니다. 어떻게든지 딸을 고치고 싶었기 때문입니다. 이런 심정이 지금 이 세상을 보는 우리의 심정입니다. 그러나 우리가 우리의 자녀만 위해서 눈물로 기도해서는 안 됩니다. 세상이 악한데 우리 자녀만 잘 산다고 잘 살아질 수 있나요? 우리가 보는 눈이 뜨여야 합니다. 내 자녀와 그 친구들, 그리고 그 또래들을 보아야 합니다.

2007년 4월 16일 미국 버지니아에서 총기 난사 사고가 일어났습니다. 조승희라는 한국계 유학생이 총기를 휘둘러서 수많은 사람이 죽고 다쳤습니다. 미국 전체가 뒤집혔습니다. 이 사건이 터진 후에 수많은 한국 교민이 그 일에 대처한 태도를 지적한 글을 본 적이 있습니다. 그들은 이런 일이 벌어진 미국 사회나 희생자들이나 가해자가 겪었을 아픔을 헤아리기보다는 가해자의 부모에게 "도대체 자식 교육을 어떻게 시켰기에 한국 사람들 망신을 시키냐!" 하면서 비난했고, 한국 사람이라고 하면 돌에 맞거나 욕을 들을 가능성이 많다는 이유로 아이들을 바깥에 내보내지도 않았습니다. 그래서 희생자들을 추모하는 시간에도 자녀들을 집에 있게 한 부모들이 많았다고 합니다.

많은 미국 시민은 그 끔찍한 사건이 일어나고 난 다음에 희생자들을 위해서 눈물의 기도를 드렸지만 가해자를 위한 기도도 빠뜨리지 않았습니다. 희생자들의 가족들도 마찬가지였습니다. 그들은 너무나 비참하고 고통스러웠지만 가해자의 아픔을 헤아려 그의 이름까지 추모석을 만들어서 희생자들 틈에 나란히 세워 놓고 기도했습니다. 심지어 가해자의 가족들과 부모를 위해서 위로의 메시지를 전해 주기도 했습니다.

내 자식만 생각하는 생각의 틀에서 벗어나야 합니다. 이제는 자녀의 친구들도 아울러 바로 이끌어야 합니다. 그리고 또래 아이들 전체를 위해 기도해야 합니다. 동성애는 물론 음란한 풍조, 온갖 중독, 철저한 개인주의, 무서운 이기주의, 이 땅에서 저질러지고 있는 수많은 낙태 등은 정말 하나님 앞에 회개해야 하는 큰 기도 제목입니다. 이것이 지금 우리 자녀가 살아가야 될 세상입니다. 그러니 눈물이 나는 것입니다.

자녀를 말로 기를 때가 지났기 때문에
울어야 합니다

오늘 아침 자녀를 안아 주셨습니까?

또한 이제는 자녀를 말로 기를 수가 없기 때문에 눈물이 납니다. 요한 사도는 이렇게 말했습니다. "자녀들아 우리가 말과 혀로만 사랑하지 말고 행함과 진실함으로 하자"(요일 3:18). 말로만 사랑한다고 하지 말고 행함과 진실함으로 사랑하는 일, 이것은 정말 부모가 자녀에게 해야 할 일입니다.

1960년대 미국 자녀들이 문제를 많이 일으켜서 부모들이 큰 충격에 빠졌습니다. 히피 열풍이 불어서 아이들이 다 집을 떠나 길거리에서 자기들끼리 모여 노숙을 하고 혼숙도 했습니다. 학교에 자퇴서를 내고 길거리로 나와서 아무렇게나 노래하고 잠을 잤습니다. 기가 막힌 일이 벌어진 것입니다. 부모들은 난감했습니다. 그때 자동차 뒤에 붙인 스티커 문구 하나가 유행했습니다. "오늘 아침 당신의 자녀를 안아 주셨습니까?" 이제는 말로 하지 말고 그냥 아침에 한 번 안아 주자는 것입니다. 그러자 얼마 안 가서 아이들이 다 가정으로, 학교로 돌아왔다고 합니다. 우리가 이제는 자녀를 위해 눈물로 기도하고 삶으로 가르쳐야 합니다.

자녀를 위해서 기도하면 마음이 참 답답합니다. 10년, 20년 뒤에 우리 자녀가 어떤 세상을 살아갈까 생각하면 두렵습니다. 지금도 쉽지 않지만 앞으로는 말할 수 없이 더 어려운 때를 맞이하게 될 것입니다. 그래도 전에는 예수님을 믿든지, 믿지 않든지 기본적으로 사람들이 성경이 말하는 진리를 다 받아들였습니다. 어느 종교에서 말하는 진리가 참 진리냐에 대해서는 논쟁이 있었지만, "모든 사람이 다 따라야 할 진리는 있다"라는 전제가 있었습니다.

그런데 지금은 완전히 무너져 버렸습니다. "신은 없다", "옳고 그른 기준이 없다", "내가 옳은 대로 생각하면 그것이 기준이다"라고 말합니다. 이것이 무서운 이유는 마귀가 역사하기 매우 좋은 환경이기 때문입니다. 마귀는 우리를 유혹할 때 항상 그 방법을 취합니다. "하나님은 없어. 네가 옳은 대로 살면 되는 거야. 네 기분대로, 네 욕구대로 숨기지 말고 마음대로 사는 거야." 그러면 마귀가 완전히 우리를 사로잡습니다. 그다음에 하나님을 믿으면 핍박이 옵니다. 하나님을 믿는 것이 죄가 되는 것입니다. 하나님을 믿는 사람이 사회를 혼란시키는 불순분자가 됩니다. 초대교회 때 그러했고, 이제 그런 시대가 옵니다.

이것이 바로 우리 자녀가 살아갈 시대입니다. 하나님을 부인하면 살 것이고, 하나님을 믿는다고 고백하면 죽을 수 있는 세상이 옵니다. 동성애 문제가 예민한 이유를 알려면 그 영적인 뿌리를 알아야 합니다. 하나님의 말씀 하나를 부정하고 나면 대단히 큰 문제로 진입하게 됩니다. 성경은 동성애가 죄라고 이야기하는데, 아니라고 하면 그다음에는 성경이 동성애가 죄라고 말한다는 것 자체가 죄가 되는 시절로 바뀝니다. 지금은 절대로 그렇지 않다고 이야기하지만 이미 그런 시대로 진입하고 있는 나라들이 있습니다.

세상은 엄청나게 가파른 속도로 바뀌고 있습니다. 아이들 사이에서도 하나님을 믿는 것이 조롱거리가 되어 가고 있고, 조금 더 지나면 하나님을 믿는 것이 아주 불순한 일이 될 것입니다. 아니, 사실 벌써 들어와 있습니다.

우리 자녀들이 정신적인 질환이 굉장히 심각합니다. 뇌 질환입니다. 병 중에 하나입니다. 감기에 걸렸든지 팔이 부러진 것과 똑같은 병입니다. 정신적인 질환이 특별하게 이상한 문제는 아닙니다. 동일하게 병원에 가서 치료받아야 하는 문제입니다. 그런데 정신적인 질환은 영적인 문제와 깊이 연결되어 있습니다. 그래서 팔을 다친 것과는 좀 다릅니다.

자녀가 정신적인 질환을 앓고 악화되어 가는 가장 큰 원인이 가정에 있습니다. 오늘날은 가정의 끈이 다 풀어지고 울타리가 무너지고 있습니다. 가족들이 서로를 묶어 주는 기능을 하지 못하고, 깨어진 부부들도 많습니다.

가정에서 겪게 되는 일이 세상 어디서 겪는 일보다 우리 자녀들에게 심각한 문제를 일으키고 있습니다. 그래서 부모나 형제 때문에 정신적인 질환을 얻게 되기도 합니다. 여기에는 사회의 분위기도 한몫을 합니다. 하나님을 부정하고 금하는 마귀가 이미 이 사회를 장악하고 있다는 뜻입니다. 이 사회의 분위기는 자녀들이 한번 정신적으로 문제가 생기면 걷잡을 수 없이 심각해지게 만듭니다. 마약을 하고 성적으로 문란한 삶을 살아가게 이끕니다. 우리 자녀들에게는 무슨 일이든 정신적으로 견뎌 나갈 힘이 없습니다. 무너진 삶을 감당하지 못합니다. 그러니 뇌 질환이 생길 수밖에 없습니다. 요즘 현대 의학으로는 그 정신적인 질환을 완벽하게 치료할 방법도 없습니다.

이런 시대에 우리 자녀가 살고 있으며, 앞으로 살아가야 합니다. 그러니 기도하지 않을 수가 없고, 하나님 앞에 나와 이 문제를 의탁하지 않을 수가 없습니다. 자기 때가 얼마 남지 않았다는 것을 아는 원수 마귀가 정말 마지막 발악을 하는 때에 우리가 사는 것 같습니다. 그런데 그 원수 마귀가 어린아이들을 목표로 합니다. 사자나 호랑이, 하이에나는 아무리 연약한 짐승들을 사냥하더라도 성체는 쉽게 사로잡지 못합니다. 그러니까 항상 노리는 것이 제대로 힘 한 번 못 쓰는 새끼들입니다. 마귀가 지금 우리 자녀를 그렇게 노리고 있는 것입니다.

여기서 오해하지 말아야 할 것은, 자녀가 좀 별나게 행동하면 귀신 들렸다, 마귀가 노린다 생각해서는 안 된다는 것입니다. 마귀가 우리 자녀를 사로잡는다는 말은 우리가 흔히 생각하는 귀신 들린 현상과 같은 것은 아닙니다. 영적으로 자녀가 마귀에게 묶였다는 뜻입니다. 귀신 들린 현상으로 접근하면 자녀를 완전히 잃어버리게 됩니다. 또 하나의 마귀의 전략입니다. 그동안 귀신 내쫓는다고 한 사람의 인격을 완전히 황폐화시키는 잘못을 저지른 일이 많았습니다. 뇌 질환을 잘못 이해한 무지의 소치입니다.

우리가 자녀를 양육할 때 "공부 열심히 해라", "말 잘 들어라" 이렇게 말해서 될 수 있는 문제가 아니라는 점을 부모가 알아야 합니다. 영적인 싸움임을 반드시 기억하십시오. 그렇다면 영적인 싸움은 어떻게 해야 합니까?

'구세군의 어머니'라고 할 수 있는 캐서린 부스(Catherine Booth)에게는 8남매가 있었는데 자녀들이 모두 훌륭하게 장성했습니다. 많은 사람이 캐서린 부스에게 자녀 양육의 비결을 물어보았습니다. 그녀는 이렇게 답했다고 합니다. "마귀보다 언제나 한발 먼저 우리 아이들의 마음을 주의 말씀으로 가르치고, 하나님의 사랑으로 아이들의 마음을 지키려고 한 것입니다."

이것을 영적 전쟁이라고 합니다. 나쁜 말을 배우기 전에 좋은 말을 가르치고, 나쁜 생각에 사로잡히기 전에 좋은 생각을 심어주고, 자녀가 세상의 악한 것들을 경험하기 전에 하나님의 놀라운 사랑을 경험하게 만들어 주어야 하는 것입니다.

이제 부모는 자녀를 놓고 늘 마귀와 경쟁해야 한다는 사실을 알아야 합니다. 우리 마음대로 자녀를 다룰 수가 없습니다. 하나님도 아담과 하와를 만드시고 마음대로 하시지 않았습니다. 결국은 사탄이 하와를 꾀어 선악과를 따 먹게 했는데도 하나님은 어떤 면에서는 속수무책으로 보고 계실 수밖에 없었습니다. 왜냐하면 인간을 자유를 가진 한 인격체로 만드셨기 때문입니다. 만약 하나님이 죄를 짓지 못하도록 강제적으로 막으실 수 있었다면 아담과 하와는 자유로운 인격체가 아닌 것입니다. 그들에게는 하나님을 떠날 수도 있는 자유까지 있었습니다. 안타깝게도 아담과 하와는 마귀를 좇아갔습니다. 그래서 우리에게 죄가 들어온 것입니다. 자녀도 똑같습니다. 우리도 자녀의 마음을 사로잡는 일을 놓고 마귀와 경쟁하고 있는 것입니다. 그것이 바로 영적인 싸움입니다.

우리가 자녀의 마음에 심어 주어야 하는 것은 주의 교훈과 훈계입니다. 그것이 우리 자녀에게는 생명입니다. 세상을 사는 지혜입니다. 너무나 무섭게 변해 가는 이 세상에서 살아 낼 수 있는 힘입니다. 우리는 주의 교훈과 훈계로 자녀를 가르쳐야 합니다. 자녀가 공부를 잘하는 것도 좋지만 부모가 오직 공부에만 관심이 있다면 그것은 잘못입니다. 우리 자녀에게 필요한 것은 오직 주의 교훈과 훈계입니다.

1학년 때부터 전교 1등을 놓치지 않았던 중학교 2학년 아이가 자살을 시도했습니다. 아파트 베란다에서 뛰어내리려고 하는 순간, 아이에게서 이상 징후를 느껴 뒤쫓아 온 어머니가 겨우 붙잡았습니다. 어머니는 얼마나 놀랐던지 믿어지지가 않았습니다. 정신과 상담을 했습니다. 의사가 정말 자살하려고 했는지 물으니, 아이는 진짜 죽으려고 했다고 답했습니다. 그러면서 눈물을 주르륵 흘리며 이렇게 하소연했습니다. "저는 1등을 해도 허탈하고 2등을 하면 슬픕니다. 1등 해 봤자 항상 했던 1등입니다. 이젠 더 이상 1등이 의미도 없습니다. 그런데 한 번 2등 하면 내가 이제 누군가에게 졌다는 것 때문에 분해서 밤에 잠을 못 잡니다. 이 세상에서 없어져야 이 고통에서 건짐 받을 수 있겠다고 생각했어요."

1등 한 아이도 이런 어려움이 있습니다. 처음 1등 했을 때나 좋습니다. 두 번째로 1등 하면 당연해집니다. 또 1등 하지 못할까 봐 걱정이고 2등 하면 죽는 것입니다. 60등 하는 아이는 2등 했다고 죽는다는 친구가 이해가 안 됩니다. 자기는 2등 하면 가문의 영광이라며 동네잔치가 벌어질 텐데, 하면서 말입니다.

자녀에게 공부하라고만 하는 부모들의 입장에서 생각해 보면, 자녀가 공부 잘하면 스스로에게 얼마나 유익합니까? 앞으로 세상을 살아가기도 편할 것 같지 않나요? 천만에 말씀입니다. 우리 자녀가 "공부하라"는 말 때문에 죽음으로 내몰릴 수 있다는 사실을 알아야 합니다. 우리 자녀에게 진짜 필요한 것이 무엇인지를 알아야 합니다. 그것은 주의 교훈과 훈계입니다.

자녀 교육, 부모 자신이 바로 살면 됩니다

그런데 문제는 자녀에게 주의 교훈과 훈계를 말로 가르칠 수 있는 기간이 굉장히 짧다는 것입니다. 순간 지나가 버립니다. 자녀를 낳아서 재롱부리는 모습을 보기만 해도 귀여웠는데, 어느 순간

눈을 떠서 보면 아이가 완전히 이상해져 있습니다. 말하는 것도 이상하고, 행동도 이상합니다. 요즘은 3-4살 어린아이 때부터 시작하는 것 같습니다. 자녀에게 '주의 교훈과 훈계로 양육해야 되겠다' 생각하면 벌써 늦은 것 같은 요즘을 우리가 살고 있습니다.

만약 자녀가 어느 순간, 부모가 말하는데 행동을 고치지 않는다면 말로 가르칠 때가 지났다는 사실을 알아야 합니다. 이 부분을 제대로 이해하지 못해서 많은 부모가 화를 내고 그다음부터는 매를 듭니다. 이런 식이면 자녀는 부모가 하라는 것을 완전히 반대로만 하게 됩니다. 옳고 그름과는 전혀 상관없고, 부모가 하라고 하니까 무조건 싫은 것입니다. 그래서 교회 가라고 하면 안 갑니다. 교회 가는 것이 좋으냐, 나쁘냐는 판단은 상관없습니다. 부모가 교회 가라니까 무조건 안 갑니다. 공부하라면 무조건 안 합니다. 일찍 일어나라면 무조건 늦잠 잡니다.

이처럼 자녀를 말로 가르칠 단계가 지났는데 강제적으로 말로 훈계하면 그다음에는 자녀를 잃어버릴 각오를 해야 합니다. 부모가 아무리 지혜롭고 좋은 소리로 말해도 소용없습니다. 자녀에게는 통하지 않습니다. 부모가 싫으니까 부모가 하는 말도 싫은 것입니다. 부모가 하는 말에 반대로 하고 싶은 것입니다. 그러다가 어느 순간에 식탁에 쪽지가 하나 올라옵니다. "성공하고 돌아오겠습니다." 사라집니다. 그냥 집에만 있으면 좋겠다는 생각이 들 정도로 자녀가 막 돌아다니는데, 어디 있는지 알 수가 없습니다. 죽음을 생각하는 자녀도 있습니다. '내가 죽으면 엄마, 아빠도 울

까? 내가 죽으면 그때 내 말 안 들어 준 것 후회할까?'

그러니 무조건 말로 자녀를 가르치려고 하는 것은 정말 끔찍한 결과를 가져온다는 사실을 꼭 기억하십시오. 영적인 싸움을 전혀 이해하지 못하는 태도입니다. 어느 나이라고 정확히 말할 수는 없지만, 말로 가르쳐질 때가 있습니다. 자녀에게 말로 통할 때, 그때가 정말 소중한 시간입니다. 그 순간은 금방 지나갑니다. 그러니 말로 통할 때 정말 잘해야 합니다. 말로 통한다고 부모가 행동을 아무렇게나 하면 자녀는 서서히 마음속으로 부모의 행동에 대해서 굉장한 배신감을 가지게 됩니다. 부모의 말과 행동이 다르면 그다음에는 끝장입니다. 더 이상 말로 안 됩니다.

자녀가 말로 해서 안 될 때 부모는 자기 자신을 한번 돌아봐야 합니다. '나는 주님의 계명을 지키는 것이 즐거운가?' 저의 경우를 되돌아보니 주님이 제게 실재가 되시면서부터 주님과의 관계가 기뻐졌지만, 예전에는 죄가 되니까 안 한 것이지 하나님의 말씀대로 사는 것이 기뻐서 그렇게 한 것은 아니었습니다.

해야 하는 일이 정말 내게 유익하고 그 일이 하고 싶다면 최고입니다. 내게 해로운 일이 하기 싫어지면 문제 될 것이 없습니다. 그런데 항상 반대가 문제입니다. 내게 유익한 일은 하기 싫고, 내게 해로운 일은 하고 싶습니다. 부모인 우리도 똑같지 않습니까? 그러면 자녀도 그렇다는 것을 이해해야 합니다.

부모 말을 자녀가 제대로 안 듣잖아요? 그런데 부모도 똑같지 않습니까? 하나님도 우리에게 얼마나 많이 말씀하셨습니까? 그런데도 우리가 말로 해서 안 들을 때가 많지 않았나요? 매 맞고서 그제야 "주님, 회개합니다" 그럴 때도 많았습니다. 우리 자녀가 하기 싫어서, 또는 정말 몰라서 안 하는 것이 아닙니다. 그래야 되는 줄 알지만, 안 되는데 어떻게 합니까? 이 부분이 어른인 부모는 해결되었나요? 이 점을 깨달아야 비로소 자녀를 어떻게 도와야 할지를 알게 됩니다. 자녀는 부모보다 훨씬 더 의지력이 약합니다. 유혹도 많이 받고 있습니다. 그러니 훨씬 더 심각합니다.

그러면 더 이상 말로 가르칠 수 없는 자녀를 어떻게 해야 합니까? 주님이 우리와 하나 되어 주신 것처럼, 부모가 자녀와 하나 되어야 합니다. 예수님이 십자가에서 죽으신 것이 내 죄가 사함을 받는 이유입니다. 주님과 내가 하나 되었기 때문에 주님이 죽으신 것이 내가 죽은 것이 되었기 때문입니다. 그래서 주님의 부활이 내 안에 부활의 생명이 되었습니다. 우리 역시 자녀와 하나 되어야만 더 이상 이래라저래라 말로 하지 않고 자녀를 도울 수가 있습니다. 말로 도무지 안 통하는 자녀를 변화시킬 수 있는 길입니다.

자녀와 하나 되는 것은 우리가 원해서 되는 일이 아닙니다. 우리는 이미 자녀와 떼려야 뗄 수 없게끔 하나로 연결되어 있습니다. 부모가 가지고 있는 성품, 행동, 말투, 심지어 마음속 쓴 뿌리와 병까지 자녀가 그대로 가지고 있잖아요? 부모와 자녀는 두 개체로 떨어져 있지만 굉장히 밀접하게 하나로 엮여 있습니다.

부모가 자녀와 정말 하나로 연결되어 있다는 사실을 깨닫는 것이 왜 자녀 문제에 대한 답이 될까요? 부모와 자녀가 연결되어 있으니 우리 자신만 바로 살면 되기 때문입니다. 자녀에게 이래라저래라 말할 필요가 없고, 부모가 바로 서면 자녀가 그대로 물려받습니다. 유전적인 병, 마음속 상처, 나쁜 습관, 부정적인 성품을 물려주는 데서 벗어나 완전히 뒤바꿀 수 있습니다. 예수님 안에서 변화된 부모, 완전히 새로워진 부모가 체험한 은혜의 역사 역시 자녀에게 고스란히 흘러가기 때문입니다. 그러니 이제부터 자녀 때문에 속 썩을 필요 없습니다. 자기 때문에 속 썩으면 됩니다. 결코 자녀 문제가 아닙니다. 이제 나만 하나님 앞에서 바로 잘 살면 되는 것입니다. 이것은 정말 놀라운 발견입니다.

부모인 우리는 어떻게 잘 살 수 있을까요? 예수님과 우리가 하나 되었다는 사실을 기억하십시오. 우리는 정말 문제투성이지만 주님은 우리와 하나 되어 주셨습니다. 우리는 예수님 안에서 죽고 예수님 안에서 사는 자가 되었습니다. 이제는 그 사실을 말로만 듣지 말고, 진짜 나는 죽고 예수님으로 살아야 합니다. 그러면 그 은혜가 자녀에게 그대로 흘러갑니다. 자녀와 하나 되기 시작하면 자녀 속에 부모의 변화가 그대로 이어집니다.

부모인 내가 주님 앞에서 바로 서면, 진짜 십자가 복음으로 거듭나면 자녀가 살길이 열립니다. 얼마나 놀랍고 황홀한 일입니까! 하나님이 예수 그리스도 안에서 허락하신 엄청난 은혜입니다.

이 사실을 알고 나면 기도가 달라집니다. 자녀 문제는 이제 더 이상 자녀 문제만이 아니라 내 문제입니다. 그러니 눈물이 납니다. "너희와 너희 자녀를 위하여 울라"고 말씀하신 주님의 심정 그대로 자녀를 위해 울게 됩니다. 자녀를 위해서 울 때 나를 위해서 울게 됩니다. 같은 문제이기 때문입니다.

자녀가 힘들어하고, 방황하고, 정신적으로 어려운 것은 그 아이만의 문제가 아닙니다. 그것은 그대로 내 문제입니다. 그러니 자녀에게 더 이상 잔소리할 필요가 없습니다. 이제 부모가 할 일은 주님 앞에 나아가 "주님, 정말 살려 주세요" 기도하는 것뿐입니다. 자녀가 병원에 입원하면 부모가 할 일은 보호자 대기실에서 하나님께 살려 달라고 눈물로 기도하는 것밖에 없습니다. 자녀가 입시를 치르러 고사장에 들어가면 부모가 할 일은 그저 기도실에 와서 시험 잘 보게 해 달라고 기도할 것밖에 없습니다. 아이가 입대하면 부모는 정말 기도밖에 할 것이 없습니다. 그러다가 하나님이 자녀를 남겨 두고 오라 하시면 가야 되지 않습니까? 이 험한 세상에 자녀를 맡겨 놓고 떠나가야 할 때가 옵니다. 정말 기도밖에는 할 수가 없을 때가 옵니다.

이제는 진짜 눈물의 기도로 자녀를 길러야 합니다. 그리고 기도하되, 반드시 믿음으로 기도해야 합니다. 자녀들 중에는 자신의 삶에 대한 믿음을 포기한 경우가 많습니다. '나는 잘될 거야. 반드시 극복할 수 있을 거야', 이런 믿음이 없습니다. 자기는 안 된다고 생각합니다. 그런데 더 심각한 것은 부모도 믿음을 잃어버렸다는 것입니다. '얘가 제대로 될 수 있을까? 잘 자랄 수 있을까? 이 아이의 삶이 변할 수 있을까?' 부모가 안 믿으면 자녀는 끝장입니다. 믿음이 없으면 주님도 역사하시지 못합니다. 우리가 자녀를 위해서 반드시 지켜 주어야 할 것은 바로 믿음입니다.

그런데 솔직히 우리 눈에는 자녀의 문제에 관해서 정말 믿어지지 않는 일들만 계속 일어나지 않나요? 그때 도대체 어떻게 믿음을 지킬 수 있습니까? 주님을 바라보는 눈을 뜨는 것입니다. 주님은 우리와 항상 같이 계신 것처럼 우리 자녀와도 함께 계십니다. 주님이 부모에게 자녀를 위한 기도를 계속 시키시고 기도할 마음을 주셔서 주님 앞에 나오게 하셨으니, 주님이 우리 자녀를 모르실 리가 없습니다. 그러니 우리는 주님을 믿어야 합니다.

우리 힘으로 자녀를 고칠 수 있는 길은 없습니다. 하나님은 우리에게 자녀를 책임지라고 하시지도 않았습니다. 주님이 하겠다고 하셨습니다. 주님께 맡기라고 하셨습니다. 우리가 할 일은 주님께 자녀를 맡기는 것입니다. 주님께 맡겼는지, 안 맡겼는지는 어떻게 알 수 있나요? 마음의 평안을 보면 됩니다.

"맡깁니다", "맡깁니다" 말만 하면서 실제로는 맡기지 않은 사람이 있습니다. 맡긴다고 해 놓고 자기가 염려를 끌고 가는 사람도 있습니다. 실제로 믿음으로 주님께 반응하지 않으니까 자녀를 대할 때 계속 염려로 대하게 되는 것입니다. 부모가 주님을 진짜로 믿지 못하니까 자녀가 부모를 통해서 '나는 안 되나 봐' 하며 계속해서 불신을 느끼게 되는 것입니다.

그러나 어느 순간에 부모가 자신을 믿는다는 사실이 깨달아질 때 자녀는 정말 놀라운 충격을 받습니다. '어떻게 나를 믿지? 나는 진짜 변화될 수 있나 봐' 하면서 말입니다. 이것이 부모가 자녀에게 해 줄 수 있는 정말 놀라운 일입니다. 믿는 것입니다. 부모 자신의 구원이기도 합니다. 자녀 때문에 얼마나 걱정이 많습니까? 그런데 주님을 믿고 주님께 진짜 맡겨 버리라는 것입니다.

여기서 한 가지, 주님께 맡겼으면 진짜 맡기고 돌아가시기 바랍니다. "주님, 우리 아이를 맡깁니다" 하고 자녀를 잡은 손을 놓으십시오. 그런데 여전히 걱정이 되어 손을 놓지를 못합니다. "손을 붙잡고 있어도 안 되는데 손을 놓아서 될까요?" 하면서 말입니다.

부모가 자녀를 책임져야 한다는 중압감을 벗어 버리십시오. 우리도 자녀를 위해서 눈물로 기도하지만, 우리 안에 계신 성령이 우리보다도 더 말할 수 없는 탄식으로 기도하고 계십니다. "이와 같이 성령도 우리의 연약함을 도우시나니 우리는 마땅히 기도할 바를 알지 못하나 오직 성령이 말할 수 없는 탄식으로 우리를 위하여 친히 간구하시느니라"(롬 8:26). 자녀 문제는 주님이 다 하십니다.

우리 자녀가 정말 세상을 이겨 나가려면 주님을 만나야 합니다. 주님과 동행해야 합니다. 어떻게 하면 주님과 우리 자녀가 동행하게 만들 수 있을까요? 말로 가르치면 될까요?

길이 하나 있습니다. 부모인 우리 자신이 주님과 친밀히 동행하는 것입니다. 우리가 주님과 친밀히 동행하면 영적으로 연결된 자녀에게도 주님의 동행이 이루어집니다. 그러니 자녀에게 주님과 친밀히 동행하라고 거듭 말하고 강조할 필요가 없습니다. 이제 주님께 정말 맡기고, 주님이 하실 것을 믿고, 부모인 우리 자신이 주님과 온전히 동행하는 삶을 살면 됩니다.

어느 목사님이 책에 쓰신 짤막한 문구입니다. "아이들이 행복했으면 좋겠습니다." 그저 우리 모든 부모의 마음이지 않습니까? 이 세상이 정말 어렵습니다. 실제로 수많은 사람을 겪어 보니까 행복한 사람이 참 드뭅니다. 우리 자녀는 진짜 행복할 수 있을까요? 길은 유일합니다. 행복의 근원 되신 주님을 자녀가 직접 인격적으로 만나고 주님과 동행하는 것입니다. 그러면 요셉처럼 애굽에서도 놀라운 삶을 살 수 있습니다. 다니엘처럼 바벨론에서도 탁월한 삶을 삽니다. 하나님과 동행하기만 하면 환경과 여건이 어렵다고 걱정할 이유가 없습니다. 주님과 진짜 동행하는 사람이 될 수 있게만 만들어 준다면 말입니다. 그 길이 바로 부모인 우리 자신이 주님과 친밀히 동행하는 것임을 반드시 기억하십시오.

우리가 예수님과 친밀히 동행하는 것은 곧 주님의 마음을 품는 것입니다. 부모의 눈이 아니라 주님이 보시는 눈으로 보는 것입니다. 부모의 마음으로는 자녀 교육의 한계가 있습니다. 아이를 진짜 이해할 수 없습니다. 예수님의 마음을 품기 시작하면 인생도, 삶도, 문제도 다 다르게 보입니다. 성경은 "너희 안에 이 마음을 품으라 곧 그리스도 예수의 마음이니"(빌 2:5)라고 말합니다.

"24시간 예수님을 바라보자", "나는 죽고 예수로 살자", 이 말을 귀에 못이 박히도록 들었을 것입니다. 그런데 이제는 실제로 살아야 합니다. 진짜 내가 죽고 예수님으로 살면 자녀도 그렇게 살아집니다. 내가 24시간 주님과 친밀히 동행하면 자녀도 그렇게 살게 됩니다. 자식을 위해서 못할 일이 무엇이 있겠습니까? 부모 자신에게도 구원입니다. 역사는 주님이 하시는 것입니다.

그러면 또 "내가 변한다고 변화될 아이가 아니에요. 너무 늦었어요" 하는 분이 있을지 모르겠습니다. 그렇지 않습니다. 자녀가 부모에게 심한 배신감을 느끼고 상처를 많이 받았어도 상관없습니다. 오히려 그로 인해 부모를 너무 잘 알게 되지 않았습니까? 거듭나기 전에, 형식적인 신앙생활만 할 때 부모가 어떻게 살았는지를 자녀가 잘 알기 때문에 오히려 이제는 바뀐 모습을 보여 줄 수 있는 기회가 될 것입니다.

우리가 진짜 나는 죽고 예수님으로 사는 사람이 되고 예수님과 친밀히 동행하는 사람이 되면 자녀가 '진짜 사람이 변하네! 복음이 진짜인가 봐' 하며 기절합니다. 만약 그동안에 진짜 엉망으로 살았다면 오히려 더 소망이 있습니다. 희망을 가지십시오. 부모인 나도 살고 자녀도 사는 길입니다.

◆

부모인 우리 자신의 문제가
심각하기 때문에 울어야 합니다

자녀만이 아니고 부모인 우리 자신의 문제가 심각하기 때문에 울어야 합니다. 주님은 "너희와 너희 자녀를 위하여 울라"고 하셨습니다. 울어야 될 대상이 먼저는 부모라는 사실을 기억해야 합니다. 창세기 49장을 보면, 야곱이 열두 아들을 축복하는 장면이 나옵니다. 그런데 말이 축복이지 실제로 읽어 보면 유다나 요셉과 같은 아들은 크게 복을 빌어 주지만 르우벤이나 시므온, 레위에게는 한마디의 축복도 하지 않고 저주만 퍼부었습니다. 사랑하는 아들들을 마지막으로 축복하는 시간인데 야곱이 왜 그랬을까요?

신명기 33장에 나오는 모세의 축복 기도는 다릅니다. 모세도 마지막에 이스라엘의 열두 지파를 축복했습니다. 그런데 한 지파도 빼놓지 않고 모두에게 복을 선포했습니다.

야곱과 모세의 축복 기도가 왜 다른 것일까요? 그 마음이 달랐기 때문입니다. 야곱은 바로왕 앞에 나아갔을 때 자기 삶에 대해서 고백하기를, "험악한 세월을 보내었나이다"(창 47:9)라고 했습니다. 이것이 야곱이 자기 자신에 대해서 가지고 있는 생각이었습니다. 야곱의 마음에 많은 상처가 있었기 때문에 입에서 저주가 튀어나온 것입니다.

반면에 모세를 생각해 봅시다. 모세 역시 야곱과 비교할 수 없이 험한 세월을 살았습니다. 신명기 33장 29절을 보면 모세의 축복 기도문이 기록되어 있는데, 다음과 같습니다. "이스라엘이여 너는 행복한 사람이로다 여호와의 구원을 너같이 얻은 백성이 누구냐 그는 너를 돕는 방패시요 네 영광의 칼이시로다 네 대적이 네게 복종하리니 네가 그들의 높은 곳을 밟으리로다." 모세는 이스라엘 백성이 얼마나 불평불만이 많은 족속인지 알았습니다. 그럼에도 불구하고 "이스라엘이여 너는 행복한 사람이로다"라고 말했습니다. 모세의 심령이 주의 은혜로 충만했기에 입을 열어 기도 하자 열두 지파가 다 복 받는 기도를 한 것입니다.

자녀에게 부모는 복을 빌어 주는 자입니다. 그런데 부모의 마음 상태가 은혜로 충만해야 복이 흘러갈 수 있습니다. 부모의 마음이 병들어 있으면, 상처가 많으면 자식에게 말로 저주하게 될 수밖에 없습니다.

저의 큰아이가 중학교를 다닐 때 일입니다. 어느 날 딸이 다른 교회에 나가고 싶다는 말을 했습니다. 당시 저는 아이가 철도 없는 말을 한다고 생각해 처음에는 화가 났습니다. 하지만 이내 목사 딸이 되어서 너무 힘들었나 보다 싶어서 잘 달래 줘야겠다고 생각했습니다. 그러면서 뭐가 힘드냐고 물었더니 말을 안 했습니다. 아이가 입을 꾹 다물고 있자 나중에는 자꾸 언성이 높아졌습니다.

그러자 아이가 울면서, 아빠인 제가 무섭다고 했습니다. 제가 무서워서 다른 교회에 가고 싶다는 것입니다. 깜짝 놀랐습니다. 그러면서 아이는 6년 전 초등학교 1학년 때 저에게 매 맞은 이야기를 했습니다. 버릇을 가르쳐야겠다고 작정하고 한 번 매를 든 적이 있는데, 매를 들고 화내던 아빠의 얼굴이 딸아이 가슴에 확 박혔던 모양입니다. 그다음부터는 저만 보면 매를 들고 화내는 얼굴로만 보였다고 합니다. 자그마치 6년 동안이나 말입니다.

마음의 상처는 저절로 치유되는 법이 없습니다. 계속 깊어집니다. 그러다 보니 결국은 하루라도 아빠가 없는 곳에서 지내 보고 싶을 정도로 상태가 심각해졌습니다. 기가 막혔습니다.

도대체 어떻게 해야 할지 몰라 고민하다가, 결국 중학교 1학년 딸아이 앞에 무릎을 꿇었습니다. 용서해 달라고 했습니다. 아이는 왜 아빠가 용서를 구하냐면서 펄쩍 뛰었습니다. 그러나 아이에게 "아빠가 잘못한 것이 분명히 많다. 네가 용서해 준다고 말해야 네 마음도 풀리겠고 아빠 마음도 풀릴 수 있겠다" 했더니 아무 말하지 않고 가만히 있었습니다. 한 5분쯤 지나자 아이는 닭똥 같은 눈물을 뚝뚝 흘리면서 제 목을 끌어안았습니다. 그러고는 "아빠, 용서할게요" 말했습니다. 그렇게 딸과 저는 한참을 같이 울었습니다. 감사하게도 그렇게 딸의 마음이 열렸습니다.

저는 그 일을 겪으면서 저 자신이 기가 막혔습니다. '내가 왜 그럴까? 왜 나는 내가 사랑하는 아내와 딸에게 상처만 주는 자일까?' 그러면서 제 어린 시절이 깨달아졌습니다. 어릴 때 생긴 영적인 질병이 제게 남아 있다는 사실을 알게 되었습니다.

저는 목사의 아들이라는 것 때문에 모든 것을 누르고 살았습니다. 무언가 특별히 좋아도 안 되고, 무언가 특별히 나빠도 안 되고, 항상 다른 사람들 앞에 모범적으로 살아야 되고, 말 잘 듣는 학생이어야 했습니다. 반찬 하나도 맛있는 반찬, 맛없는 반찬이 없어야 했습니다. 밥을 하나 먹어도 적게 먹었다, 많이 먹었다가 없어야 했습니다. 그냥 주는 대로 다 먹었습니다. 저에게는 좋고 싫은 것 자체가 죄였습니다.

부모님은 그런 저를 두고 동생들에게 늘 말씀하셨습니다. "형 좀 본받아라." 그것은 저를 옥죄는 말이었습니다. 항상 동생들에게 모범이 되게 말하고 행동해야 했기 때문입니다. 제 책상 위에는 어린 시절 학교에 들어가기 전에 한복을 입고 찍은 사진이 한장 놓여 있습니다. 사진 기사님이 계속 웃으라고 해서 활짝 웃었습니다. 그런데 웬걸, 오만상을 찡그리고 있는 사진이 찍혀 나왔습니다. 이것이 제 어릴 때 모습이었습니다.

저는 감정을 표현하는 것 자체가 두려웠습니다. 그러면 안 된다고 생각했습니다. 그것이 지금 가족들을 너무 힘들게 하는 것입니다. 그래서 저는 나는 죽고 예수님으로 사는 십자가 복음이 정말 좋습니다. 나는 죽고 예수님으로 사는 것이 얼마나 놀라운 복음인지 모릅니다. 나이가 지긋해지면 이제 부모 노릇 잘할 수 있을까요? 아닙니다. 나이가 들면 들수록 더 부모 노릇이 어렵습니다. 그래서 주님이 우리에게 울라고 하신 것입니다.

자녀의 문제는 엄밀히 말하면 부모의 문제입니다. 이제 "예수님 안에서 진짜 변화된 모습을 우리 자녀가 보게 해 주옵소서. 자녀를, 그리고 부모인 저를 주님께 맡깁니다", 이것이 모든 부모의 기도가 되기를 바랍니다. 말로만 가르치려 하지 맙시다. 걱정하는 것으로 가르치지 맙시다. 자녀와 진정으로 하나가 되어, 내가 변함으로 자녀가 진정으로 변화되는 역사가 일어나기를 바랍니다.

12장

오늘도 나를 변화시켜 달라고 기도하라

• 벧전 3:1-4

◆

예수님을 믿지 않는 가족들은
내 삶을 관심 있게 보고 있습니다

특별새벽기도회 때 부목사님 딸이 아빠가 새벽기도회에 같이 가자고 깨우니까 따라 나오면서 혼잣말처럼 이야기했다고 합니다. "목사 딸 하기도 진짜 힘드네." 그 말을 듣고 참 귀여워서 제가 칼럼에다가 썼더니 금방 댓글이 하나 달렸습니다. 어느 성도님이 쓰셨습니다.

"저는 그 목사님 딸이 너무 부럽습니다. 저희 가족들은 예수님을 믿지 않아요. 그것이 얼마나 마음 아픈지 몰라요. 너무나 힘듭니다. 새벽기도에 나가기 힘들다는 그 목사님 딸이 저는 너무 부럽습니다."

예수님을 믿지 않는 가족들 때문에 마음고생을 하는 성도들을 생각하니 마음이 먹먹했습니다. 가족의 구원은 우리에게 있어서 대단히 중요한 문제입니다. 예수님은 마지막 때에 주님이 심판하실 때 롯의 가정 같은 가정이 많을 것이라고 말씀하셨습니다. "또 롯의 때와 같으리니 사람들이 먹고 마시고 사고 팔고 심고 집을 짓더니 롯이 소돔에서 나가던 날에 하늘로부터 불과 유황이 비 오듯 하여 그들을 멸망시켰느니라 인자가 나타나는 날에도 이러하리라"(눅 17:28-30).

창세기에는 롯의 가족이 소돔과 고모라가 멸망할 때 건짐 받는 장면이 나옵니다. 하나님이 아브라함의 기도를 들으시고 롯의 가족을 구원하기로 정하시고는 천사를 보내셨습니다. 소돔과 고모라에 유황불을 내리시기 전에 롯의 가족을 대피시키라고 하신 것입니다. 그런데 가족들을 끄집어내야 하는데 움직이지를 않았습니다. 딸들이 결혼하기로 한 사위들을 데리고 가야겠는데, 사위들은 장인의 말을 농담으로 여기고 정신 나간 사람처럼 취급했습니다. 아무래도 사위들은 같이 갈 수가 없을 것 같았습니다. 아내와 두 딸을 데려가야 하는데 이제는 아내가 흔들렸습니다. 평생 모아 놓은 재산을 다 버리고 떠나는 발걸음이 움직여지지를 않는 것입니다.

천사가 기다리고 기다리다가 이제는 유황불이 떨어질 지경이 되니까 손을 잡고 끌고 나와 버렸습니다. 그러면서 당부하기를 "도망하여 생명을 보존하라 돌아보거나 들에 머물지 말고 산으로 도망하여 멸망함을 면하라"(창 19:17)고 했습니다. 떠나는 중에 유황불이 떨어졌습니다. 롯의 아내는 절대 돌아보면 안 된다는 경고를 듣고도 돌아보아 소금 기둥이 되었습니다. 세상에 마음이 있는 사람은 구원받을 기회가 와도 구원받지 못하는 모습을 볼 수 있습니다.

우리는 살아가는 동안에 먹고, 마시고, 사고, 팔고, 집 짓고, 시집 장가 보내고, 자녀를 기르는 데만 관심을 두고 살면 안 됩니다. 그러면 롯의 가정처럼 됩니다. 우리 가정은 괜찮나요? 주님이 오실 때 온갖 미혹이 다가오고, 수많은 이단이 일어나고, 핍박이 들이닥칠 때 우리 가족들은 끝까지 견고하게 믿음을 지키고 하나님의 말씀대로 살 준비가 되었습니까?

가족 전도가 제일 어려운 전도라고 합니다. 과연 어떻게 예수님을 믿지 않는 가족들을 전도할 수 있을까요?

첫 번째로 조급한 마음을 내려놓아야 합니다. 조급한 마음은 성령의 역사를 가로막습니다. 가족이 예수님을 믿지 않는 이유는 어쩌면 조급한 우리가 구원의 역사를 가로막고 있어서인지도 모릅니다.

오히려 예수님을 믿지 않는 불신 가족들에게 감사하는 마음을 가져야 할지도 모르겠습니다. 그들을 전도하기 위해서 애쓰면서 우리가 예수님을 제대로 믿게 되기 때문입니다. 그들에게 진짜 예수님을 믿는 사람이 어떻게 사는지를 보여 주어야 하지 않을까요? 예수님을 믿지 않는 사람들에게 정말 주님과 동행하는 사람의 모습을 삶의 현장에서 보여 준다면 그들이 복음을 향해 마음의 문을 열지 않을까요? 그래서 어떤 면에서 보면 불신 가족을 전도하는 것이 가장 쉬울 수도 있습니다. 실제로 삶의 현장에서 예수님과 함께하는 사람, 주님과 동행하는 사람과 같이 사는데 어떻게 복음을 부인할 수 있겠습니까?

베드로 사도는 예수님을 믿지 않는 남편을 둔 여인들에게 남편을 전도하라고 말하지 않고 남편에게 순종하라고 했습니다. "아내들아 이와 같이 자기 남편에게 순종하라 이는 혹 말씀을 순종하지 않는 자라도 말로 말미암지 않고 그 아내의 행실로 말미암아 구원을 받게 하려 함이니"(벧전 3:1). 남편은 아내의 말을 도무지 안 듣기 때문입니다. 그런데 아내가 어떻게 사는지는 유심히 봅니다. 그래서 이어지는 2절에서는 "너희의 두려워하며 정결한 행실을 봄이라"라고 말했습니다. 이것이 불신 가족을 전도하려는 모든 그리스도인이 반드시 명심해야 하는 말씀입니다. 예수님을 믿지 않는 가족들은 내가 하는 말은 듣지 않지만 내 삶은 아주 관심 있게 보고 있다는 뜻입니다.

성 프란체스코(St. Francis)는 "때를 얻든지 못 얻든지 항상 말씀을 전파하라. 필요하다면 말도 사용하라"고 말했습니다. 이 말의 의미는 대부분은 말없이 전해야 한다는 뜻입니다. 도대체 말하지 않고 어떻게 복음과 하나님의 말씀을 전할 수 있습니까? 우리가 실제로 삶을 통해 복음과 하나님의 말씀이 전해져야 한다고 생각하고 살면 강력한 복음 전도가 일어납니다.

성 어거스틴(St. Augustine)이 회심하게 된 것은 어머니 모니카의 눈물의 기도 때문이었다고 합니다. 그런데 그의《고백록》을 읽어 보면 그뿐만이 아니었음을 알 수 있습니다. 어거스틴은 이렇게 고백했습니다. "우리 어머니는 이교도였던 아버지를 주님 모시듯 하셨습니다. 저는 그 장면을 잊을 수 없습니다." 눈물의 기도가 뒷받침되었지만, 어머니 모니카의 삶이 어거스틴으로 하여금 진정한 복음으로 돌아오게 했던 것입니다.

베드로는 불신 남편을 둔 예수님을 믿는 아내들에게 외모보다는 마음을 단장하라고 권했습니다. "너희의 단장은 머리를 꾸미고 금을 차고 아름다운 옷을 입는 외모로 하지 말고 오직 마음에 숨은 사람을 온유하고 안정한 심령의 썩지 아니할 것으로 하라 이는 하나님 앞에 값진 것이니라"(벧전 3:3-4). 남편을 변화시키는 것은 아내의 외모가 아닙니다. 아내가 외모를 잘 가꾸는 것을 싫어하는 남편은 없겠지만 외모 때문에 남편이 변하지는 않습니다. 그러나 아내의 마음이 바뀐 것을 알게 될 때 남편은 큰 충격을 받습니다.

그리스도인 안에는 예수님이 임하십니다. 우리는 왕을 모시고 사는 사람들이기에 말이나 행동이 온유할 수밖에 없습니다. 우리는 항상 하나님을 경외하는 마음으로 삽니다. 앞서 2절에서 '두려워한다'는 표현은 엄밀히 말하면 '경외한다'는 뜻입니다. 주님이 나와 함께 계신다는 사실을 늘 기억하고 주님을 바라보기 때문에 아내의 삶이 정결한 삶이 되는 것입니다. 남편이 어찌 그것을 모를 수가 있을까요? 아내 안에 예수님이 계심을 남편이 깨달을 때 복음의 문이 열립니다.

한 남자 집사님이 실직해서 낙심한 가운데 집에 있었는데 아내가 차린 저녁 반찬이 너무 부실했습니다. 순간, 마음속에 욱하고 화가 치밀어 올랐습니다. '내가 돈을 못 벌어 온다고 괄시하는 거야!' 그러고는 상을 걷어차 버렸습니다. 밥상이 나뒹굴었습니다. 참 말도 안 되는 어처구니없는 일을 저지르고 본인도 난감해하는데 갑자기 교회 속장님에게서 전화가 왔습니다. 특별한 반찬이 있으니 자기 집에 와서 저녁을 같이 먹자고 했습니다.

못 이기는 척하고 속장님 집에 가서 저녁을 먹는데, 속장님이 이런저런 이야기를 꺼냈습니다. 그러다가 자기가 예수님을 믿기 전에는 정말 개망나니였다고 했습니다. 건성으로 그러시냐고 대답했더니 계속 이야기를 이어 갔습니다. 그러면서 하는 말이, "제가 직장에서 쫓겨나서 실직했을 때 어느 날 저녁에 아내가 밥을 차려 주는데 반찬이 너무 없는 거예요. 그래서 속에서 치밀어 오르는 욱하는 마음 때문에 그 밥상을 뒤집어엎었지 뭡니까"였습니다.

이야기는 이어졌습니다. "일단 밥상은 엎었는데 너무 당황스럽고 나 자신도 '내가 잘못했구나' 싶어서 난감한데 아내가 아무 말 하지 않고 쏟아진 밥이랑 국이랑 반찬을 치우는 거예요. 말을 안 하니까 다행이라고 생각했지만 저녁은 포기해야 했습니다. 그런데 조금 뒤에 방 문을 노크하는 소리가 들리더니 '여보, 식사하세요' 하더니 아내가 다시 상을 차려 온 것입니다. 너무 당황스럽

더군요. 그날 제가 사람이 됐습니다. 그리고 그날부터 아내를 따라 예수님을 믿게 되었지요." 그 이야기를, 자신에게 조금 전에 일어났던 사건과 똑같은 일을 저녁을 먹는 내내 쭉 들려주었다고 합니다.

◆
가족 전도를 위해 우리가 할 수 있는 일은
예수님을 잘 믿는 것밖에 없습니다

불신 가족을 전도하는 일이 어렵다고 하지만 어떻게 보면 가장 쉬울 수도 있습니다. 우리가 교회만 왔다 갔다 하는 식으로만 예수님을 믿는 것이 아니고 예수님을 제대로 믿으면, 진짜 나는 죽고 예수님으로 사는 십자가 복음을 믿으면 불신 가족이 주께로 돌아오는 일이 더 쉬울 수 있습니다.

혹시 "목사님, '삶으로 전도하라', 저는 도무지 자신이 없습니다. 제게는 불가능합니다", 이렇게 말하는 분도 있을 것입니다. 두려워하지 마십시오. 우리의 능력으로 하라는 것이 아닙니다. 우리 주님이 그렇게 해 주신다는 것입니다. 이것이 복음입니다. 우리 주님은 "주 예수를 믿으라 그리하면 너와 네 집이 구원을 받으리라"(행 16:31)라고 약속해 주셨습니다. 우리 가족들이 다 구원받게 되는 일은 주님이 이루어 주십니다. 우리 자신이 변화된 삶으로 가족들이 다 주께로 돌아오게 되는 일도 주님이 다 이루세요.

우리가 할 일은 나는 죽고 예수님으로 사는 십자가 복음을 분명하게 붙잡고 오직 주 예수님만 바라보고 사는 것뿐입니다.

베드로 사도는 베드로전서 3장 4절에서 이렇게 말했습니다. "오직 마음에 숨은 사람을 온유하고 안정한 심령의 썩지 아니할 것으로 하라 이는 하나님 앞에 값진 것이니라." 엄밀히 말하면, 아내의 변화는 남편에게 보여 주려는 것이 아닙니다. '하나님 앞에'가 중요합니다. 우리가 할 수 있는 일은 예수님을 잘 믿는 것밖에 없습니다. 늘 주님을 마음에 모시고 사는 것입니다. 우리의 기도 제목은 불신 가족을 전도해야 하기에 "하나님, 나를 먼저 변화시키소서" 외에는 없습니다. 그러면 예수님을 믿지 않는 가족들이 그 과정에서 주님께로 돌아오게 됩니다. 전도는 선물이나 열매처럼 저절로 따라오는 것입니다.

젊은이교회 예배 때 한 자매가 이런 간증을 했습니다.

저희 가족은 5년 전 예수님을 영접했는데, 주님은 가족 중 막내인 제게 십자가 복음을 먼저 깨닫게 하셨습니다. 가족들은 세상과 재정에 대한 염려가 많았습니다. 특히 세상 가운데서 부와 명예를 누리며 우상에 대한 지식으로 가득 찬 아빠는 좀처럼 변할 것 같지 않았습니다. 그런 아빠에게 저의 삶을 통해서 살아 계신 하나님을 증거해야 한다는 것을 깨달았습니다. 그래서 주님께 기도했습니다. "주님, 저를 변화시켜 주세요. 제가 변화된 모습을 통해서 아빠에게 살아 계신 하나님을 증거하게 해 주세요." 홀로 영적 싸움을 하는 것이 힘들 때도 있었지만 주님은 계속 저에게 가족을 사랑하는 마음으로 기도하게 하셨습니다.

그렇게 3년 동안 가족의 진정한 구원을 위해 금식하며 애통함으로 기도했는데 제 삶이 변했습니다. 가족들도 변했습니다. 집안의 제사가 없어지고, 집에 있던 우상들도 정리되었고, 거실에는 "오직 나와 내 집은 여호와를 섬기겠노라"(수 24:15)라는 말씀 액자가 걸리게 되었습니다.

아빠가 일을 내려놓게 되심으로 처음으로 가난이라는 것을 경험하게 되었습니다. 아빠도 병원에 가지 못해 가족들이 돌아가며 안수할 때도 있었습니다. 그렇지만 저와 제 가족은 이 가난을 통해 가난한 사람들의 삶을 돌아볼 수 있었고 물질을 귀하게 사용하는 방법을 배웠습니다. 가족 안에서 고난이 유익이라는 고백과 질병과 가난, 세상의 조롱, 그 어떤 것도 구원의 은혜와 바꿀 수 없다는 고백이 흘러나왔습니다.

때때로 가족들의 어려움 앞에 좌절하며 세상일에 대한 미련을 놓지 못하는 아빠를 보며 마음이 아파 기도했습니다. "주님, 예수님을 통해 진정한 부유함을 누리고 있습니다. 아빠가 주님이 기뻐하시는 모습으로 살아갈 수 있다면 저는 평생 주님과 함께하는 가난을 택하겠습니다. 가난해도 좋으니 아빠에게 분명한 복음을 깨닫게 해 주세요." 하나님은 지극히 작은 저의 기도를 들어주셨습니다. 가정은 아직 재정적인 어려움을 겪고 있지만 가족들이 십자가 복음으로 회복되고 행복해졌습니다. 다시 아빠는 일하러 나가시게 되었는데, 출근

할 때는 가족들이 다 아빠를 안아 주며 사랑과 축복의 말을 전합니다. 아빠는 요즘 무료로 이용하는 지하철로 교회에 가서서 궂은일을 마다하지 않고 섬기십니다. 머리부터 발끝까지 치장하시던 엄마는 매일같이 어깨에 띠를 두르고 노방 전도를 하며 주님께 감사함을 고백합니다. 오빠는 저의 가장 큰 근심거리이자 기도 제목이었지만 이제는 저보다 더 열심히 기도하며 예배하는 삶을 살아가고 있습니다. 주님은 참 멋진 분이십니다. 가족 중 가장 연약하고 자랑할 것 없는 저를 중보자로 세우시고 아무 의미 없던 삶을 예수님 안에서 값진 삶으로 변화시키시니 말입니다.

불신 가족을 전도한 간증을 가만히 들어 보면 공통점이 있습니다. 불신 가족을 전도하다가 자기가 변했다는 것입니다. '내가 진짜 예수님을 믿게 되었다'는 것입니다. 그래서 비록 우리를 핍박하고 조롱할지라도 불신 가족을 향해 감사한 마음을 갖자는 것입니다.

가족 전도에 조급해하지 말라고 해서 기도도 하지 말라는 의미는 아닙니다. 눈물로 기도해야 합니다. 우리가 할 수 있는 일은 그것밖에 없습니다. 모세는 금송아지를 만들어 섬긴 이스라엘 백성을 다 멸하겠다고 하신 하나님께 이렇게 기도했습니다. "그러나 이제 그들의 죄를 사하시옵소서 그렇지 아니하시오면 원하건대 주께서 기록하신 책에서 내 이름을 지워 버려 주옵소서"(출 32:32). 모세는 자기의 영원한 생명을 포기하면서까지 우상을 숭배한 동족 이스라엘 백성이 용서받기를 구했습니다. 그것이 하나님의 마음에 들어서 모세도 살았고, 이스라엘 백성도 살았습니다.

사도 바울도 똑같이 기도했습니다. 그는 예수님을 배척하는 유대인 동족들을 위해서 "나의 형제 곧 골육의 친척을 위하여 내 자신이 저주를 받아 그리스도에게서 끊어질지라도 원하는 바로라"(롬 9:3)라고 기도했습니다.

하나님이 이 기도를 좋아하시는 이유는 그것이 주님의 마음이기 때문입니다. 우리도 내가 영원히 지옥에 간다고 하더라도 예수님을 믿지 않는 우리 가족들을 구원해 달라고, 정말 눈물로 나 자신이 죽어도 좋으니 내 가족이 구원받게 해 달라고 기도해야 합니다. 그러면 반드시 성령이 역사하십니다.

미국 템파베이에서 목회하고 있는 주명식 목사님이 쓰신 《무당 엄마 목사 아들》(홍성사, 2017)이라는 책을 소개하고 싶습니다. 목사님의 어머니가 무당입니다. 불신 가족 중에 무당이 있다면 아마 그보다 더 어려운 전도가 또 있을까요?

목사님은 어려서 교회를 다녔는데 학생 때 은혜를 받고 목사가 되고 싶었습니다. 그래서 신학교를 가려고 생각하고 군에 들어갔는데 군에서 청천벽력 같은 소리를 들었습니다. 어머니가 신 내림을 받고 무당이 되었다는 것입니다. 그것도 맨발로 작두를 타는 강신무, 무당 중에서도 가장 강한 무당이 되었습니다. 그분은 휴가를 받아서 집에 와서 어머니와 대판 싸웠습니다. 그때부터 어머니와 무서운 영적인 싸움이 시작되었습니다. 만나기만 하면 서로 싸웠습니다.

능력이 많다는 부흥 목사님을 찾아가고, 기도원에 가서 기도원 원장님을 만나서 상담을 했습니다. 한결같이 하는 이야기가, 어머니를 구원하려면 어머니 속에 있는 귀신보다 더 강력한 능력을 받아야 된다는 것이었습니다. 그 능력을 받으려고 부흥회와 기도원을 쫓아다니고, 밤새도록 목이 터져라 기도했는데 그럴수록 어머니와 더 싸웠습니다. 어머니가 무당이 되기 전에는 순종적이고 착한 아들이었는데 이제는 어머니와 마음이 찢어질 정도로 서로 깊은 상처를 주고받게 되었습니다.

그러다가 목사님은 어느 날 말씀을 보면서 진짜 능력은 사랑이라는 사실을 깨닫게 되었습니다. '나는 어머니와 싸우기만 했지, 정말 내가 어머니를 사랑했는가? 어머니의 영혼을 정말 사랑했는가?' 그러고는 마음을 바꾸었습니다. 이제 어머니의 영혼과 인격을 사랑하고 섬기게 되었습니다. 그 후부터는 어머니와 부딪히지 않으려고 애를 썼고 오직 눈물로 기도했습니다. 결국 무당이었던 목사님의 어머니는 아들의 눈물과 사랑의 섬김으로 주께로 돌아오게 되었습니다.

목사님이 어쩌면 부끄러울 수도 있는 자기 집안 이야기를 책으로 쓴 이유는 한국의 많은 그리스도인 가정이 가족을 어떻게 전도해야 하는지를 잘 모르고 있다고 생각했기 때문이었습니다. 그분이 정말 하고 싶었던 말은 그 어떤 무당이라고 할지라도 비인격적으로 무시하거나 욕을 하거나 저주해서는 안 된다는 것입니다. 그 사람 안에 귀신이 들어갔지만 그가 귀신은 아닙니다. 무당이라도 그 영혼을 예수님처럼 측은히 여기는 것이 중요합니다.

선교사 하면 '인도 선교사', '중국 선교사', '일본 선교사'를 생각하지만 또 하나의 선교사가 있습니다. '가정 선교사'입니다. 만약 예수님을 믿지 않는 가족이 있다면, 그저 교회를 다녀도 형식적으로만 다니는 정도일 뿐 아직 진짜 예수님을 영접하고 거듭나지 못한 가족이 있다면 우리는 가정 선교사입니다. 불신 가족은 선교의 대상입니다. 우리는 그 사람을 구원하라고 가정에 파송된 선교사입니다.

그런 마음으로 불신 가족을 대하면 그의 존재 자체가 감사합니다. 전도할 수 있다는 것이 감사합니다. 그 가족 때문에 내가 교만하지 않고, 나태해지지 않고, 예수님을 제대로 믿도록 도전을 받으니 감사합니다. 오직 눈물의 기도로 사랑만 할 뿐입니다. 그러면 그다음은 주님이 하십니다.

우리 가정 안에 진정한 온 가족 구원의 역사가 있기를 축복합니다. 진짜 전도의 문이 열리고 가족들이 우리로 인해 주께로 돌아오게 되기를 바랍니다. 가족 중에 마지막 날 구원받지 못하는 자가 누구일까 살피고 또 살피는 우리가 되어야 할 것입니다. 우리 가정 안에 진정한 구원의 기쁨, 주님이 함께 계시는 평안이 있고, 서로 사랑만 하며 사는 가족들이 되어서 세상 어떤 형편과 처지라도 다 이겨 나갈 힘을 가정에서 얻게 되기를 바랍니다.

13장

예수님이 가정의 왕이라고
분명히 고백하라

• 시 128:1-6

◆

하나님을 경외하는 가정이
복된 가정입니다

시편 128편의 핵심 메시지는 "우리 가정에 주시는 하나님의 복"입니다. 우리 가정이 하나님이 주시는 복을 받기를 축복합니다. 하나님은 가정을 중요하게 생각하십니다. 그래서 우리 가정에 복을 주겠다고 하십니다. 마찬가지로 우리도 우리 가정을 중요하게 여겨야 합니다. 가정이 행복하면 어지간한 어려움은 다 이겨 낼 수 있습니다. 그런데 가정이 무너지면 아무리 돈을 많이 벌었고 세상에서 성공했어도 그 인생이 무너져 버립니다. 그러니까 가정의 행복은 정말 중요합니다.

그렇다면 도대체 어떤 것이 가정의 복일까요? 시편 128편 2-6절은 4가지 복을 이야기합니다. 첫째, 수고한 대로 먹는 복입니다(2절). 둘째, 부부 사이에, 부모와 자녀 사이에 화목하고 사랑이 넘치는 복입니다(3절). 셋째, 말씀을 통해 주시는 하나님의 은혜가 가정에 충만한 복입니다(5절). 넷째, 오래오래 살면서 손자, 손녀까지 보면서 장수하는 복입니다(6절).

우리 가정이 4가지 복이 다 있는지, 우리 가정에는 정말 복이 있는지를 살펴보는 것도 중요합니다. 그런데 시편 128편의 중요한 메시지를 놓쳐서는 안 됩니다. 그것은 이 복을 도대체 누가 받을 수 있냐는 것입니다. 1절은 "여호와를 경외하며 그의 길을 걷는 자"가, 4절은 "여호와를 경외하는 자"가 이 같은 복을 받는다고 이야기합니다.

가정의 행복을 위해서 열심히 산다고 복이 주어지는 것이 아니라, 우리 가정이 행복해지려면 하나님과의 관계가 바로 되어야 한다는 의미입니다. 하나님을 경외하고 하나님의 말씀대로 살았느냐가 복된 가정의 전제 조건인 것입니다. 그렇다면 하나님을 경외하고 하나님의 말씀대로 산다는 것은 도대체 어떻게 하는 것일까요?

사사 시대 때 이스라엘 백성이 지은 죄가 무엇인가요? "그때에 이스라엘에 왕이 없으므로 사람이 각기 자기의 소견에 옳은 대로 행하였더라"(삿 21:25). 하나님을 경외하고 하나님의 말씀대로 사는 것은 이와 반대로 하는 것입니다. 그러므로 '그동안 가정이 행복하기 위해 그렇게 애를 썼는데 우리 가정은 왜 이렇지?'라고 생각한다면, 내 생각에 옳은 대로 말하고 행동하지 않았는지를 돌아보아야 합니다. 아무리 잘해 보자고 해도 내 생각이 옳은 대로만 말하고 행동하면 하나님이 그 가정을 책임져 주실 수가 없습니다.

이제부터 철저하게 가정생활의 중심을 바꾸어야 합니다. 내가 생각하기에 옳은 것이 아니라 '하나님이 무엇이라고 말씀하셨나? 우리 가정에는 왕이 계신다. 항상 하나님께 귀를 기울이고 그분이 말씀하시는 대로 순종하자'라는 마음가짐으로 살아 보시기 바랍니다. 그러면 반드시 하나님이 약속하신 가정의 복이 우리 가정에도 임합니다.

◆

하나님을 경외하는 가정이 받는
4가지 복

하나님은 우리 가정에 손으로 일한 만큼 먹는 복을 주십니다

시편 128편이 첫 번째 언급한 복은 수고한 대로, 손으로 일한 만큼 먹는 복입니다. 자기 생각에 옳은 대로 사는 사람은 이것이 복이라고 전혀 느끼지 않습니다. 오히려 '일 안 하면서 돈을 버는 것이 복이다'라고 생각합니다.

오늘날 사람들이 생각하는 복이란 일확천금을 얻는 것입니다. 한마디로 횡재하는 것입니다. 돈을 조금이라도 벌면 '이제 놀고먹어도 되겠네'라고 생각합니다. 놀고먹는 것이 복이라고 생각하는 것입니다. 이것은 무서운 타락입니다. 그래서 우리 사회에 온갖 범죄가 일어나고, 점점 빈부의 격차가 심해지고, 가정이 계속 무너지는 것입니다. 생각을 해도 너무 잘못하고 있는 것입니다.

미국 달라스제일침례교회 담임목사였던 W. A. 크리스웰(W. A. Criswell) 목사님이 한번은 텍사스에 있는 한 농부의 집에 간 적이 있습니다. 식사를 하면서 그 농부가 이런 이야기를 했다고 합니다.

"목사님, 여기 주변 일대에 이웃들이 많았습니다. 다들 큰 농장을 가지고 있었습니다. 그런데 어느 날 어느 집에 석유가 솟아나더니 집집마다 석유가 터져 나왔습니다. 그들은 엄청난 돈을 받고 땅을 팔고 도시로 다 이사를 갔습니다. 그런데 그 석유가 우리 집 바로 앞에서 끝났습니다. 우리 집이 있는 농장만 석유가 안 나오는 것입니다. 그래서 40년 동안 우리는 여기서 그냥 농사만 짓고 살았습니다. 그때는 왜 우리만 이렇게 불행한가 한탄했습니다. 그런데 돈을 엄청나게 많이 가지고 도시로 떠났던 우리 이웃들은 하나같이 다 이혼하고 자녀들이 타락하고 망가졌습니다. 여기서 농사짓고 살았던 우리 가정만 부부가 믿음 안에 서고, 자녀들이 다 견고하고 성실하게 살고, 정말 행복한 가정을 이루고 살고 있습니다."

돈, 돈 하면 안 됩니다. 우리 가정에서 돈, 돈 하는 것은 하나님이 우리 가정의 왕이시라는 사실을 부인하는 태도입니다. 돈 문제 때문에 싸우고 갈등하는 일을 이제 그쳐야 합니다. 가장 큰 복은 일한 만큼 먹는 것입니다.

하나님은 아담과 하와를 에덴동산에서 살게 하셨습니다. 그들은 에덴동산에서 아무 일도 하지 않은 것이 아니라 농사를 지었습니다. "여호와 하나님이 그 사람을 이끌어 에덴동산에 두어 그것을 경작하며 지키게 하시고"(창 2:15). 일하는 것이 얼마나 큰 복인지 알 수 있습니다. 자녀에게 큰 재산을 물려주어서 일하지 않고 편안하게 살게 하겠다는 것은 자녀를 망치는 일입니다. 일하고 수고한 만큼 먹을 수 있는 것이 얼마나 큰 복인지 모릅니다. 실제로 내가 수고한 대가를 얻지 못하는 경우도 많습니다. 하나님이 은혜를 주셔야 내가 수고하고 일한 대로 먹고 살 수 있습니다.

하나님은 우리 가정에 가족이 화목한 복을 주십니다

두 번째 복은 가족이 화목한 복입니다. 하나님이 가정의 왕이 되셔야 화목하게 살 수 있습니다. 왜 우리는 행복하게 살자고 결혼도 하고 자녀도 낳고 사는데 계속 싸우는 것일까요? 잘잘못을 따지느라 싸우는 것입니다. 내 생각에 옳은 대로 말하고 행동하니까 부부가 싸우고, 부모와 자녀가 갈등합니다. 이것은 가정을 망치는 길입니다. 정말 행복한 가정을 원한다면 옳고 그름에 대한 판단을 주님께 맡겨야 합니다. 재판장은 예수님이십니다.

그렇다면 우리는 무슨 일을 해야 합니까? 주님이 하라는 대로 해야 합니다. 주님이 하라는 대로 하면 어떻게 될까요? 주님이 우리에게 무엇이라고 말씀하실까요? "끝까지 싸워라" 하시지 않습니다. 주님은 "용서해라. 네가 먼저 잘못했다고 해라. 네가 먼저 손 내밀어라" 하십니다. 주님이 왕이신 가정은 용서의 삶을 삽니다. 우리 가정이 정말 복을 받는 비밀은 용서와 은혜에 있는 것입니다.

어느 여성도님이 남편을 전도하려고 애를 썼는데 오히려 남편은 더 빗나가기만 했습니다. 말을 하다 보면 실수도 하고 지나치기도 해서 남편의 마음이 더 굳어져 버린 것입니다. 이 문제로 기도했더니 주님이 '너 말하지 마. 말하지 말고 전도해', 이런 마음을 주셨습니다. 말하지 않고 어떻게 전도하나요? 생각해 보니까 길이 있었습니다. 그때부터 남편에게 전도 편지를 쓰기 시작했습니다. 편지를 쓰다 보니까 말이 절제되고 표현이 다듬어졌습니다. 정말 남편을 사랑하는 마음을 그대로 담은 편지글을 쓸 수 있게 되었습니다. 남편에게 그 편지를 보내고 얼마 안 가 남편이 교회를 나왔습니다. 정말 지혜로운 아내입니다. 이것이 예수님이 왕이시라는 말의 의미입니다.

가정에서 큰소리 내거나 불평하고 원망하지 마십시오. 누가 큰소리를 내거나 불평하면 "쉿, 우리 집에 왕이 계세요"라고 해야 합니다. 이처럼 우리가 분명하게 예수님이 우리 가정의 왕이 되신다고 믿으면 부부 관계, 부모 자녀 관계가 다 바뀝니다. 우리 주님이 그렇게 만드십니다. 예수님이 왕이 되실 때 가정에 은혜가 넘칩니다.

우리 가정에 말씀을 통해 주시는 하나님의 은혜가 충만합니다

세 번째로 시편 128편 5절은 "여호와께서 시온에서 네게 복을 주실지어다 너는 평생에 예루살렘의 번영을 보며"라고 말합니다. 여기서 '시온'과 '예루살렘'은 하나님의 성전을 말합니다. 하나님의 은혜가 하나님의 성전을 통해 하나님의 백성에게 부어지리라는 말씀입니다. 우리 가정이 행복하게 되는 중요한 원인 중에 하나는 은혜가 부족함 없이 부어지는 것입니다.

교회 올 때 기쁩니까? 예배드리는 일을 사모하나요? 기도가 잘되나요? 늘 성경을 읽고 묵상하며 사나요? 이 질문들은 우리 가정이 행복한가를 알 수 있는 매우 중요한 지표입니다. 하나님의 은혜의 통로가 막히지 않아야 비로소 우리 가정 안에 하나님의 역사가 나타납니다. 그런데 예배드리는 일이 무의미하고, 무미건조하고, 지루합니다. 설교 듣는 것에 기대감이 없습니다. 성경은 안 읽고 싶습니다. 기도하는 시간을 갖지 못합니다. 이렇게 은혜의 문이 닫혀 있는데 돈만 많이 벌어 봐야 어떻게 행복할 수 있겠습니까? 정신 똑바로 차려서 우리 삶 속에 은혜의 문이 열려 있는지를 살펴야 합니다.

어떤 분은 "목사님, 예수님을 잘 믿는데도 불행한 사람들이 많아요"라고 말합니다. 그러면서 또 이야기하기를, "예수님을 안 믿는데 잘 사는 사람도 많아요" 합니다. 충분히 그렇게 생각할 만합니다. 그 이유가 무엇일까요? 하나님의 말씀이 거짓이기 때문이 아닙니다. 우리가 사는 세상이 죄와 악으로 너무나 망가졌기 때문입니다. 그래서 짧게 보면, 하나님을 잘 믿는데도 어려움을 당하는 사람이 생기고, 하나님을 안 믿는데도 떵떵거리며 사는 사람이 있는 것처럼 보일 수 있습니다.

마귀가 이런 일을 통해 우리에게 목적하는 것은 단 하나입니다. "그것 봐! 하나님을 경외하고 하나님의 말씀대로 살려는 것은 다 헛것이야." 마귀는 우리의 마음속에서 하나님을 경외하고 하나님의 말씀대로 살려는 마음을 다 빼앗아 가기를 원합니다.

정신 똑바로 차려야 합니다. 하나님의 역사하심을 정말 길게 봐야 합니다. 약 130년 전 우리나라에 복음이 들어오기 전에 어떤 형편이었는지 아십니까? 우상 숭배, 귀신 숭배가 말할 수 없이 심했습니다. 부패와 타락으로 물든 사회였습니다. 그러니까 나라도 잃어버린 것입니다. 그런데 지금은 얼마나 달라졌나요? 여전히 우리 중에 귀신을 섬기고 점치는 일들이 있기는 합니다만, 시대가 완전히 달라지지 않았습니까? 복음이 들어오고 교회가 부흥하면서 국민들의 생각도 많이 달라졌습니다. 그리고 우리나라의 위상이 달라졌습니다. 정말 하나님을 경외하고 하나님의 말씀대로 살면 복을 받습니까? 물론입니다.

최근 몇십 년 동안 안타깝게도 교회가 양적인 부흥을 경험하며 복음에서 멀어졌습니다. 가정의 중요성도 많이 놓쳤습니다. 이것은 교회만의 문제가 아니라, 사회와 나라를 향한 문제이기 때문에 다시 복음으로 돌아와야 하고 하나님의 말씀에서 멀어진 것을 회개하고 기도해야 합니다.

어느 여성도님이 몸이 너무 아파서 남편이 퇴근해 들어오는데 나와 보지도 못하고 앓아누워 있었습니다. 남편이 아내를 보고는 옆에 와서 머리에 손을 얹고 기도를 해 주었습니다. 그때 남편이 무슨 기도를 드렸는지 그 내용은 전혀 기억나지 않았습니다. 그런데 남편이 머리에 손을 얹는 순간부터 그렇게 눈물이 났습니다.

그리고 금방 회복되었습니다. 은혜의 문이 열리면 가정 안에 하나님의 은혜가 넘칩니다.

또 어느 남자 성도님이 사업하다가 예상치 못한 어려움이 겹쳐서 완전히 망해 버렸습니다. 빚더미에 올랐습니다. 극단적인 생각까지 했습니다. 그런데 그날부터 아내가 교회 철야 기도를 나갔습니다. 처음에는 그런가 보다 했는데, 하루, 이틀, 날마다 저녁이면 교회에 가서 철야 기도를 하는 모습을 보고는 갑자기 '정신 차려야 되겠다. 내가 이렇게 나약한 생각을 하면 안 되지'라는 생각이 들었다고 합니다. 그러고는 아내를 따라서 교회를 나왔습니다. 아무도 없는 예배당에 내외가 앉아 기도하는데, 뭐라고 설명할 수 없는 믿음이 마음에 생겼습니다. 하나님이 계신 것과 자기를 사랑하시는 것과 자기는 절대로 망하지 않을 것임이 믿어졌다고 합니다. 그리고 다시 일어났습니다.

가정 안에 항상 하나님의 은혜가 열려 있도록 해야 합니다. 힘들고 어려우면 큰 소리로 찬송하고, 성경 읽고, 통성 기도를 해 보세요. 가정의 영적인 분위기가 확 달라집니다. 그렇게 하면서 하나님이 우리 가정을 세우시는 것입니다.

하나님은 우리 가정에 건강하고 장수하는 복을 주십니다

하나님을 경외하는 것이 네 번째 복인 건강하고 장수하는 것과 무슨 관련이 있을까 싶은데, 사실은 밀접한 관련이 있습니다. 저는 매일 성경 보고, 기도하고, 예수동행일기를 쓸 뿐만 아니라 운동도 열심히 합니다. 저는 별로 운동을 좋아하는 편이 아니지만 성경을 읽거나 기도하거나 예수동행일기를 쓰는 수준으로 운동합니다. 주님이 그렇게 하라고 하시기 때문입니다. 저는 기도하는 것도, 운동하는 것도 다 똑같은 경건이라고 생각합니다. 제 건강을 저보다도 더 챙기시는 분이 주님이십니다.

자기가 자기를 더 챙길까요, 아니면 가족들이 자기를 더 챙길까요? 사람이 참 이상합니다. 자기는 자기 자신에 대해서 너무나 무책임합니다. 그런데 가족들은 잔소리를 하면서까지 챙겨 줍니다. 특히 식습관을 보면 그가 예수님이 왕이신 사람인지, 아닌지 알 수 있습니다. 먹고 싶으면 못 말리는 사람이 있습니다. 그 사람은 주님도 못 말리십니다. 주님은 우리를 사랑하시기에 분명히 어떤 것을 먹으라고도 하시고, 먹지 말라고도 하십니다. 하나님을 경외하고, 하나님의 말씀대로 살고, 예수님이 정말 왕이신 사람은 건강하고 장수하게 되어 있습니다.

물론 본문에서 '장수'는 전쟁이 없는 평화를 이야기합니다. 당시에는 전쟁을 하면 수많은 사람이 죽었습니다. 그래서 사람들이 손주를 볼 수가 없었습니다. 그런데 하나님이 이스라엘에 평화를 주시면 손주를 볼 수 있는 것입니다. 하나님이 하셔야 가능한 일입니다.

◆

행복하고 싶다면
예수님을 인격적으로 섬겨야 합니다

그러므로 우리는 마음에 결단해야 합니다. '정말 행복한 가정을
이루기 위해 예수님을 나의 왕으로 분명하게 섬기고 살아야겠다.
그동안 나에게 부족했던 것은 예수님의 왕 되심이었구나.' 그래서
여호수아가 그렇게 간곡하게 이스라엘 백성에게 외친 것입니다.
"만일 여호와를 섬기는 것이 너희에게 좋지 않게 보이거든 너희
조상들이 강 저쪽에서 섬기던 신들이든지 또는 너희가 거주하는
땅에 있는 아모리 족속의 신들이든지 너희가 섬길 자를 오늘 택하
라 오직 나와 내 집은 여호와를 섬기겠노라 하니"(수 24:15). 우리
의 마음과 우리 가정에는 섬길 왕이 계십니다.

예수님을 왕으로 모시는 데 있어서 중요한 점은 예수님을 인격
적으로 만나야 한다는 것입니다. 예수님이 왕이시고 하나님의 말
씀대로 살아야 한다고 머리로만 생각하고 의지적으로만 결단하
면 생각은 바르지만 무서운 율법주의자가 되어 버리고 맙니다. 예
수님이 왕이신 삶을 내 의지와 노력으로 이루려고 하면 가정의 분
위기가 굉장히 무거워집니다. 그래서 회초리를 들고 가정예배를
드리는 가정이 나오는 것입니다.

사실 저는 어릴 때 그런 분위기에서 자랐습니다. 당시만 해도
그것이 예수님을 잘 믿는 것이고 자녀 교육을 잘 시키는 것이라고

생각했습니다. 결과는 무엇입니까? 어른이 되어서 다 교회를 떠나 버렸습니다. 예수님을 믿는 것이 기쁜 줄 모르고, 너무 답답하고, 무섭고, 억눌렸기 때문입니다.

우리가 주님을 인격적으로 만나고 나면 분위기가 완전히 바뀝니다. 하나님의 말씀에 순종하는 것이 기쁩니다. 예수님이 나의 왕 되시는 것이 정말 감사하고 감격스럽습니다. 그래서 쉬워집니다. 예수님이 왕 되시는 삶이 저절로 되는 듯 기쁩니다. 기쁨과 감사와 사랑이 그 속에서 배어 나옵니다. 그가 바로 예수님이 왕 되신 사람입니다.

리더십의 세계적인 권위자인 존 맥스웰(John Maxwell)은 어릴 때 가장 싫어했던 일이 설거지였다고 합니다. 고등학교 다닐 때 여자 친구가 생겼습니다. 여자 친구 집에 가 보면 설거지할 일이 많았습니다. 그러면 기쁘게 여자 친구 옆에 서서 설거지를 했다고 합니다. 사랑하는 마음이 생기면 싫은 것도 의미가 달라집니다. 정말 신비한 일입니다.

예수님이 우리의 왕이시라는 것의 핵심은, 사실은 예수님을 인격적으로 친밀히 아는 것에서 비롯합니다. 그러면 주님이 하라고 하시는 일이 다 기쁩니다. 진정 기쁨으로 하게 됩니다. 그러니 그 과정이 정말 행복한 것입니다. 이것이 매일 일기까지 쓰면서 24시간 주님을 바라보라고, 주님과 동행하라고 권해 드리는 이유입니다.

제가 참 좋아했던 선배 목사님 중 한 분이 50대의 젊은 나이에 세상을 떠나셨습니다. 그분이 마지막 남긴 글을 읽으면서 많은 생

각에 잠겼습니다. 목사님은 하나님 앞에 가기 얼마 전에 갈라디아
서 5장 22절, 성령의 9가지 열매에 관한 말씀으로 자신의 인생을
돌아보았습니다. '나는 사랑의 열매를 맺었나?' 자신이 없었습니
다. '나는 기쁨의 열매가 있나?' 그것도 자신이 없었습니다. '나는
정말 화목하게 살았나?' 그러고 보니까 만나야 될 사람들이 있었
습니다. 몸이 매우 위중한 상태라 병원에 있을 때 한 분, 한 분 찾
아와 달라고 부탁을 드렸습니다. 그리고 그분이 찾아오면 "나를
용서해 주세요" 하며 화해하는 일을 했습니다.

목사님은 성령의 9가지 열매 중에 자신 있게 "나는 이 열매를
맺었다" 말할 수가 없어 너무 후회스러웠습니다. 그래서 하나님께
기도했습니다. "하나님, 제가 다시 일어나게 되면 이제는 정말 사
랑만 하며 살 것입니다. 기쁨으로 살 것입니다." 그런데 하나님이
무엇이라고 말씀하셨을까요? "아니야. 너 이제 나에게 와야 돼."

그러면서 목사님은 왜 자신이 열심히 목회했는데 열매가 하나도
없는지 그 이유를 알았다고 했습니다. 요한복음 15장 4-5절 "내 안
에 거하라 나도 너희 안에 거하리라 … 그가 내 안에, 내가 그 안에
거하면 사람이 열매를 많이 맺나니 나를 떠나서는 너희가 아무것도
할 수 없음이라"라는 말씀을 못 지켰답니다. '예수님 안에 거하는
것' 말입니다. 열심히 설교하고, 목회하고, 심방하고, 교회 건축을
하느라고 헌신하고 수고했지만 주님 안에 거하는 것을 항상 점검하
지 못했다는 것입니다. 하나님 앞에 갈 때가 되었는데 삶 속에 열매
는 없다는 안타까움을 글을 통해서 고백했습니다.

예수님이 왕이시라는 것은 내가 항상 예수님 안에 거하는 것과 같은 뜻입니다. 후회 없이 살아야 합니다. 우리 가정이 정말 복을 받으려면 우리가 항상 예수님 안에 거해야 합니다. 예수님이 왕이셔야 합니다.

이미 가정이 망가질 대로 망가지고, 깨질 대로 깨져서 너무나 고통스러운 분이 있을 것입니다. 어떤 분은 사랑하는 가족들을 떠나보내고 혼자 남은 분도 있을 것입니다. 그러나 포기하지 마세요. 우리가 예수님 안에 거하고 예수님이 우리 마음에 왕이 되시면 우리 주님이 반드시 우리를 회복시키십니다. 약속하신 말씀이 그대로 성취되게 하십니다.

이제 하나님 앞에 결단합시다. "예수님이 정말 내 마음의 왕이시고, 우리 가정의 왕이심을 분명히 하고 살겠습니다. 이제 말 한 마디 해도, 무슨 행동 하나를 해도 왕이신 주님이 하라는 대로 하겠습니다." 주께서 우리 마음과 결심을 받으실 줄 믿습니다.

14장

가정을 성지로 만드시는
하나님을 붙들라

• 시 127:1-5

◆

예수님을 믿는다는 것의 의미를 알면
우리 가정도 행복해질 수 있습니다

성경은 분명히 "예수님을 믿으면 행복해진다. 자신뿐만 아니라
가정도 행복해진다"고 말합니다. 우리가 예수님을 믿으면 우리
자신과 우리 가정이 구원을 받습니다(행 16:31). 여기서 '구원'이라
는 말은 행복해지는 것을 의미합니다. 예수 그리스도 안에서 주어
진 놀라운 약속입니다. 하나님은 반드시 약속을 지키십니다. 사람
의 약속도 지켜야 마땅한데, 주님이 하신 약속을 주님이 지키시지
않을 리가 없습니다.

그런데 '왜 우리 가정은 예수님을 믿어도 행복하지가 않지? 우

리 가정도 정말 행복할 수 있을까?' 궁금해하는 분이 있을 것 같습니다. 그래서 여기서 '예수님을 믿는다'는 말이 무엇을 의미하는지에 대해서 한 번쯤 점검해 볼 필요가 있습니다.

우리는 행복한 가정, 구원받은 가정은 하나님이 세워 주신다는 것을 믿어야 합니다. 시편 127편 1절은 "여호와께서 집을 세우지 아니하시면 세우는 자의 수고가 헛되며"라고 말합니다. 가정의 행복은 우리가 노력하거나 잘해서 이루어지는 것이 아니라 하나님이 주시는 것입니다. 이 사실을 알아야 합니다.

우리를 행복하게 해 주는 것은 집도, 자동차도, 재산도 아닙니다. 잠언 17장 1절은 "마른 떡 한 조각만 있고도 화목하는 것이 제육이 집에 가득하고도 다투는 것보다 나으니라"라고 말합니다. 재산이 많아도 원수 같은 가족도 있지만, 가진 것이 별로 없는 것 같아도 화목한 가정은 진짜 구원받은 가정입니다.

어떻게 가족들이 화목할 수 있을까요? 부부 사이에도 마음이 안 맞을 때가 많고, 부모 자녀 사이에 세대 차이도 나고, 형제자매들끼리도 싸우고 자라는데 어떻게 가정이 화목할 수 있을까요? 하나님을 바라보는 눈이 뜨이면 인생의 모든 문제를 하나님께 맡기고 싶어집니다. 우리의 눈이 뜨여서 하나님을 만나게 되면 인생은 아주 간단합니다. '하나님만 믿으면 되는구나. 하나님 말씀대로만 하면 되는구나' 하며 조금의 의심도, 갈등도 없어집니다.

하나님이 가정을 세우신다는 말은 온 가족이 다 하나님을 바라보는 눈이 뜨였다는 것입니다. 하나님을 바라보는 눈이 뜨이면 싸울 일이 없어집니다. 정말 가정 안에 화목의 역사가 일어나는 것입니다. 그래서 '아, 진짜 가정의 행복은 하나님이 세우시는 것이구나' 깨닫게 되고 기도하게 됩니다.

그렇다면 하나님이 우리 가정을 세우시도록 어떤 기도를 드려야 할까요? 가정의 행복의 비밀은 남편을 보든지, 아내를 보든지, 부모를 보든지, 자녀를 보든지 항상 주님을 함께 바라보는 것입니다. 남편을 보는데 주님이 같이 보이면, 아내를 보는데 주님이 같이 보이면 주님이 우리 부부 관계를 정말 놀랍게 만들어 가십니다.

가족과 가족의 모든 상황을 기도를 통해 바라보고 만나야 합니다. 우리 가족을 위해서 기도한다는 것은 내가 가족을 만나기 전에 먼저 기도로 가족을 만난다는 뜻입니다. 배우자에게 이야기하기 전에 하나님 앞에서 기도로 먼저 남편을 만나는 것입니다. 그러면 하나님이 무슨 말을 해야 하고, 무슨 말은 하지 말아야 하는지를 다 가르쳐 주십니다. 기도하면 주님이 가정 안에서 가족들을 어떻게 대해야 하는지를 다 말씀해 주십니다. 그러니까 가족이 화목하게 되는 것입니다.

기도 중에 주님이 용서할 마음도 주시고, 사랑할 마음도 주시고, 기쁨도 주시고, 놀라운 일들도 일으키십니다. 그래서 하나님이 우리 가정을 세우실 수 있는 것입니다. 기도가 없이는 하나님이 그 일을 이루실 수가 없습니다. 무엇보다 하나님이 해 주셔야 하기 때문에 반드시 기도가 필요합니다.

그리고 항상 주님이 같이 보여야 합니다. 배우자에게 이야기할 때나 부모나 자녀에게 이야기할 때 항상 주님이 같이 계시다는 사실을 명심하십시오. 우리 가정을 세우실 분은 주님이십니다. 게다가 주님은 그냥 계신 것이 아니고 우리 집의 왕이십니다. 이것을 분명하게 결단하면 주님이 가정을 세워 가십니다. 부부 사이도, 부모와 자녀 사이도, 가정의 분위기도 완전히 달라지게 만드십니다. 그러므로 우리는 예수님이 우리 가정에 계시고 그분이 왕이시라는 점을 늘 명심하고 고백해야 하는 것입니다.

우리는 주님이 가정을 세우신다는 것을 분명히 믿어야 합니다. 우리가 기도했고, 예수님이 우리 가정에 계심을 정말 믿음으로 바라본다면 그다음에는 주님이 우리 가정을 세우실 것이라는 사실을 믿음으로 받아들여야 합니다.

시편 127편 2절을 보면 "그러므로 여호와께서 그의 사랑하시는 자에게는 잠을 주시는도다"라고 말합니다. '잠을 주신다'라는 말은 완전한 믿음으로 평강이 마음에 임했다는 것입니다. 평안하니까 잠을 자는 것입니다. 불안하면 불면증에 시달리고, 겨우 잠들었다가도 깜짝깜짝 놀랍니다. 잠을 자도 늘 걱정이 앞서서 깊은 잠을 못 이룹니다. 그런데 주님께 맡기면 편안하게 잠을 잡니다. '하나님이 우리 가정을 세우실 것이다. 천국 같은 가정, 기쁨이 넘치고 행복한 가정으로 만드실 것이다'라는 사실을 믿으라는 것입니다.

'우리 가정이 복되게 해 주옵소서'가 아닙니다. 그것은 소원입니다. 소원은 아직 역사가 이루어지지 않은 것입니다. 그러므로 믿음이어야 합니다. 주님이 반드시 우리 가정을 회복시키시고, 행복하게 하시고, 가족들이 다 화목하게 하시고, 우리 가족을 다 구원해 주신다고 믿는 것입니다. 믿으면 편안해집니다. 믿으면 싸울 일이 없습니다. 이미 다 이긴 경기를 재방송으로 보는 것과 똑같습니다. 믿음이 이렇게 놀랍습니다.

우리에게 믿음이 있어야 하나님이 우리 가정을 세우십니다. 우리 가정을 회복시켜 달라고 기도하는데 믿지 않으면 주님은 아무 일도 못하십니다. 기도는 많이 하는데 믿음이 없으면 주님이 무슨 일을 하시려고 해도 자기가 다 뒤집어 버리고 맙니다. 그러고는 하나님이 응답을 안 해 주신다고 불평합니다.

정말 믿음은 가족을 구원시킵니다. 요구하는 것은 사람의 마음을 무겁고 불편하게 만듭니다. 그리고 더 긴장하게 합니다. 요구하는 것은 상대방을 도와주지 못합니다. 그런데 믿는 것은 완전히 다릅니다. '나를 믿는구나', '진짜 저 사람이 믿네? 근거가 있나 봐' 하게 됩니다.

집안이 굉장히 어려워졌습니다. 경제적으로 말할 수 없이 힘들어졌습니다. 그런데 가족 중에 한 사람이 정말 편안한 얼굴로 기쁨의 찬송을 부릅니다. 그러면 그 찬송 소리가 온 가족에게 '아, 지금은 어렵지만 우리는 여기서 끝이 아니구나' 하는 희망을 줍니다. 기도하면 믿음이 생기고 그 믿음이 가정을 다시 일으킵니다. 하나님이 그 믿음을 통해 일하실 수 있게 되는 것입니다.

'향기내는사람들'이라는 프랜차이즈 기업이 있습니다. 장애인들을 고용한 커피 전문점입니다. 그 일을 일구어 낸 사람은 한동대학교를 졸업한 임정택이라는 굉장히 젊은 친구입니다. 필리핀

코스타에서 그를 만났습니다. 그 친구가 간증을 하는데 참 대단한 역사를 이루어 냈다는 사실을 알게 되었습니다. 정신지체장애인들을 바리스타로 훈련시켜서 최고의 바리스타가 되게 했습니다.

과거 그 친구는 한동대학교에 들어갔지만 진로에 대해서 자신이 없었습니다. 자기가 과연 성공적인 삶을 살아 낼 수 있을지, 도대체 무엇을 위해서 살아야 할지 감이 안 잡혔습니다. 그래서 어느 날 존경하는 목사님을 찾아가서 상담을 했습니다. 그랬더니 목사님이 이렇게 말씀하셨다고 합니다. "하나님이 너를 하나님의 일을 위해서 부르셨다면 하나님은 절대로 실수하시지 않는단다. 그러니 하나님을 믿고 한 걸음, 한 걸음 나아가 봐."

그는 집안도 많이 어렵고, 스스로도 연약한 것이 많고, 정말 자신이 없었는데 목사님이 해 주신 말씀이 정말 마음에 확 와 닿았습니다. 그리고 그것이 임정택 대표의 믿음이 되었습니다. '하나님은 실수하시지 않는다. 나는 부족하고 여러 가지 모자란 것이 많아도 반드시 하나님이 나를 제대로 된 길로 이끄실 것이다.'

사실 정신지체장애인들을 바리스타로 훈련시켜서 커피 전문점을 운영한다는 것이 쉽지 않은 일인데, 그 일을 해 낼 수 있는 믿음이 하나님에 대한 믿음에서 나왔다는 것을 알 수 있었습니다. 하나님은 그의 믿음대로 그 일을 이루어 내셨습니다. 이처럼 우리 주님은 우리 가정을 완전히 변화시키실 수 있음을 믿으시기 바랍니다. 마음속에서 염려와 두려움이 다 사라지게 되기를 축복합니다.

그런데 이렇게 하나님을 믿으려면 나는 죽고 예수님으로 사는 십자가 복음이 분명해야 합니다. 끊임없이 우리 속에는 의심, 두려움이 일어납니다. 죽지 않은 우리 옛사람은 두려움과 염려 덩어리입니다. 예수님을 믿었다면 나는 예수님과 함께 죽어야 합니다. 그것이 예수님을 진짜 믿는 것입니다. 그리고 "주 예수님이 내 생명이십니다"라는 고백을 하는 것이 예수님을 믿는 것입니다. "주 예수를 믿으라"라는 말씀처럼, 우리가 가정 안에서 할 일은 하나밖에 없습니다. "나는 죽었습니다. 이제는 주님이 내 생명이십니다"라고 믿음으로 고백하는 것입니다.

필리핀에서 한 청년을 상담했는데 10살에 필리핀에 왔다고 했습니다. 가족들은 다 한국에 있는데 왜 혼자 어릴 때 필리핀에 왔냐고 물었더니 사연을 들려주었습니다. 당시 어머니가 뇌암 진단을 받았습니다. 어머니는 도무지 아무것도 할 수가 없었고 곧 죽을지도 몰라서 큰아이는 집에 두고, 둘째 아이는 필리핀에 있는 친척 집에 보냈습니다. 더 유익할 줄 알고 보냈지만 아이는 그때부터 굉장히 심각한 정신적인 고통을 겪게 되었습니다. 하나님을 원망하기도 했습니다. 대인기피증이 생기고, 우울감에 빠지고, 자살을 생각하면서 청년이 되었습니다.

코스타 때 그 청년이 상담을 하러 왔습니다. 얼굴이 아주 어두웠습니다. 그 청년과 이야기를 쭉 나누다가 마음 깊은 곳에 하나님에 대한 의심, 원망이 있다는 것을 발견했습니다. 어머니가 곧 돌아가실 줄 알았는데 아직까지 살아 계시다고 했습니다. 하나님이 어머니의 생명을 연장시켜 주셨지만 자기는 집으로 돌아갈 수 있는 여건이 못 되었습니다.

청년과 이야기를 나누다가 지금까지 필리핀에서의 힘들고 어려웠던 생활 가운데 우울증에 걸리고 자살 유혹까지 받았지만 예수님이 마음에 함께 계신다는 것을 확인했습니다. 본인이 하나하나 고백하면서 "주님이 제 안에 계시군요" 할 때 깜짝 놀랐습니다. 그래서 지금까지 그나마 믿음을 지킨 것이고 코스타 집회에도 온 것입니다. 하나님이 자신의 기도는 전혀 들어주시지 않고, 자신을 전혀 사랑하시지 않는 줄 알았는데 주님이 늘 같이 계셨다는 사실이 깨달아지자 갑자기 마음이 확 풀어졌습니다.

그러면서 그동안 원망했던 모든 일이 하나님의 은혜일 수도 있다는 사실과 어려서 필리핀에 와서 공부도 해 내고 지금은 대학생이 되었다는 것도 깨닫게 되었습니다. 여러 가지 아픔과 어려움이 있었지만 '그 모든 일이 하나님이 나를 쓰실 수 있는 사명일 수 있겠구나' 싶었습니다. 코스타가 끝나 갈 때쯤 아주 밝은 얼굴이 되어 있었습니다. 믿음이 모든 상황을 바꿉니다.

◆

가족들에게
끝까지 정성을 다해야 합니다

우리가 진짜 예수님을 믿었다면 이제 가정에서부터 주님께 순종하는 훈련을 해야 합니다. 행복한 가정을 이루어 달라고 기도하지만 실제로 우리가 주님께 순종하지 못하면 그 기도는 정말 힘이 없습니다. 주님께 우리 가정을 정말 맡겨 드렸다면 그다음에 할 일은 하나님이 나를 통해서 일하실 수 있도록 나를 드리는 것입니다. 주님께 기도했다면 그다음부터는 주님이 우리를 통해 하실 일을 하려고 하십니다. 그때 우리는 우리 자신을 주님께 도구로 내어 드려야 합니다. 그 후 주님이 역사하십니다.

골로새서 3장 17절 "또 무엇을 하든지 말에나 일에나 다 주 예수의 이름으로 하고 그를 힘입어 하나님 아버지께 감사하라"라는 말씀은 가정생활을 할 때 말을 하든 행하든 다 주 예수님의 이름으로 하라는 것입니다. 그 말은 예수님이 나를 통해서 역사하시도록 하라는 뜻입니다.

우리에게는 누구나 소중하게 여기는 것이 있습니다. 보석, 새로 뽑은 차, 최신형 휴대전화 등을 떠올려 보세요. 얼마나 애지중지하고, 윤이 나게 닦고, 지극정성을 쏟을지는 특별한 설명이 없어도 다 알 것입니다. 그런데 안타까운 것은 진짜 소중한 것은 물건이 아니라는 것입니다. 가족이 가장 소중합니다. 진짜 소중하게 생각하는 물건을 대하는 마음가짐 그 이상으로 가족을 소중하게 여겨야 한다는 의미입니다.

그런데 정작 정성을 쏟아야 하는 대상은 가족인데 우리는 너무 어리석습니다. 지나고 보면 너무 늦게야 '아, 내가 가족을 물건만큼도 소중히 여기지 않았구나'라는 사실을 깨닫게 됩니다.

가족을 소중히 대하기 위해서 말하는 것부터 철저하게 주님의 다스리심을 받아야 합니다. 무슨 말이든 주님께 허락받고 해야 합니다. 하나님이 말하지 말라고 하시면 안 해야 합니다. 처음에는 속이 터질 것처럼 답답하고 진짜 죽을 것 같습니다. 그런데 훈련이 되다 보면 그다음에는 다스려집니다. 왜입니까? 효과가 크기 때문입니다. 말을 안 해서 우리 가족들 사이가 정말 좋아졌습니다. 한두 번 경험해서 알고 나면 '내가 그동안 말을 잘못해서 하나님의 역사하심을 스스로 뒤집었던 일이 많았구나'라고 깨닫게 됩니다. 또 어떤 때는 아무리 과묵한 사람이라 할지라도 주님이 말하라고 하시면 그 말을 해야 합니다. 말을 하고 나서 영 창피만 당해도 말하기 시작해야 합니다.

예수님이 가정을 세우시는 일은 반드시 주님께 철저히 순종하는 사람을 통해서 이루어집니다. 가족 중 단 한 사람이라도 "나는 죽고 예수님으로 삽니다"라고 철저하게 고백하고 순종하면 주님이 바로 그 사람을 통해 역사하십니다. 행복한 가정을 만드는 도구로 나 자신을 주님께 드립시다. 그러면 주님이 나를 통해 우리 가정이 복을 아는 가정이 되도록 역사하십니다.

자녀도 하나님이 우리에게 주신 복입니다. "보라 자식들은 여호와의 기업이요 태의 열매는 그의 상급이로다 젊은 자의 자식은 장사의 수중의 화살 같으니 이것이 그의 화살통에 가득한 자는 복되도다 그들이 성문에서 그들의 원수와 담판할 때에 수치를 당하지 아니하리로다"(시 127:3-5). 이 말씀의 핵심은 자녀가 어떤 처지에 있든지 하나님이 복으로 주셨다는 것입니다. 부모가 할 일은 자녀를 믿어 주는 것입니다. 자녀에게 중요한 것은 "너는 우리에게 복이야. 너 자신이 복이야"라는 부모의 믿음입니다.

　요즘 자기 자신에 대한 믿음을 잃어버린 아이들이 많습니다. 마음이 완전히 무너져 있습니다. 한국 사회가 사람들을 끊임없이 비교 평가하는 데 짓눌려서 모두 마음에 상처가 많습니다. 자녀들의 자존감이 다 무너졌습니다. 그런데 부모마저도 믿지 못하는 눈으로 보면 아이들은 헤어날 길이 없습니다.

　예수님을 믿는 부모가 좋은 이유는 단 하나, 하나님의 말씀을 믿는다는 것입니다. 하나님의 말씀을 보는 부모에게 자녀는 '복'입니다. 그러면 자녀는 자기가 복이라고 믿게 됩니다. 자기를 복이라고 믿어 주는 부모 때문에 자녀가 집에 오면 숨을 쉴 수 있습니다. 학교에 가면 구박도 받고 친구들과 비교당해 자신이 형편없는 사람처럼 여겨집니다. 하지만 부모는 하나님을 믿고 나를 정말 믿어 준다는 사실을 자녀가 알게 되면 그때 주님이 우리 자녀를 만져 주십니다. 부모가 자녀를 믿기 때문입니다. 더 이상 자녀에게 요구하지도 말고, 책망하지도 말고, "너는 복이야"라고 말하면서 믿어 주십시오. 그때 자녀의 마음속에 비로소 하나님에 대한 기대가 생깁니다. 믿음의 눈이 뜨입니다.

　사실 가정에서 살아갈 때 가족들 때문에 마음이 하루에도 열두 번씩 뒤집어지는 일이 생깁니다. 그때 꼭 기억해야 합니다. 예수님을 진짜 믿으세요. 그러면 주님이 역사하십니다. 소원은 믿음이 아닙니다. 진짜 주님이 믿어지지 않을 때는 잠잠히 주님을 바라보아야 합니다. 시편 46편 10절은 "너희는 가만히 있어 내가 하나님 됨을 알지어다"라고 말합니다.

그런데 잠잠히 있기가 쉽지 않을 때가 있습니다. 부부 사이에도, 부모와 자녀 사이에도 참 어려운 순간을 만나곤 합니다.

어느 집사님이 직장생활을 하면서 너무 힘들고 기분 나쁜 일이 계속되는 바람에 사표를 썼습니다. 이후 10년 넘게 직장생활을 못 했습니다. 그때 잠잠히 기다렸다면, 사표를 쓸 때 쓰더라도 하나님이 진짜 쓰라고 하실 때 믿음으로 썼더라면 달라지지 않았을까요? 기분 나빠서 쓴 사표 때문에 10년을 힘들게 살았습니다. 주님을 진짜 바라보는 눈이 뜨여야 내가 하나님의 역사를 가로막지 않게 됩니다. 주님이 일하실 수 있도록 나를 하나님께 드릴 수가 있습니다.

우리는 지금 힘들고 어려운 가정의 모든 형편이 나중에는 성지(聖地)가 된다는 사실을 기억해야 합니다. 성지순례를 가 보니까 황량한 광야에 불과했습니다. 그런데 그 광경을 보려고 물질과 시간과 수고를 들여서 이집트, 요르단, 예루살렘을 둘러보고 왔습니다. 그렇게 고생스러웠던 이스라엘 백성의 출애굽 과정과 그들이 예루살렘에 정착했던 모든 과정, 주님의 십자가 길을 확인하려는 것입니다. 국내 성지순례도 마찬가지입니다. 그 무서운 핍박의 자리, 끔찍했던 일들이 일어났던 장소가 다 성지입니다. 예수님의 이름으로 믿음을 지켰기 때문에 우리가 그곳까지 가는 것입니다.

지금 눈물 흘리고 기도하는 우리 가정이, 거실이, 안방이, 주방이 이 세상을 떠날 때 보면 다 성지입니다. 하나님은 우리 가정을 성지가 되게 하기를 원하십니다. 좋고 나쁜 평가를 하지 마시길 바랍니다. 주님이 함께 계시면 가장 힘들었던 순간, 그 자리가 성지가 됩니다. '아, 내가 여기서 하나님의 역사를 경험했지. 여기서 주님을 만났지. 여기서 우리 가정이 바뀌었지.' 주님이 이 일을 우리 가정 가운데 이루실 줄 믿습니다.

아직도 걱정하고, 염려하고, 두려워하고, 원망하는 마음이 있다면 십자가에 못 박기 바랍니다. 주님은 우리에게 완전한 믿음을 주시기를 원합니다. 믿음으로 취하십시오. 우리 가정을 하나님이 완전히 책임져 주셨음을 믿으십시오. "너와 네 집이 구원을 받으리라." 아멘입니다. 반드시 주님은 그렇게 하십니다. 확실히 믿습니다. 이제는 더 이상 될까, 안 될까 걱정하지 마십시오. 주님이 우리 가정을 완전히 구원하십니다. 천국 같은 가정을 만드십니다. 기쁨이 넘치게 하십니다.

우리 가정이 성지가 되기를 원합니다. 황폐하기도 하고 말할 수 없는 어려움도 있지만 주님이 함께하시는 곳이라면 하나님의 성지가 됩니다. 힘들고 어려웠던 순간들, 또 답답하고 안타까웠던 현장이 다 성지가 될 것입니다. 우리에게 영원히 잊을 수 없는 믿음의 기념비가 우리 가정 안에 세워지기를 원합니다.

우리 집 문패는
"십자가에서 살아난 가정"

남편은 자신의 연약함을 설교 중에 자주 드러냅니다. 그 연약함이 주님이 역사하신 자리라고 분명히 믿기 때문입니다. 가정에 대한 설교는 자신의 연약함뿐 아니라 가족들의 이야기가 묻어나기 때문에 개인의 고백보다 더 힘들었을 것입니다.

저희 가족들은 교정을 빙자해 남편의 설교를 사전 검열(?)하는 기회를 얻었습니다. 읽으면서 울고 또 웃었습니다. 남편과 함께 살아온 지난 36년의 세월 속에서 주님이 복음으로 우리를 함께 바꿔 주신 장면들을 고스란히 떠올릴 수 있었기 때문입니다.

출판사에서 보내온 가제목은 "가정은 살아난다"였는데, 책을 읽으면서 "십자가에서 살아난 가정"으로 바꿔 달라고 요청했습니다. 이것이 저희 가정의 고백이고, 예수님으로 살아난 수많은 가정의 간증이기 때문입니다.

성도들의 가정을 심방하면 선한목자교회의 교인임을 말해 주는 교패가 있습니다. 이 책 제목은 십자가를 만나고 그 복음으로 가정이 살아난 가정들의 문패입니다. 십자가에서 예수님을 만났고 예수님과 함께 죽었더니 예수님이 부활의 주님으로 우리 가정을 만나 주셨습니다.

남편은 이전에도 참 좋은 남편이었습니다. 화를 내거나 이기심을 부린 적이 기억나지 않습니다. 남편이 설교하는 모습과 가정에서의 모습이 달랐다면 저는 참 불행했을 것입니다. 교회에서의 모습과 집에서의 모습이 한결같았기에 남편의 설교를 들으면 은혜를 받았습니다. 저는 이것 하나로 제가 받을 가장 큰 복을 받았다고 생각했습니다.

하지만 가족들은 뭔가 힘이 들었습니다. 남편이 가족들에게 이렇게 하라, 저렇게 하라고 요구한 적이 거의 없는데도 말입니다. 아이들은 '아빠'를 만나고 싶었는데, 아빠는 상담하러 만난 교회 목사님 같았습니다. 저도 남자 유기성을 만나 결혼한 줄 알았는데, 목사님과 사는 것 같았습니다.

그런데 이제는 달라졌습니다. 예수님 아빠와 예수님 남편과 사는 것 같습니다. 제가 예수님과 사는 것 같다고 했더니 바로 웃으시는 분이 계셨습니다. 말로 표현은 안 해도 예수님과 같이 산다면 얼마나 힘들겠냐는 말이었습니다.

정말 예수님을 모르기 때문입니다. 예수님은 아내의 연약함도, 자녀의 죄도 다 받아 주시는 분이십니다. 예수님은 유머러스하시고, 예수님은 섬세하게 사랑을 표현하십니다. 그래서 가정이 편안해지고 행복해졌습니다.

제가 이런 이야기를 하는 것은 남편을 자랑하고 싶어서가 아닙니다. 누구나 예수님을 믿으면 예수님이 남편 되시고 아버지 되시고 아내 되시고 어머니 되시는 가정을 이룰 수 있다는 뜻입니다.

저도 예수님의 사랑 안에서 변했습니다. "나 좀 행복하게 해 줘"하는 요구가 그쳐졌습니다. 예수님이 저를 행복하게 해 주시기 때문입니다.

남편을 위한 기도도 달라졌습니다. 이전에는 남편을 건강하게 해 달라고, 설교도 잘하고 목회도 잘하고 인간관계도 좋게 해 달라고, 남편에 대해서 거는 모든 기대와 부족한 점들을 모아 기도했습니다. 그러나 이제는 주님 안에 거하며 주님의 눈으로 남편을 보면서 남편의 외로움, 지고 있는 책임감의 무게를 느낍니다. 그래서 주님의 멍에는 쉽고 가볍다고 하셨으니 남편이 주 안에서 쉼을 누리며 주님과 함께 이 십자가를 지고 갈 수 있게 해 달라고 기도합니다.

2018년 신년 말씀기도회 때 호세아서로 말씀기도를 했습니다. 말씀이 자신들의 삶에 부딪치니 성도들에게 진짜 회개가 터졌습니다. 남편의 외도 문제로 갈등하던 많은 여성 교우들에게 주님이 "네가 고멜이다"라고 말씀하셨습니다. 그 말씀을 들은 분들이 충격을 받았습니다. "외도하는 남편이 고멜이지 왜 내가 고멜이라는 말입니까"라며 항변하다가 기도를 바꿨답니다. "좋습니다, 주님. 그럼 우리 둘 다 고멜이라고 해 주세요." 그러다가 마침내 "네, 맞습니다. 주님, 제가 고멜입니다"라고 고백하게 되었답니다.

눈이 열리고 보니 외도하는 남편보다 하나님 앞에 있으면서도 방황하고, 세상 가치관을 좇았던 자신이 고멜임을 자각하게 된 것입니다. 그래서 눈물로 고멜의 회개를 올려 드렸습니다. 한 걸음 더 나아가 남편에게 무릎을 꿇고 용서를 빌었습니다. 남편을 미워하고 용서하지 못했던 죄를 고백했습니다.

그 고백을 듣고 "아니야, 내가 더 잘못했지"라며 남편들이 고백하고 회개하는 훈훈한 일들은 일어나지 않았습니다. 그러나 회개와 아내의 무릎 꿇는 일을 통해 마귀의 역사가 꺾이니, 그 고백을 했던 가정들마다 변화가 일어났습니다. 남편들이 가정으로 돌아오고 주 앞으로 돌아왔습니다.

어떻게 저렇게 바뀌었을까 싶습니다. 그런 가정들을 보면 날마다 봐도 눈물이 납니다. 그래서 그 가정들에게 "십자가에서 살아난 가정"이라는 문패를 마음으로 붙여 주었습니다.

여러분 가정에도 "○○교회 성도의 집"이라는 문패 외에 "십자가에서 살아난 가정"이라는 문패를 달아 보시기 바랍니다. 이 문패를 손수 달아 주시는 우리 주님의 미소가 그려집니다.

예수님의 아내, 유기성의 아내 박리부가